임나일본부는 없었다

임나일본부는 없었다

황순종 지음

만권당

일러두기

· 인명과 지명, 학교명, 서적명 등은 원칙적으로 한글 맞춤법에 따랐다.
· 문헌 사료명, 외국 인명의 경우 원칙적으로 본문 맨 처음에 나올 때만 한자를 병기했다.
  다만 생소한 한자어나 혼동을 줄 수 있는 인명, 지명 등은 필요에 따라 반복 병기했다.
· '임나'의 경우 외래어표기법에 따르면 '미마나'라고 표기해야 하나 '임나일본부' 등이 독자
  들에게 익숙하다고 보아 '임나'로 표기했다.
· 문헌이나 논문을 직접 인용한 경우에도 독자들의 혼란을 막기 위해 인명이나 지명 표기
  는 통일했다. 단, 논문명에서는 원문 표기를 존중했다.
· 전집이나 단행본, 정기간행물은 『 』, 신문이나 잡지명, 연구보고서 등은 「 」로 표기했다.

이 땅의 매국사학이 종식되기를 바라며

필자는 『식민사관의 감춰진 맨얼굴』(2014)에서 이 땅의 고대사 학계가 광복 후 70년이 되는 오늘날까지 일제의 식민사학을 추종하고 있는 참담한 현실을 비판한 바 있다. 그 주된 내용은 고조선이나 한사군이 북한 지역이 아니라 대륙에서의 역사라는 것이었다. 다른 내용은 식민사학에서 고구려, 백제, 신라 삼국의 역사 수백 년을 잘라내버린 이른바 '〈삼국사기〉 초기 기록 불신론'을 비판한 것이었다.

일제 식민사학에서 『삼국사기』를 조작이라고 몰아붙인 가장 중요한 이유는 삼국이 미개하여 일본이 간접적으로 삼국을 지배하는 한편, 가야를 200년 동안 직접 지배했다는 허위 논리를 펴기 위한 것이었다.

그래서 그 근거로 『일본서기』에 나오는 '임나'를 『삼국사기』의

'가야'라고 조작하고, 그런 내용이 일체 없는 『삼국사기』의 초기 수백 년의 기록을 부정했다. 그런데 이보다 더 심각한 문제는 국내 고대사 학계가 식민사학을 70년이나 독점적으로 추종하다보니 더욱 오만해져서, 『삼국사기』 초기만이 아니라 고구려·백제가 사라진 7세기에 이르기까지 700년의 삼국 역사를 모두 『삼국사기』보다 『일본서기』를 근거로 하는 주장까지 나오게 되었다.

그 대표적인 예가 김현구(고려대 명예교수)인데 근래 30년 동안 한반도의 가야를 임나라 주장하며, 이 임나를 백제가 200년 간 지배했다고 하는 이른바 '임나일본부설'을 고수하고 있다. '임나일본부설'을 주장한 대표적인 인물은 악랄한 식민사학자 스에마쓰 야스카즈(末松保和)로서 임나를 일본이 200년 간 지배했다는 것인데, 김현구는 '일본'이 아니라 '백제'가 임나를 다스린 주역이라는 것이다. (가야라고 우기는) 임나를 일본이 다스렸다는 것보다는 백제가 다스렸다면 좀 더 민족 정서에 부합하는 듯하지만, 김현구는 임나를 다스린 백제를 사실상 일본의 속국으로 묘사하고 있어 결국 가야를 일본이 다스렸다는 식민사학의 주장과 한 치도 다를 것이 없다. 게다가 『일본서기』만 전적으로 믿고, 임나 지배가 끝났다는 7세기까지의 『삼국사기』 기록은 쳐다보지도 않는 비학자적 행태를 견지하며 전혀 부끄러운 줄을 모른다. 이런 이유 때문에 그와 같은 사람을 '매국사학자'로 부르는 경향이 나타났다. 전적으로 공감한다. 일본인이 정치적 목적으로 조작한 역사는 '식민사학'이지만 한국인이 한 술 더 뜬 주장을 한다면 이는 매사(賣史)요 '매국사학'이라고 할 수밖에 없는 것이다.

그런데 김현구는 학문적인 토론의 장에서 토론이나 논쟁을 벌이기는커녕 자신을 식민사학자로 매도했다는 이유로 이덕일을 명예훼손으로 고소했다. 필자는 그간 매국사학이 더 이상 용납할 수 없는 지경에 이르렀다는 신념으로 나름대로 연구에 진력해왔기에, 이런 사태를 더이상 지켜만 보고 있을 수 없었다.

그래서 필자는 이 땅의 매국사학이 종식되기를 바라는 간절한 심정으로 이 책을 내기에 이르렀다. 아직 내세우기 부족한 학문 수준이지만 일본인들이나 우리 사학계의 잘못된 '임나관'을 최대한 밝혀보았다. 일반 국민들에게 무척 생소한 분야일 수 있겠지만, 단 1명의 국민이라도 더 힘을 합칠 수 있는 계기가 되기를 바란다. 끝으로, 어려운 여건에서도 이 책을 발간해준 만권당 양진호 대표에게 한없는 고마움을 전한다.

2016년 4월
황순종

차례

머리말 … 5

제1장

임나일본부란 무엇인가?

임나는 가야인가? · 13 ㅣ 5세기에 처음 등장하는
'일본부'라는 명칭 · 24 ㅣ 369년에 가야를 멸망시키
고 임나 설치? · 30 ㅣ 가야와 임나는 언제 망했는
가? · 37 ㅣ '임나＝가야'라는 논리의 검토 · 45 ㅣ 한
일역사공동연구위원회 · 53 ㅣ 사료 자체를 조작하
는 김현구 · 62 ㅣ 임나일본부는 외교 교역기관이
었나? · 71 ㅣ 임나의 위치 · 83 ㅣ 임나일본부의 실
체 · 91

제2장

『삼국사기』와 『일본서기』를 비교하다

허구의 역사서 『일본서기』 · 107 ㅣ 야마토에서 백
제계와 신라계의 전쟁 · 115 ㅣ 『삼국사기』가 조작
이라는 억설 · 123 ㅣ 동북아역사재단과 한일역사

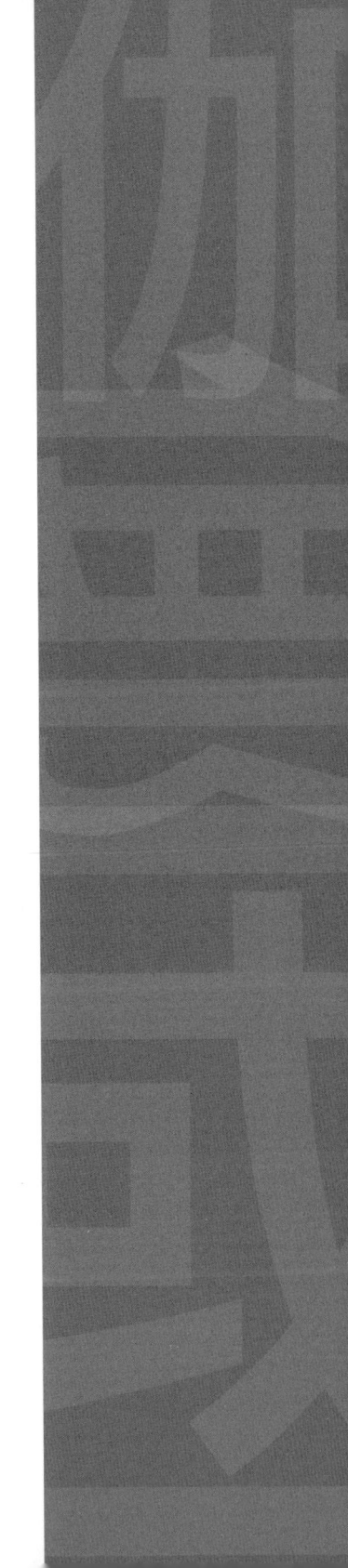

공동연구위원회 · 133 ㅣ 『일본서기』만 맹신, 『삼국사기』는 '모른다'는 김현구 · 146 ㅣ 고대일본인의 기원 · 154 ㅣ 야마토왜 왕권의 실상 · 163 ㅣ 신라와 왜의 관계 · 173 ㅣ 백제와 왜의 관계 · 181 ㅣ 칠지도로 본 백제와 왜의 관계 · 205 ㅣ 백제의 대왕을 왜왕이 꾸짖는다는 『일본서기』 · 213 ㅣ 임나와 삼국의 관계 · 220

제3장

스에마쓰 야스카즈와 김현구 비판

임나일본부가 한반도의 지배기구라는 망령 · 237 ㅣ 임나 경영의 경과 · 250

제1장

임나일본부란
무엇인가?

임나는 가야인가?

　임나(任那)는 『일본서기(日本書紀)』라는 일본의 고대 역사서에 나오는 나라 이름인데 일본어로는 '미마나'라고 읽는다. 일본에서는 황국사관이 본격화되는 메이지시대부터 『일본서기』에 나오는 임나를 우리 역사상의 가야를 말하는 것이라고 주장하기 시작했는데, 이런 주장을 오늘날까지 이어오고 있다. 즉 '가야＝임나'라면서 이 지역을 일본의 고대왕조인 야마토왜(大和倭)가 서기 4세기 후반부터 6세기 후반까지 200년 이상 지배했다고 주장해오고 있다. 임나일본부(任那日本府)란 임나를 지배하기 위해 야마토왜가 임나에 둔 통치기구라는 주장으로, 근대의 조선통감부나 조선총독부 같은 것이란 뜻이다. 일제는 러일전쟁 직후인 1906년에 대한제국에 통감부를 두고 이토 히로부미(伊藤博文)가 초대 통감으로 대한제국을 통치했다. 1910년에는 조선총독부로 바꾸고 한국을 완전히 점령했다. 일제는 임나일본부가 이와 같은 고대의 통치기구라는 것이다.

이러한 주장은 일제 식민사학자들이 지난 세기 일본의 한국 지배를 합리화하기 위해 조작해낸 것으로, '임나일본부설' 또는 '남선(南鮮, 남조선)경영론'이라 부르고 있다. 한국에서는 '임나일본부'라는 용어를 주로 사용하지만 일본에서는 '남선경영론'이라는 용어를 사용하는 경우가 많다.

한국 학자 중에서 김현구(고려대 명예교수)는 자신의 저서 『임나일본부설은 허구인가』(2010)에서 "한국 학계에서 사용하고 있는 '임나일본부설'이라는 용어보다는 한반도 남부 지배라는 본질을 담고 있는 일본 학계의 이른바 '남선경영론'이 더 타당하지 않을까 생각한다. 그러나 '남선경영론'은 '남조선경영론'을 줄인 말로 현재 한국에서 사용하는 용어와는 거리가 멀다. 따라서 '남선경영론'을 현재 한국에서 사용되는 용어로 바꾼다면 '한반도 남부경영론' 정도가 타당하다고 생각한다."(22쪽)고 밝혀놓았다. 이 사례만 보아도 이 문제가 얼마나 심각한 상황인지 알 수 있을 것이다.

'임나일본부설'이든, '남선경영론'이든, '한반도 남부경영론'이든 고대에 야마토왜가 4~6세기까지 한반도 남부를 지배했다는 임나관은 일제 식민사관 중에서도 가장 근간이고 표본적인 것이다.

일제가 조작해낸 고대사의 식민사관은 크게 2가지다. 하나는 한반도 북부는 서기전 1세기~서기 4세기 초까지 낙랑군 등 한사군(漢四郡)이라 불리는 한나라의 군현이 설치되어 있었다는 '한사군 = 한반도설'이고, 다른 하나는 한반도 남부는 그 직후인 4~6세기까지 왜의 식민 지배를 받았다는 '임나일본부설'이다. 여기서 주목할 것은 한국사의 공간이다. 먼저 대륙을 모두 삭제해버린 반도사관의 관점으로 축소시킨 다음, 그 반도의 북쪽은 중국의 식민지였고 남쪽은 일본의 식민지였다는 논리인 것이다. 그러니 한국민에게 외국의 식민 지배는 필연적 귀결이란 뜻이다. 우리 민족은 고대로부터 외국의 식민 지배를 받아왔다는 이른바 '타율성론'을 강조하는 한편, 외국의 식민 지배 덕분에 미개했던 우리 사회가 선진 문물을 받아들여 개화되었다는 이른바 '정체성론'을 유포시킨 것이다.

'한사군＝한반도설'은 해방 후에도 한국 사학계를 장악한, 이른바 주류라고 불리는 매국사학자들이 하나뿐인 정설로 계속 추종해왔으나 최근에는 힘이 좀 빠진 상태다. 한사군이 한반도가 아니라 중국 하북성 일대에 있었다는 중국의 1차 사료가 속속 공개되는 반면 한반도 내에 있었다는 1차 사료는 전무하다는 사실이 밝혀지고 있기 때문이다. 그동안 고대 사료를 독점하면서 일제 식민사관을 추종했던 한국 국사학계의 놀라운 실체가 드러나면서 많은 국민들이 경악하고 있는 중이기도 하다.

그런데 많은 민족사학자들이 '한사군＝한반도설'과 싸우는 틈을 타서 '임나일본부'가 한반도 남부를 재점령하는 상황이 발생했다. 역사학에 관한 한 아직도 일제 식민통치가 계속되고 있는 셈이다.

『일본서기』에 근거하여 고대일본이 임나를 비롯하여 신라와 백제, 나아가 고구려까지 지배했다는 허황된 주장은 에도(江戶)시대부터 있었다. 그러나 이를 사실로 믿는 학자는 별로 없었는데, 일본 제국주의라는 국가권력의 강력한 지원을 업으면서 상황이 180

도 달라졌다. 주목할 것은 이런 작업에 군부가 나섰다는 것이다. 메이지(明治)시대에 일본군 참모본부에서 3권짜리 『임나사(任那史)』를 발간한 것이 이를 말해준다. 군부, 그것도 보통 정상국가의 군부가 아니라 일본 제국주의 군부에서 느닷없이 역사서를 간행했을 때는 뚜렷한 정치적 목적이 있기 마련이다. 역사를 침략의 도구로 이용하겠다는 의도이다.

그 대표적인 것이 '임나＝가야'인데, 실제로 그렇게 되었다. 참모본부에 발맞춰 나카 미치요(那珂通世)가 1897년에 임나가 가야라고 주장하는 『가라사(加羅史)』를 서술했다. '임나＝가야'라는 주장은 앞으로 살펴보겠지만 아무런 사료적 근거를 찾기 힘든 것임에도 일본 제국주의의 전폭적인 지원을 받아 크게 전파되었다. 조선총독부 소속의 일본인 학자들은 약속이나 한 것처럼 '임나＝가야'라고 주장했다.

그런데 임나일본부설에 관해서 우리가 반드시 주목해야 할 인물이 스에마쓰 야스카즈(末松保和)다. 그가 일제 패전 이후에 쓴 『임나흥망사』(1949) 때문이다. 스에마쓰는 일제 강점기의 식민사학자였던 쓰다 소키치(津田左右吉)·이마니시 류(今西龍)에 비견되는 인물로, 특히 신라의 역사를 말살·왜곡하는 데 전심전력했던 자이다. 스에마쓰가 『임나흥망사』를 간행한 것이 일제의 패전 4년 뒤인 1949년이라는 점에 주목해야 한다. 일본 극우파의 집요함을 말해주는 식민사학자의 표본이기 때문이다. 스에마쓰는 일제가 비록 패했지만 언젠가는 한국을 다시 점령할 것이라는 메시지를 일본 국민들에게 주기 위해 『임나흥망사』를 쓴 것이다. 해방 직후 유행했다는 '미국

놈 믿지 말고, 소련 놈에게 속지 말고 일본 놈 돌아온다'는 신념을 패전의 실의에 차 있던 일본 국민들은 물론, 한국 내 추종자들에게도 전하기 위한 것이었다.

놀라운 사실은 조선총독부와 경성제국대학(서울대의 전신) 교수로 있었던 스에마쓰가 해방 후에도 서울대를 들락거리면서 국사학과 제자들을 가르쳤다는 사실이다. 따라서 한국 식민사학은 일제 식민사관에 대한 한국인 역사학자들의 막연한 동경심 때문에 유지되는 것만이 아니라, 해방 후에도 지속된 일본인 스승들과 한국인 제자들 사이의 사제관계를 고리로 유지되고 있다고 보아야 할 것이다. 말하자면 식민사학의 핵심 계보가 계속 유지되고 있었던 것이다. 스에마쓰 야스카즈의 『임나흥망사』에 대해서는 제3장에서 본격적으로 비판하겠다. 한국인 학자 중에서는 최재석(고려대 명예교수)과 김현구가 중요하다. 뒤에서 살펴보겠지만 두 사람의 학설은 정반대의 입장이다.

임나가 나라 이름으로 처음 등장하는 것은 『일본서기』의 제10대 일왕 스진(崇神) 65년의 기록이다. 그런데 이 기록만 제대로 해석해도 오늘날 한일 양국에서 횡행하는 '임나＝가야' 운운하는 헛소리는 발붙일 곳이 없다. 그 기록은 아래와 같다.

> 임나국이 소나가시치(蘇那曷叱知)를 보내 조공하였다. 임나는 쓰쿠시(筑紫)국에서 2,000여 리 떨어져 있는데 북쪽은 바다로 막혀 있고 계림의 서남쪽에 있다.
>
> _ 『일본서기』 스진 65년조

먼저 연대부터 살펴보자. 『일본서기』의 스진 65년은 서력으로 환산하면 서기전 33년이다. 이때 임나국에서 야마토왜에 소나가시치라는 조공사를 보냈다는 것이다. 서기전 33년은 신라(서기전 57년 건국)와 고구려(서기전 37년 건국)는 건국된 직후이지만 백제(서기전 18년 건국)와 가야(서기 42년 건국)는 건국되기 전이다.

오늘날 일본은 물론, 한국 학계에서도 임나를 가야와 같은 나라라고 주장하는 학자들이 상당수 있는데 가야는 서기 42년에 건국되었다. 그러나 『일본서기』의 이 임나국은 가야 건국 75년 전에 존재하고 있다. 여기서 이미 『일본서기』에 등장하는 임나는 가야와 다른 나라임을 알 수 있다. 또한 뒤에 보겠지만, 야마토왜는 이때보다 무려 700년이나 지난 7세기에야 관제가 정비된 국가 단계에 이르므로, 설사 이때 임나가 있었다 해도 야마토왜에 조공사를 보냈을 리가 없다. 조공사는커녕, 서기전 33년에 일본에는 나라 자체가 존재하지 않았다. 없는 나라에 어떻게 조공사를 보내겠는가?

뒤에서 자세히 설명하겠지만 일본 고대사를 설명하고 있는 일본의 두 사서는 『일본서기』와 『고사기(古事記)』이다. 720년에 편찬된 『일본서기』에는 임나국에서 사신을 보냈다고 나오지만 그보다 8년 전인 712년에 편찬된 『고사기』에는 이런 내용이 없다. 그러니 아마도 『일본서기』를 편찬할 때 만들어 넣었을 것이다. 1145년에 김부식이 편찬한 『삼국사기』와 1281년에 일연이 저술한 『삼국유사』는 136년의 차이가 나지만 연대 같은 것은 거의 정확하게 일치한다. 그러나 불과 8년 차이가 나는 『일본서기』와 『고사기』는 서로 다른 내용이 너무도 많다. 한마디로 손발이 맞지 않는 것이다.

"임나는 쓰쿠시국에서 2,000여 리 떨어져 있는데 북쪽은 바다로 막혀 있고 계림의 서남쪽에 있다."라는『일본서기』스진 65년조 기사는 임나의 위치에 대해 기본적인 정보를 제공해주고 있다. 쓰쿠시국은 오늘날 규슈 북부에 있던 나라로 보고 있다. 규슈 북부에서 2,000여 리 떨어져 있고, 북쪽이 바다로 막혀 있는 곳이 어디일까? 한국과 일본의 지리에 조금이라도 지식이 있는 사람이라면 자연스럽게 대마도(對馬島)를 떠올릴 것이다. 그래서 이미 세상을 떠난 문정창이나 이 분야에 가장 많은 논문과 저서를 낸 최재석(고려대 명예교수), 윤내현(단국대 명예교수) 같은 민족사학자들은 모두 임나를 대마도로 보고 있다.

이에 반해 일본인 식민사학자들과 이들을 추종하는 한국의 거의 모든 매국사학자들은 '임나=가야'라고 주장하고 있다. 이 분야를 잘 모르는 일반 독자들도 '임나=가야'라는 주장에는 고개가 갸우뚱거려질 것이다. '북쪽은 바다로 막혀' 있는 지역이 어떻게 오늘날 김해 지역에 있었다는 가야가 될 수 있겠는가? 가야의 남쪽을 바다라고 하면 모르지만 북쪽을 바다라고 할 수는 없지 않은가?

그러나 식민사학자들이 자주 쓰는 사료 이용 방법 가운데 하나는 자신들에게 불리한 사료는 버리고 유리한 사료만 발췌하는 것이다. '북쪽은 바다로 막혀 있다'는 기사는 못 본 척하고 계림, 즉 신라의 서남쪽에 있다는 기사만 발췌해서 낙동강 서쪽의 김해라고 주장하는 것이다. 그러나『일본서기』스진 65년조의 이 기사는 세 구조로 되어 있는 문장이다.

"임나는 ① 쓰쿠시국에서 2,000여 리 떨어져 있다. ② 북쪽은 바다로 막혀 있다. ③ 계림의 서남쪽에 있다."는 내용이다. 그런데 여기에서 ①은 절반만 믿고, ②는 못 본 척하며, ③만 받아들여 '임나＝가야'라고 주장하는 것이다. 식민사학자들 방식으로 역사공부하면 참 편하기는 하다. 그리고 불가능은 없다. 한 문장에서도 자신들이 미리 만들어놓은 고정관념과 맞는 부분은 믿고, 다른 부분은 모른 척하는 것을 역사학이라고 주장하고 있는 것이다.

임나에 관한 두 번째 기사는 위 스진 다음의 일왕인 스이닌(垂仁) 2년조에 나온다.

> 이 해 임나인 소나가시치가 귀국하고 싶다고 청했는데, 아마도 선황(先皇) 때 왔다가 아직 돌아가지 않은 것인가? 그래서 소나가시치에게 후하게 상을 주고, 붉은 비단 100필을 임나왕에게 내렸다. 그러나 신라인이 그 길을 막고 이를 빼앗았다. 그 두 나라의 원한이 일어나기 시작한 것이 이때부터다.
>
> _ 『일본서기』 스이닌 2년조

『일본서기』 스이닌 2년을 서력으로 환산하면 서기전 28년으로 역시 가야가 건국되기 70여 년 전이니, 여기서 말하는 임나는 가야와 아무런 상관이 없다는 사실을 다시 한 번 알 수 있다. 『일본서기』는 이 기사 바로 아래 '일운(一云)'이라고 해서 이와 관련한 내용을 싣고 있는데 그 내용이 앞 기사와 조금 다르다.

다른 책[一云]에서는 어간성(御間城, 스진) 천황 때에 이마에 뿔이 있는 사람이 있어서 배를 타고 월국(越國) 사반포(笥飯浦)에 정박했다. …… "어느 나라 사람이냐."고 묻자 "의부가라국(意富加羅國) 왕의 아들인데, 이름은 쓰누가아라시토(都怒我阿羅斯等)인데, 또 다른 이름은 우시키아리시치간키(于斯岐阿利叱智于岐)라고 합니다. 일본국에 성황(聖皇)이 있다는 말을 듣고 귀화했습니다……." …… 이때 천황[스진]이 죽었다. 그대로 머물러 활목(活目, 스이닌) 천황을 섬겨 3년이 지났다.

_ 『일본서기』 스이닌 2년조

『일본서기』는 복잡하다. 한 사람의 이름이 두세 개씩 나오는 것은 다반사다. 앞의 스진 65년조 기사와 이 스이닌 2년조 기사는 같은 사람에 대해 서술하고 있다. 그런데 앞의 기사는 '임나인 소나가시치'라고 쓴 반면, 뒤의 기사는 '의부가라국 사람 쓰누가아라시토, 또는 우시키아리시치간키'라고 달리 기록하고 있다. 같은 내용을 적고 있는데, 스진 65년에는 '임나인'이라고 쓴 반면 스이닌 2년에는 '의부가라국'이라고 나라 이름을 달리 적고 있다. 또한 사람이름도 앞의 기사는 '소나가시치'인 반면 뒤의 기사는 '쓰누가아라시토', 또는 '우시키아리시치간키'라고 달리 적고 있다. 이렇기 때문에 『일본서기』를 가지고 장난치는 사람들이 많은 것이다.

스이닌 2년조의 의부가라는 가야로 볼 수 없다. 역사사료, 특히 고대 역사사료는 획 하나까지 신경 써서 분석해야 한다. '부' 자가 같다고 부산과 부천을 같은 곳이라고 주장하거나 경기도 광주와 호남의 광주광역시를 같은 곳이라고 주장해서는 안 되는 것과 마찬가지다. 앞에서는 임나 사람이라고 했다가 뒤에서는 의부가라국 왕자라고 말하고 있으니 어느 장단에 맞춰야 할 지 알 수 없다. 스이닌 2년조 기사는 쓰누가아라시토가 돌아가기를 원하자 일왕 스이닌이 허락한다는 내용이 이어진다.

> (스이닌) 천황이 듣고, 쓰누가아라시토에게 "너의 나라로 돌아가고 싶은가?"라고 묻자 "크게 바랍니다."라고 대답했다. 천황이 쓰누가아라시토를 불러서 "…… 너의 본국 이름을 어간성[스진] 천황의 이름을 따서 너의 나라 이름으로 고쳐라."라고 말했다. 이에 붉은 비단을 쓰누가아라시토에게 주어 본토에 돌아가게 했다. 그 나라의 이름이 미마나국(彌摩那國)이 된 것은 여기에서 연유한 것이다. 이때 쓰누가아라시토 등이 받은 붉은 비단을 나라의 군부 (郡府, 창고)에 보관했는데, 신라인이 이를 듣고 군사를 일으켜 그 붉은 비단을 빼앗아갔다. 이것이 두 나라가 서로 원한을 가진 시작이다.
>
> _ 『일본서기』 스이닌 2년조

이 기사는 의부가라국 왕자 쓰누가아라시토가 귀화해서 3년 이상 머물다가 귀국을 청하니 스이닌이 귀국을 허락하면서 나라 이름을 미마나(彌摩那)로 고치라고 명령했다는 것이다. 임나(任那)의 발음이 '미마나'이다. 『일본서기』 스진 65년조의 앞 기사는 소나가시치를 임나 사람이라고 썼다. 그런데 같은 『일본서기』이면서도 스이닌 2년조 기사에서는 쓰누가아라시토에게 귀국하면 '의부가라'라는 나라 이름을 '미마나'라고 고치라고 명령했다는 것이다. 스이닌 2년조에 따르면 쓰누가아라시토가 귀국한 다음에야 미마나라는 국명이 생길 수 있으니 앞 기사와 상충된다.『일본서기』는 이처럼 같은 사실에 대해서도 서로 다른 내용을 써놓고 있어서 어떤 것을 믿어야 할 지 갈피를 잡을 수 없는 책이다.

그런데 앞의 스진 65년 기사에는 임나에서 소나가시치가 조공을 바치러 왔다고 써놓았지만 뒷기사에는 의부가라국 왕자로서 3년이나 머물렀다고 하고 있으니 조공사가 아니라는 점은 분명하다. 조공 바치러 와서 3년씩이나 머물러 살 수는 없는 까닭이다.

또 하나의 의문은 의부가라라는 나라 이름을 귀국 후에 '미마나(彌摩那)'로 바꾸라고 했다는 점이다. 일왕 스진의 이름에서 땄다는 것인데, 스진의 이름 어간성(御間城)의 발음이 '미마키'다. '미마키'와 '미마나(彌摩那)'는 발음이 비슷할지는 몰라도 같지는 않다. 또한 미마나(彌摩那)와 미마나(任那)는 발음은 같을지 몰라도 글자는 다르다. 그래서 일본에서도 스진의 이름인 미마키에서 미마나가 나왔다는 주장이 있는가 하면, 거꾸로 미마나에서 미마키라는 스진의 이름이 나왔다는 주장도 있어서 정확한 내용을 알 수 없다.『일본서기』를 가지고 역사적 실체를 파악하기 어려움을 말해주는 한 예다.

두 기사에서 공통되는 것은 붉은 비단 100필이다. 비단 100필 때문에 신라와 임나가 서로 전쟁하고 원수가 되었다는 것이니 나라 사이의 일로 보기는 힘들다. 읍면 단위나 군(郡) 정도 단위에서 발생한 일이라면 모를까, 어느 나라가 겨우 비단 100필 뺏으려고 군사를 일으키겠는가? 마을 청년 수십여 명이 몽둥이를 들고 옆 마을로 몰려가서 비단을 빼앗는 장면을 상상하면 이해가 갈지는 몰라도 국가 차원의 일로 보기는 쉽지 않다. 그래서 이때의 임나나 신라 등은 한반도 남부의 국가가 아니라 일본 열도 내의 마을 단위 정도의 소국이라는 주장들이 계속 나왔던 것이다.

5세기에 처음 등장하는 '일본부'라는 명칭

이른바 '임나일본부'와 관련해서 더 큰 문제는 5세기에 들어서야 '일본부'라는 명칭이 처음으로 등장한다는 점이다. 『일본서기』 유랴쿠(雄略) 8년(서기 464)조 기사인데, 유랴쿠가 즉위한 후 신라에서 8년 동안 야마토에 공납을 바치지 않았다는 내용이다. 『일본서기』 기사를 보면 조공에 대단히 관심이 많다. 『일본서기』는 이때 야마토를 중국(中國)이라고 표기하면서 신라에서 "중국의 마음을 두려워해서 고구려와 우호를 닦았다."고 설명하고 있다. 야마토가 무서워서 신라와 고구려가 우호관계를 맺었다는 것이다. 야마토 때문에 고구려와 신라가 연합했다는 이 기사는 아주 재미있기 때문에 조금 길지만 인용해 보겠다.

그래서 고구려왕이 정병 100명을 보내서 신라를 지키게 했다. 얼마 후 고구려 군사 1명이 잠시 귀국했는데, 이때 신라인을 전마(典馬, 마부)로 삼았다. 그가 돌아보며 "너의 나라가 우리나라에 파괴되는 때가 오래지 않을 것이다."라고 말했다. 그 전마가 듣고 거짓으로 배가 아픈 척하면서 뒤처졌다가 신라로 돌아가 그 이야기를 해주었다.

그래서 신라왕은 고구려가 거짓으로 지켜주는 것을 알고 급하게 사신을 보내 나라 사람들에게 "사람들은 집안에서 기르는 닭 중에 수놈을 죽여라."라고 말했다. 나라 사람들이 그 뜻을 알고 나라 안의 고구려 사람들을 다 잡아 죽였다. 오직 고구려 사람 1명이 틈을 타서 탈출해 그 나라로 돌아가 모든 일을 갖추어 설명하니 고구려왕이 즉시 군사를 일으켜 축족류성(筑足流城)에 모였다. 노래하고 춤추면서 흥겹게 놀았다. 그래서 신라왕은 밤에 고구려 군사가 사방에서 노래하고 춤추는 것에서 적이 신라 땅에 모두 들어온 것을 알고, 임나국왕에게 사신을 보내서 말했다.

"고구려왕이 우리나라를 정벌하려고 하는데, 이때를 당하니 깃발에 매단 끈이 흔들리는 것 같이 나라가 위태롭고, 달걀을 쌓은 것보다 더해서 목숨의 길고 짧음을 예측할 수 없습니다. 엎드려 청하건대 일본부(日本府) 행군원수(行軍元帥) 등의 구원을 청합니다."

_ 『일본서기』 유랴쿠 8년조

이때 '일본부'라는 명칭이 『일본서기』에 처음 등장한다. 일왕 유랴쿠 8년은 서기 464년으로 신라 자비대왕 7년이고, 고구려 장수대왕 52년이다. 여기서 필자가 신라와 고구려의 왕을 '대왕'으로 표기한 데 대해 의아스럽게 여기는 독자들이 많을 것으로 생각한다. 『삼국사기』는 '○○왕'으로 표기했으나 이는 사대주의에 입각한 원칙적 표현이며, 삼국 안에서의 호칭은 '대왕'으로 부른 것으로 표기되어 있으므로 이제부터 '대왕'으로 고쳐 부르는 것이 온당하다. 『화랑세기』 같은 당시 기록에는 '대왕'으로 기록한 것이 밝혀지고 있다. 또 백제의 경우는 왕·후 등을 따로 임명한 사실이 『남제서』 같은 중국 책에 보이므로 그 위의 최고 통치자는 대왕이었던 것을 알 수 있다.

다시 본론으로 돌아와, 『일본서기』의 대부분의 전쟁 기사는 신라가 야마토에 조공을 바치지 않았다는 데서 시작하는데 여기서도 마찬가지다. 신라는 일왕 유랴쿠가 즉위했는데 8년 동안 조공을 바치지 않았다. 그래서 야마토가 정벌할 것이 두려워서 고구려와 손을 잡았다는 것이다. 그런데 고구려가 신라를 보호해주겠다고 보낸 군사는 1만 명도 1,000명도 아닌, 100명이다. 그런데 신라왕은 마부가 고구려 군사에게 전해 들었다는 말을 듣고 고구려 군사를 습격해서 모두 죽였다. 고구려 군사 1명이 겨우 빠져나가 보고하자 화가 난 고구려왕은 군사를 보내 신라를 정벌하게 했다. 그런데 이 군사들은 군사작전의 생명인 보안 유지와는 달리 신라에 들어와서 전투를 시작하기도 전에 노래하고 춤부터 추었다. 신라왕은 사방에서 고구려 군사가 춤추고 노래하자 비로소 고구려 군사가 신라 땅에 들어왔다는 사실을 알고 임나국왕에게 사신을 보내 '일본부 행군원수' 등을 보내달라고 엎드려 빌었다는 이야기다.

정상적인 역사학자는커녕 조금이라도 역사적 상식이 있는 인물이라면 이를 고구려 장수대왕과 신라 자비대왕 사이에 벌어진 일이라고 주장하지는 못할 것이다. 실제로 『삼국사기』에는 이 해를 전후하여 이러한 내용이 전혀 보이지 않는다. 고구려 장수대왕 때 신라를 친 기록은 450년에 있지만 눌지대왕이 사죄하자 곧 물러갔으며, 454년에는 신라의 북변을, 468년에는 실직성을 습격했다는 짤막한 기록만 있다. 설사 『일본서기』 기록대로 고구려가 신라를 쳤다고 하더라도 신라에서 임나의 일본부 군사들에게 구원을 청할 상황은 아니다.

『삼국사기』를 보면 신라는 왜적들과 자비대왕 2년(459), 5년(462)년, 6년(463) 거듭 공방전을 벌였다. 『삼국사기』 자비대왕 6년조는 "왕은 왜인이 여러 번 국경을 침범하므로 변방을 따라 두 성을 쌓았다."고 기록하고 있다. 한 해 전에는 왜인들과 공방전을 벌이고 성을 쌓아 막다가 이듬해에 엎드려 빌면서 군사를 청할 수는 없다. 또 이때는 신라와 백제가 동맹을 맺은 신백동맹(新百同盟, 나제동맹) 기간이었다. 고구려 장수대왕이 남진정책을 추진하면서 427년 평양으로 천도하자 신라의 눌지대왕과 백제의 비유대왕은 433년 우호관계를 맺고 고구려에 공동으로 맞서 싸웠는데 이것이 신백동맹(나제동맹)이다.

이후 『삼국사기』에는 백제와 신라가 연합해 고구려에 맞서는 기사들이 등장한다. 455년에 고구려가 백제를 치자 신라 눌지대왕이 군사를 보내 백제를 구원했다. 그러니 『일본서기』 유랴쿠 8년(서기 464)조의 기록처럼 9년 뒤인 464년에 고구려가 신라를 침략했다면 신라는 임나가 아니라 백제에 원군을 요청했을 것이다. 따라서 『일본서기』에 나오는 임나, 신라, 고구려는 모두 『삼국사기』의 가야, 신라, 고구려와는 다른 세력이다. 『삼국사기』 본문이나 대외관계 기록에는 여러 나라들 사이의 무수한 공방전이 등장하지만 임나라는 이름의 나라는 존재하지 않는다. 오직 식민사학만이 가야를 임나라고 우기고 있을 뿐이다.

『일본서기』 유랴쿠 8년조에 이어지는 기사 역시 황당하다. 임나왕이 가시와데노오미 이카루가(膳臣斑鳩) 등의 장수를 보내 신라를 구원하게 했는데, "고구려의 장수들은 싸우기도 전에 모두 두려워했다."는 것이다. 겨우 100명의 군사를 보내서 신라를 지켜주겠다고 했던 고구려라면 그럴지도 모르겠지만 장수대왕의 고구려 군사들이 아니라는 사실은 말할 필요도 없다. 『일본서기』는 결국 임나군사가 고구려 군사를 꺾고 신라를 구원했다고 기록하고 있다. 그리고 임나의 가시와데노오미 이카루가 등은 신라에게 이렇게 말했다 한다.

> 가시와데노오미(膳臣) 등이 신라에게, "너희들은 지극히 미약한데 지극히 강한 것과 맞서야 했다. 관군이 구하지 않았으면 반드시 격파되었을 것이다. 이번 싸움에서 거의 남의 땅이 될 뻔했다. 지금 이후에 어찌 천조(天朝, 야마토)를 배신하겠는가?"라고 말했다.
>
> _ 『일본서기』 유랴쿠 8년조

『일본서기』에 나오는 신라가 자비대왕의 신라라면 신라는 임나의 구원이 없었으면 자비대왕 7년(464)에 망했을 나라다. 그런데 『일본서기』의 특징 가운데 하나는 끝없는 반전이다. 『일본서기』는 이듬해인 유랴쿠 9년(465) 3월에 유랴쿠가 직접 신라를 정벌하려 했다고 기록하고 있다. 신라가 "고구려의 공물을 막고 백제의 성을 삼켰다."는 이유 때문이었다. 한 해 전에 신라는 임나의 도움으로 겨우 나라를 유지하고 "지금 이후에 어찌 천조를 배신하겠는가?"라는 훈계를 들은 나라다. 임나가 군사를 보내 신라를 구원해준 기사 다음에 어떤 일이 있었는지는 전혀 나타나지 않는다. 그러다가 갑자기 이듬해 3월에는 신라가 '고구려의 공물을 막고 백제의 성을 삼킨' 강국으로 변신해 있는 것이다. 이때의 신라는 하늘에서 떨어졌는가? 우주에서 왔는가?

그런데 야마토가 신라를 공격하자 신라왕은 사방에서 들리는 관군(야마토군)의 북소리에 놀라서 수백 명의 군사와 더불어 도주했다고 적고 있다. 『일본서기』의 이런 갈지자 기사를 읽으면 편찬자의 의도가 궁금해질 수밖에 없다. 굳이 역사학자가 아니더라도 유랴쿠 8년과 9년조의 기사는 조작이거나 한반도의 신라에 관한 기사가 아니라는 것을 쉽게 알아차릴 수 있다. 『일본서기』 기록 자체만 보더라도 그 허구성은 쉽게 드러나는데 '일본'이라는 나라 이름은 7세기 말에야 생기기 때문에 5세기에 '일본부'라는 기관이 존재했을 리는 없는 것이다.

또 그 내용을 보더라도 신라가 임나왕에게 구원을 청하면서 일본부 군사를 특정한다는 자체가 매우 부자연스럽다. 만약 북한이 남침했을 경우 미국에다 '텍사스 군사를 보내주세요', 또는 'LA 군사를 보내주세요', 또는 '몇 사단을 보내주세요'라고 요청한다는 것과 같은 것이기 때문이다.

이는 『일본서기』 찬자가 임나가 일본부의 지배하에 있음을 과시하기 위하여 나중에 끼워 넣은 것으로 해석된다. 이렇게 해석해도 문제는 존재한다. 일본부가 임나를 지배했다면 임나왕은 어떻게 되는가? 임나왕은 임나왕대로 존재하고 일본부는 일본부대로 존재하는가? 만약 실권도 없는 허수아비 임나왕을 그대로 두었다면 신라에서 임나왕을 거치지 않고 직접 일본부와 교섭해야 실효를 거둘 것이 아닌가?

이처럼 『일본서기』를 가지고 한일고대사를 재구성하려면 『일본서기』 내용 중에 어느 것이 사실이고, 어느 것이 거짓인가를 밝히는 작업이 반드시 선행되어야 한다. 기사의 사실 유무를 밝히려면 비교해 볼 수 있는 사료가 반드시 필요하다. 한일고대사를 비교해 볼 수 있는 사료는 『삼국사기』·『삼국유사』가 될 수밖에 없다. 그러나 『삼국사기』·『삼국유사』를 가지고 『일본서기』를 검토하면 그 허구가 대부분 드러난다. 그래서 일본인 식민사학자들은 이 허구를 사실이라고 주장하기 위해서 '『삼국사기』·『삼국유사』 불신론'이란 희한한 이론을 만들었는데, 이에 대해서는 후술하겠다.

369년에 가야를 멸망시키고 임나 설치?

용어가 '임나일본부설'이든, '남선경영론'이든, '한반도 남부경영론'이든 이 문제와 관련해서 가장 중요한 것은 이른바 '임나'의 위치 문제다. 앞으로 반복 설명하겠지만 임나가 한반도 남부에 있었다고 보는가, 일본 열도 내에 있었다고 보는가가 갈림길이다. 민족사학과 식민사학이 바로 이 점에서 갈라진다. 한반도 남부에 있었다고 보는 모든 관점은 식민사관이다. 그렇다고 해서 위치 문제를 정치적 관점으로 보는 것은 아니다. 문헌사료적 근거나 고고학적 사료를 가지고 한반도 남부로 비정하면 좋든 싫든 수긍할 수밖에 없는 것이 역사학이다. 그러나 식민사학은 그렇게 하지 않는다. 식민사학의 견해를 먼저 살펴보자.

일본인 사학자 스에마쓰 야스카즈와 한국의 김현구 등은 모두 한반도 남부에 임나가 설치되었다고 주장하고 있다. 그 근거로 공통적으로 드는 것은 『일본서기』 진구(神功) 49년조 기록이다. 그 기사를 보자.

> (야마토에서 온 군사들이) 모두 탁순(卓淳)에 집결해서 신라를 공격해 깨뜨리고, 이로 인해 비자발(比自㶱)·남가라(南加羅)·탁국(喙國)·안라(安羅)·다라(多羅)·탁순(卓淳)·가라(加羅) 7국을 평정했다.
>
> _ 『일본서기』 진구 49년조

『일본서기』 진구 49년은 서기 249년이다. 그러나 『일본서기』는 서기로 환산하면 연대가 맞지 않는다. 그래서 『일본서기』의 서기 연대가 실제 연대가 아니라는 것은 일본에서도 인정하고 있는 사실이다. 그래서 그들은 주갑제(周甲制)라는 희한한 논리를 만들어 연대를 다시 계산한다. 1주갑은 60년인데, 보통 2주갑 120년을 인상해 연대를 조정하는 것이다. 이 경우 진구 49년, 즉 서기 249년에 120년을 더해서 369년으로 보는 것이다. 물론 『일본서기』의 모든 기록에 120년을 더하는 것은 아니다. 어떤 기록은 120년을 더해서 조정하고, 어떤 기록은 60년, 180년, 또는 240년을 더하는 경우도 있다. 어떤 기록은 주갑제를 사용하면 안 되고 『일본서기』의 서기 연대를 그대로 받아들이기도 한다. 그래서 '『일본서기』 전공자가 100명이면 학설도 100개'라는 말이 나오는 것이다.

그런데 역사 사료에 조금이라도 관심이 있는 사람이라면 위의 진구 49년조 기사에 여러 모순이 있다는 것을 쉽게 알아차릴 수 있을 것이다.

첫째, 신라를 공격했는데 정작 점령당한 곳은 임나 7국이다.
둘째, 탁순에 집결해서 신라를 공격했는데 그 결과물로 탁순을 점령했다.

『삼국사기』가 간략하고 사실만 나열한 사서인 반면 『일본서기』는 별 내용도 없는 이야기들이 장황하게 서술된 역사서다. 『일본서기』를 『삼국사기』 식으로 편찬하면 10분의 1 정도 분량이면 충분할 것이다. 이렇게 장황한 역사서라면 신라를 공격해서 점령했다는 전투 내용이 상세하게 기록되어야 하는데, 그런 것은 전혀 없고 '신라를 공격해서 깨뜨렸다'는 것이 기술의 전부다. 심지어 정작 점령당한 곳은 신라가 아니라 임나 7국이라는 것이다. 이 기사를 『삼국사기』 식으로 정리하면 '신라를 공격해서 깨뜨리고 이로 인해 백제를 점령해서 그 자리에 임나를 설치했다'는 식이 된다. 물론 『삼국사기』에는 이런 식의 기사가 없다.

또한 신라를 깨뜨리고 나서 점령한 지역 중에 처음 집결했다는 탁순이 포함되어 있다. 정상적인 역사학자라면 이 기사를 사실로 보고 임나 설치 운운하지는 못할 것이다. 그러나 임나에 대해서 서술하는 한일 양국의 학자들 중 정상인 사람을 찾기는 쉽지 않으므로, 이 기사를 근거로 서기 369년에 한반도 남부에 임나가 설치되었다고 주장한다. 이 문제는 뒤에 다시 언급할 것이므로 여기에서는 이 정도로 넘어가겠다.

앞서 본 것처럼 '임나일본부'라는 용어가 『일본서기』에 처음 보이는 것은 464년인데, 정작 임나를 평정했다는 때는 369년이니 약 100년의 시간차가 있다. 군사를 보내 어느 지역을 정복했다면 일본부가 되었든 통감부, 총독부가 되었든 즉시 통치기관을 설치했을 것이다. 그러나 거의 100년 후에야 일본부라는 용어가 처음 등장한다는 것은 무슨 뜻일까? 신라를 공격하고 이로 인해 임나를 평정했다는 『일본서기』 진구(神功) 왕후 섭정 49년의 기록이 허위임을 의미한다. 이 기록이 허위라는 근거는 수두룩하다. 그것도 다름 아닌 『일본서기』에 수두룩하게 나온다. 대표적인 3가지 허위의 근거를 살펴보자.

첫째, 『일본서기』 진구 왕후의 섭정 전인 주아이(仲哀) 9년조에 따르면 진구 왕후는 이미 49년 전에 신라를 정복했다. 주아이 9년은 서기로 환산하면 200년인데, 일본인들은 이 역시 120년을 더해서 320년으로 해석한다.

그런데 『일본서기』가 설명하는 주아이 9년조는 판타지 소설을 보는 것 같다. 일왕 주아이는 신(神)의 말을 듣지 않았다가 그해 죽는다. 그런데 그의 시신을 감추고 부인인 진구 왕후가 신라 정벌에 나선다는 것이다. 진구 왕후가 바닷사람(海人)을 먼저 보내서 "나라가 있는지 살펴보라." 했더니 돌아와서 "나라가 보이지 않습니다."라고 대답했다. 신라가 어디 있는지도 모르지만 정벌하러 간다는 것이다.

다른 바닷사람을 보내자 "서쪽에 산이 있는데 구름이 띠처럼 둘러져 있어서 나라가 있는 것 같습니다."라고 보고했다. 드디어 나라가 있는 것을 확인했으니 정벌하러 가야 하는데, 때마침 진구 왕후는 산달이었다. 그래서 신라 정벌 때까지 아이를 낳지 않기 위해서 돌을 들어서 허리에 차 아이가 나오는 것을 막았다. 이런 과정을 거쳐 겨울 10월에 진구가 출정했다. 음력 겨울 10월이면 대한해협의 파도가 심해서 오늘날에도 배가 자주 결항하는 시기지만 『일본서기』에 불가능은 없다. "풍신이 바람을 일으키고 해신이 파도를 일으키고 바닷속의 큰 고기들이 다 떠올라 배를 떠받쳤다."는 기적(?)이 일어난 것이다. 음력 10월에 바람이 불고 파도가 치면 배가 못 떠야 정상인데, 오히려 그 파도와 바람이 배를 신라까지 이끌어 주었다는 것이다.

이때 배를 따라온 파도가 멀리 (신라) 나라 안까지 미치니 하늘신과 토지신이 도와준 것을 알았다. 신라왕은 전율해서 어찌할 바를 모르고 여러 사람들을 불러 모아서, "신라 건국 이래 바닷물이 나라 안까지 들어온 일은 아직 없었다. …… 내가 듣기에 동쪽에 신국(神國)이 있으니 일본이라고 한다. 또한 성왕(聖王)이 계시는데 천황(天皇)이라고 한다. 반드시 그 나라의 신병(神兵)일 것이다. 어찌 감히 군사를 일으켜 막겠는가?"라고 하였다. 즉시 흰 기를 들고 항복했다.

_『일본서기』 주아이 9년조

이렇게 진구 왕후는 전투도 하지 않고 신라를 항복시켰다. 신라왕은 '신국', '천황', '신병' 운운하면서 즉시 항복했다. 320년은 신라 흘해대왕 11년인데, 『삼국사기』는 이 해에 아무 기록도 남기지 않고 있다. 특기할 만한 사건이 없었다는 뜻이다. 『일본서기』는 이때 신라뿐만 아니라 고구려왕과 백제왕도 이 사실을 듣고 스스로 나와서 "지금 이후로 길이 서번(西蕃, 서쪽 울타리)이라 일컫고 조공을 그치지 않겠습니다."라고 맹세했다고 부기하고 있다. 신라를 공격했는데 임나 7국이 평정되었다는 기사처럼 신라를 공격했는데, 고구려와 백제까지 항복한 것이다.

이것이 이른바 '진구 왕후의 삼한정벌론'인데, 조선총독부 시절에는 각급 학교에서 열심히 가르쳤던 내용이다. 지금도 일본의 여러 신사(神社)에서는 이 내용을 안내판에 써놓고 있다. 일제 패전후 일본인들 사이에서 약간의 반성 기운이 일면서 진구 왕후의 삼한정벌설은 사실이 아니라고 하여 일본사 교과서에서는 빠졌다. 그러나 일본 극우파는 한국의 식민사학자들처럼 절대 포기를 모른다. 그래서 주아이 9년에 진구가 섭정하면서 신라를 정복하고 아울러 고구려, 백제 두 왕까지 모두 와서 항복했다는 기사는 사실이 아니라고 하면서도, 진구 49년조의 "신라를 공격해서 깨뜨리고 이로 인해 임나 7국을 평정했다."는 기사는 사실로 삼고 있다. 이를 토대로 아직까지 한일의 일부 극우파 학자들이 '남선경영론', '한반도 남부 경영론' 따위를 주장하고 있는 것이다.

주아이 9년에 진구가 주아이의 죽음을 감추고 섭정하면서 신라를 정벌했다는 기사는 거짓이지만 진구 49년의 기사는 사실이라니, 이 얼마나 편리한 해석인가. 49년 전에 정벌한 나라를 왜 다시 정벌해야 하는지는 설명하지 않는다.

둘째, 앞서 설명한 것처럼 신라를 쳤는데, 평정당한 것은 임나 7국이다. 어떻게 임나 7국을 평정했는지에 대해서는 일언반구의 설명이 없다.

셋째, 한국과 일본의 식민사학자들은 '가야＝임나'라고 주장하면서 이 7국이 임나, 즉 가야의 나라들이라고 주장하지만 『삼국유사』에 보이는 가야 6국과는 이름이 모두 다르다. 즉 임나를 가야로 볼수 있는 사료적 근거가 전혀 없다는 뜻이다. 그저 그렇다고 우길 뿐이다.

이처럼 허황된 『일본서기』를 토대로 야마토(大和) 왕조가 임나 즉 가야를 평정하고 지배했다고 우긴 인물 가운데 하나가 앞서 말한 스에마쓰 야스카즈였다. 앞에서 언급한 대로 그는 1949년에 펴낸 『임나흥망사』에서 진구 왕후가 가야 7국을 평정하고 그 자리에 임나를 설치했다고 주장한다.

그러나 이에 대한 이견도 분분하다. 또 다른 대표적인 식민사학자인 쓰다 소키치조차 일제 강점기인 1929년에 이미 『일본서기』의 임나 7국 평정 기사를 부정했고, 이케우치 히로시(池內宏)도 1970년에 같은 견해를 표명했다. 이케우치 히로시 같은 경우는 일본의 패전으로 한국이 독립한 1945년 이후에는 굳이 허위인 임나일본부설을 주장해야 할 이유가 사라졌으므로 조금 합리적인 해석을 들고 나온 것이다.

가야와 임나는 언제 망했는가?

그러나 스에마쓰 야스카즈는 달랐다. 그는 오히려 임나가 경상도뿐만 아니라 전라도와 충청도까지 지배했다고 더 악화된 주장을 하고 나섰다. 그런데 이런 주장이 지금 일본은 물론 한국 내에서도 세를 얻고 있는 개탄스러운 형편이다.

그런데 임나 7국에 대해서는 『일본서기』조차도 다른 소리를 하고 있다. 어떻게 보면 『일본서기』의 가장 큰 적은 『삼국사기』·『삼국유사』가 아니라 『일본서기』 자체인지도 모른다. 『일본서기』 진구 49년조는 가야 7국을 평정하고 임나를 설치했다고 했다. 즉 임나 7국에 대해 서술한 것인데, 약 200년 후인 『일본서기』 긴메이(欽明) 23년(562)조에는 10국의 이름이 등장한다. 이때 신라가 임나 10국을 멸했는데, 그 나라 이름이 가라(加羅), 안라(安羅), 사이기(斯二岐), 다라(多羅), 졸마(卒麻), 고차(古嵯), 자타(子他), 산반해(散半奚), 걸찬(乞湌), 임례(稔禮)라고 쓴 것이다. 진구조의 7국은 가라·안라·다라·탐·남가라·탁순·비자발로서 긴메이조의 10국의 이름 중 겹치는 것은 가라·안라·다라뿐이다. 이를 감안하면 『일본서기』는 임나에 모두 14개의 나라가 있었다고 주장하는 것이 된다.

그런데 『삼국유사』에는 아라가야·고령가야·대가야·성산가야·소가야의 5가야가 나오는데 여기에 금관가야, 즉 본가야를 더하면 6가야가 된다. 『일본서기』에 나오는 임나 14국의 이름과 『삼국유사』에 나오는 가야 6국의 이름은 모두 다르다. 또 그 수도 14국과 6국으로 각각 다르다는 점에서 임나 14국과 6가야는 분명히 다름을 재확인할 수 있다.

임나가 가야와 다르다는 증거가 이렇게 명백한데도 일본의 식민사학자들은 물론, 한국의 여러 식민사학자들이 이를 추종해서 임나는 가야라고 주장하고 있는 것은 참으로 불가사의하다. 사실 불가사의한 것이 아니라 식민사관을 추종하여 우리 역사를 팔아먹는 매국사학자들임을 고백하는 것에 다름 아닐 것이다.

최재석은 임나는 가야와 다를 뿐만 아니라 임나는 대마도에 있었다고 하면서, 『고대한국과 일본 열도』(2000)에서 임나를 가야라고 보는 학자들을 열거해서 비판했다. 이병도를 비롯하여 김정학, 문경현, 천관우, 이기동, 김현구, 김태식, 김기웅, 윤석효, 연민수, 김은숙 등이 그들이다.

『일본서기』는 『삼국사기』와는 달리 수많은 허구와 조작·왜곡된 기사로 넘쳐난다는 사실은 일본인들도 숱하게 지적하고 있는데도, 『일본서기』만을 근거로 한반도 남부에 임나가 있었다고 비정하고, 『일본서기』에서도 그 근거를 찾을 수 없는 '가야 = 임나'를 주장하고 있는 것이다. 일본인도 아닌 한국인 학자들이 왜 『삼국사기』나 『삼국유사』 등의 우리 기록은 도외시하고, 『일본서기』나 『고사기』 등만을 맹신하는지 필자는 도저히 이해할 수 없다. 그러나 이제는 역사 사료들이 과거처럼 소수 학자들의 전유물이 아니며 일반인들도 손쉽게 접할 수 있으므로, 학계라는 것도 더 이상 안전지대가 되지는 못한다. 『삼국사기』와 『일본서기』에 대해서는 제2장에서 세밀하게 비교할 것이다.

국내 학자들 대부분은 나카 미치요를 비롯해서 스에마쓰의 주장대로 임나를 가야라고 전제한다. 그러나 한반도 남부에 있지 않았던 임나를 가야라고 동일시해놓았으니 논리가 궁색할 수밖에 없다. 그래서 그들은 가야가 '협의의 가야'와 '광의의 가야'로 나뉜다는 말장난을 만들어냈다. 좁은 의미의 가야, 즉 협의의 가야를 말할 때의 가야에 대해서는 2가지 견해가 있다. 협의의 가야가 고령을 가리킨다는 이병도의 견해와 김해를 가리킨다는 김정학, 천관우, 김현구, 김기웅, 연민수 등의 견해가 그것이다. 가야가 김해라는 주장은 메이지시대의 식민사학자 나카 미치요의 주장을 따르는 것이고, 고령이라는 주장은 조선총독부의 이마니시 류의 주장을 따르는 것이다.

최재석이 "가야와 임나가 동일국이라는 주장과 임나에 광의의 뜻과 협의의 뜻이 있다는 주장은 모두 일인들의 주장을 받아들인 것이다."라고 비판한 것은 이 때문이다. 그는 국내 학자들의 주장을 열거한 후에 이렇게 정리했다.

위에 잘 나타나 있는 바와 같이 (국내 학자들은) '5가야'나 '6가야'에 대한 고찰보다는 『일본서기』에 나오는 임나 기사에 더 많은 관심을 가지고 '임나 10국'이 가야라고 주장하고 있음을 보게

된다. 이미 '임나 10국'이 가야라고 주장한 사람도 일인 학자들이
었다.

_ 최재석, 『고대한국과 일본 열도』, 일지사, 2000, 379쪽.

한국 고대사에 관한 한국 학자들의 주장은 그들의 스승이었던
일본 학자들이 어떻게 주장했는가를 살펴보면 바로 답이 나온다는
뜻이다. 한편 『삼국사기』는 신라의 진흥대왕이 재위 23년(562) 이사
부와 사다함을 보내 가야를 멸망시켰다고 나온다. 그런데 『일본서
기』도 562년 신라가 임나를 멸했다고 나온다. 이는 720년에 편찬
된 『일본서기』 편자가 가야 멸망 사실을 임나에 맞추어 삽입했을
가능성과 일본 열도 내에 있던 임나 멸망 기사를 적시했을 가능성
이 함께 존재함을 말해준다.

그런데 '임나＝가야'를 주장하려면 562년 이후로는 임나든 가야
든 『삼국사기』나 『일본서기』에 등장하지 않아야 할 것이다. 실제로
『삼국사기』에는 562년 이후 가야에 대한 기록이 없다. 『삼국사기』
의 가야는 신라에 망한 것이 사실임을 알 수 있다. 그러나 『일본서
기』에는 신라에 멸망했다는 임나가 이후에도 계속 나타난다. 따라
서 562년 이후에도 『일본서기』에 등장하는 임나 관련 기사들이 사
실이라면 562년의 임나 멸망 기사는 허위라는 사실을 스스로 말하
고 있는 것이다. 『일본서기』에 임나에 관한 기록은 562년 이후에도
5회나 더 보이는데 최종 기록은 642년으로, 이는 가야가 멸망한 지
80년이나 지났을 때이다. 그러므로 가야 멸망 80년 후에도 여전히
등장하는 임나는 가야와는 다른 나라임이 명백하다.

여기서는 가야가 멸망한 562년 이후 『일본서기』에 등장하는 임나에 관한 최초의 기록인 일왕 스이코(推古) 8년(600)의 기사만 검토해 보겠다.

　신라와 임나가 서로 공격했다. 천황은 임나를 도우려고 하였다. 이 해 사카이베노오미(境部臣)를 대장군에 임명하고 호즈미노오미(穗積臣)를 부장군으로 삼았다. 즉시 1만여 명의 군사를 거느리고 임나를 위해 신라를 공격했다. 신라에 직접 가기 위해 바다에 배를 띄워 신라에 도착하여 다섯 성을 공격해 뿌리 뽑았다. 신라왕이 두려워서 백기를 들고 장군의 깃발 아래 섰다. …… 신라와 임나 두 나라가 사신을 보내 조공했다.

_ 『일본서기』 스이코 8년조

　562년에 멸망한 임나가 『일본서기』에는 600년에도 버젓이 살아 있다. 그것도 신라와 서로 공격하는 강력한 고대국가로 존속하고 있는 것이다. 가야와 임나는 같은 나라라는데 신라에 망한 가야가 그 38년 후에도 여전히 신라와 공방을 벌이고 있는 것이다. 그래서 야마토왜는 임나를 돕기 위해 1만여 명의 왜군을 해로로 보내 공격했다. 그러자 신라왕은 두려워서 바로 항복한다. 항상 결론은 싱겁게 끝난다. 야마토의 대승인 것이다.
　사라졌다 다시 나타나는 것은 임나뿐만이 아니다. 『일본서기』에는 한 사람을 둘이나 셋으로 나누어 여기저기 배치하는 경우가 있다. 왕의 경우도 마찬가지다. 그래서 『일본서기』에 등장하는 진구 왕후에 대해 제33대 스이코와 제37대 사이메이(齊明) 여왕을 혼합해서 만든 가공의 인물이라고 보기도 한다. 국왕도 가공으로 만들고 조작할 정도니 신하들이야 말할 것도 없다.

다시 스이코 8년(600)조로 돌아가 야마토에서 1만여 명의 군사를 배에 실어 신라를 공격했다는 기사에서 말하는 신라가 한반도의 신라라면 이 기사 자체가 조작이다. 『삼국사기』에 따르면 이때는 신라 중흥군주의 하나인 진평대왕 22년(600)으로, 고승 원광(圓光)이 중국에서 귀국했다는 기사만 실려 있다. 이때는 신백동맹(나제동맹)이 붕괴된 이후여서 진평대왕은 2년 후인 재위 24년(602)에는 백제와 크게 부딪쳤고, 25년(603)에는 고구려가 북한산성을 침범하자 군사 1만을 직접 이끌고 가서 막았다는 기사가 있다.

『일본서기』와 『삼국사기』 기사는 구체성에서 크나큰 차이가 난다. 『삼국사기』는 짧지만 핵심적인 내용을 구체적으로 기록한다. 이 시기 백제와 전쟁 기사도 마찬가지다. 『삼국사기』 「신라본기」에는 "남산성을 쌓았다(591년), 명활성과 서형산성을 고쳐 쌓았다(593년), 백제가 아막성을 공격했다(602년)."는 기사처럼 쌓은 성의 이름과 전투를 한 성의 이름들이 명기되고 있다. 또한 아막성이 공격당했을 때 신라가 이겼지만 '귀산(貴山)'과 '추항(箒項)'이 전사했다고 장수들 이름도 명기했다. 그러나 『일본서기』는 장황할 뿐 핵심적인 내용은 명기하지 않는 경우가 많다.

『일본서기』 스이코 8년(600)조는 "다섯 성을 공격해 뿌리 뽑았다.", "신라왕이 두려워서 백기를 들고 장군의 깃발 아래 섰다."라고 썼을 뿐 다섯 성의 이름도 명기하지 않고, 신라왕이 누군지도 쓰지 않고 있다. 다섯 성의 이름도 없고 싸움의 경과도 모두 생략된 것을 보면 이 역시 사실로 보기 어렵다.

무엇보다 중요한 것은 『일본서기』 기사처럼 이때 신라가 항복하고 조공을 바쳤다면 야마토는 원래의 파병 목적대로 신라에게 망했다는 임나 강역을 모두 되찾았어야 하는데 그런 기사는 없다. 『일본서기』는 조금만 신경 써서 보면 전기 기사는 물론 서기 600년의 이런 후기 기사까지도 모순을 쉽게 찾을 수 있다. 위 기사에 이어지는 뒷부분을 보자.

> 신라와 임나 두 나라가 사신을 보내 조공하였다. (신라와 임나가) 상표(上表)를 올려서 말하기를, "하늘에는 신(神)이 있고, 땅에는 천황이 있습니다. 이 두 분의 신을 제외하고 두려울 것이 또 있겠습니까? 지금 이후에는 서로 공격하지 않겠습니다. 또 배의 키가 마르지 않도록 매년 조공하겠습니다."라고 하였다. 그래서 (야마토에서는) 사신을 보내서 장군을 소환했다. 장군들이 신라에서 돌아왔다. 신라는 즉시 임나를 다시 공격했다.
>
> _ 『일본서기』 스이코 8년조

백기를 들고 야마토에서 온 장군의 깃발 밑에 섰던 신라왕은 장군이 돌아가자 즉시 임나를 다시 공격했다는 것이다. 아무리 사실로 믿어주려 해도 믿을 수가 없을 정도로 너무나 허술하다.

그래서 『일본서기』의 기사를 해석하는 방법은 2가지가 나온다. 하나는 『일본서기』에 고구려·백제·신라에 관한 이런 기사를 『삼국사기』·『삼국유사』와 비교해서 부합하지 않는 것은 모두 조작으로 보는 것이다. 다른 하나는 여기에 등장하는 임나, 신라 등이 한반도 남부에 있었던 나라들이 아니라 일본 열도 내에 있었던 나라들로 해석하는 것이다. 위 기록이 한 조각의 진실을 담고 있다면 그것은 한반도 남부의 신라와 가야에 관한 내용이 될 수는 없으며, 대마도나 다른 일본 열도에 있던 소국 임나와 신라에 관한 것일 수는 있겠다.

설령 백보를 양보해서 신라 5성 함락 기사를 사실이라 치더라도 이 때문에 신라왕이 바로 항복했다는 것은 있을 수 없다. 신라는 그렇게 허약한 나라가 아니다. 더구나 이때는 백제로부터 한강 유역까지 빼앗고, 함경도까지 진출해 진흥왕 순수비를 세운 직후다. 이런 신라가 어느 성인지도 모르는 성 5개를 빼앗겼다고 왕이 직접 항복했다는 것은 말이 안 된다.

고대 왕조국가에서 왕의 항복이란 나라의 멸망을 뜻한다. 신라는 실제로 후에 백제의 대대적인 공격으로 642년에 40여 성을 빼앗겼고, 648년에도 10여 성을 잃었으며, 655년에는 고구려·백제·말갈의 연합군에게 33개 성을 공취당했지만 항복하지는 않았다. 『일본서기』에 등장하는 신라가 한반도의 신라라면 이는 판타지소설 속에서나 가능한 일이다. 『일본서기』 찬자들은 신라에 대해 깊은 감정을 품고 소설을 써댄 것이다. 『일본서기』의 신라는 야마토나 임나가 공격하면 바로 항복하고 조공을 바치겠다고 약속하는 나라다. 그러다가 바로 배신하고 조공을 바치지 않는 행태를 반복한다. 야마토나 임나에서 공격하면 싸우기도 전에 항복한다. 그리고 다시 조공을 거른다. 무슨 소설 같은 이야기인지 알 수 없다.

『일본서기』에는 신라가 사신을 보내 조공했다는 기사가 수도 없이 많이 실려 있다. 신라만이 아니라 임나는 물론 백제와 고구려를 비롯해서 훗날의 발해까지 수많은 나라들이 모두 야마토에 수도 없이 조공했다고 기록하고 있다. 우스운 것은 2국 또는 3국이 동시에 사신을 보냈다는 기사도 여럿 있다는 점이다. 두 나라 또는 세 나라 외교부에서 서로 '야마토국에 함께 조공하러 가게 며칠 몇 시에 어디에서 모이자'라고 전통문이라도 띄워서 한 날 한 시에 야마토에 와서 조공했다는 것인지, 참으로 공상소설 같은 이야기가 아닐 수 없다.

조금만 생각해보면 사실이 아닌 것을 금방 알 수 있는 이런 유치한 이야기들을 왜 꾸며냈을까? 전쟁에서 진 보복을 붓으로 한 것이 아닐까 생각이 든다. 백제가 야마토왜를 지배했는데, 그 백제를 신라가 멸망시킨 데 대한 보복이 아닐까 하는 생각이 드는 것이다. 일종의 열등감의 표현인 것이다.

'임나＝가야'라는 논리의 검토

고대 일본인들은 한국식 성명과 한국식 언어를 쓰고 한국식 복장을 했다. 또한 일본 열도에 광범위하게 분포되어 있는 한국계 지명 및 숱한 한국계 유물 등은 이런 진실을 명확하게 보여준다. 역사서는 패자의 자존심을 위해 조작할 수 있다는 사실을 『일본서기』

가 표본으로 보여주고 있지만 역사 사실을 조작하기는 쉬운 일이 아니다. 붓으로 조작했다고 해서 끝나는 것이 아니라 일본 열도 내에 남아 있는 수많은 지명까지도 모두 바꾸어야 하므로 조작이 쉽지 않다.

지금까지 본 것을 다시 정리하면 임나와 가야는 전혀 별개라는 것이다. 임나가 한반도 남부에 있었다는 것은 사실이 아니다. 임나가 가야라고 주장하는 일본인 식민사학자들은 왜 임나가 가야인지에 대해서 그 근거를 정확히 서술하지 않는다. 무작정 '가야＝임나'라고 우기고 있을 뿐이다. 문제는 한국의 식민사학자들이 일본인들을 추종해서 '가야＝임나'라고 추종하고 있다는 것이다. 나아가 『일본서기』에만 기록된 임나 14개국 및 기타 임나의 여러 현읍 등의 지명이 모두 가야 영역에 있다는 전제 아래 한반도 남부에서 찾고 있다는 것이다. 더 큰 문제는 가야를 경상도 일대에 국한하지 않고 스에마쓰 야스카즈가 전라도, 충청도까지 확대시킨 것을 그대로 추종해 낙동강 서쪽은 물론 영산강 이남까지도 '임나＝가야'라고 위치 비정을 하고 있는 현실이다. 언제 가야가 전라도, 충청도까지 진출했는가? '가야＝임나'가 전라도, 충청도까지 차지했다면 백제는 어디로 갔는가?

1991년에 국사편찬위원회에서 출간한 『한국사』 60권이 있다. 북한에서 33권짜리 『조선통사』를 간행하자 이에 대응하는 차원에서 그동안의 한국사 연구 성과를 총정리한다고 전개한 사업이기도 하다. 물론 대한민국 국민들이 낸 세금으로 진행된 사업이다. 이 중 제7권이 『삼국의 정치와 사회』인데, 그중 가야사에 관한 부분이 있다. 이 중에서 가야사 연구의 개관이란 항목 안에 '임나 문제의 제학설'이라는 부분이 있다. 김태식(홍익대 교수)이 썼는데, 이 글을 보면 이른바 한국사의 연구 성과라는 것이 무슨 뜻인지 적나라하게 알 수 있다. 일본인 식민사학자들의 이론 일색으로 도배해놓고 있기 때문이다.

> 먼저 쓰다 소키치는 『일본서기』에 대하여 당시로서는 획기적일 정도의 비판을 가하면서 합리적 설명을 추구한 사람으로서, 가야 전역에 대한 지명 비정을 했다. 그러나 그는 임나부 속령을 찾아낸다는 측면에서 거의 모든 가야 관계 지명을 경상남도 남해안 연변에 배열하다시피 하는 비합리적인 연구 결과를 낳고 말았다.
>
> _ 『한국사』 7, 「삼국의 정치와 사회 III」, 국사편찬위원회, 1991, 277쪽.

쓰다 소키치는 실증주의를 표방했는데, 일본인 학자들의 실증주의라는 것은 미리 결론을 맞춰놓고 사료를 꿰어 맞추는 연구 방법을 뜻한다. 아무런 근거도 없는 주장을 하고 실증이라고 우기는 경우도 허다하다. 쓰다 소키치도 마찬가지로 한반도 북부에는 한사군이 있었고, 한반도 남부의 가야를 임나라고 주장한 식민사학자다. 이런 쓰다 소키치를 "당시로서는 획기적일 정도의 비판을 가하면서 합리적 설명을 추구한 사람"이라고 표현했다. 쓰다 소키치가 『일본서기』 중 15대 오진(應神) 이전의 일왕들은 실존 인물이 아니라고 주장한 것은 인정할 만하다. 그러나 그는 일제 식민사관의 두 기둥인 '한사군=한반도설'과 '가야=임나'를 주장한 식민사학자이고, 『삼국사기』 초기 기록 불신론을 주장한 인물이다.

김태식의 평가는 쓰다 소키치의 연구 결과를 칭찬하는 것인지 비판하는 것인지 모호한 어법이다. 무엇이 비합리적인 것인지는 설명하지 않은 채 '비합리적인 연구 결과'라는 한마디만 덧붙였다. 그런데 그 비판이라는 것이 "가야 관계 지명을 경상남도 남해안 연변에 배열"했다는 것이다. '가야＝임나'를 주장하는 일본인 식민사학자들은 가야의 영역을 계속 넓혀왔다. 경남에서 경북까지, 다시 전라, 충청까지. 이처럼 가야의 영역을 전라도까지 확장하지 않고 경남에 국한시킨 것이 비합리적이란 뜻으로 쓴 것일까?

김태식은 쓰다 소키치에 대한 이런 평가를 필두로 조선총독부의 이마니시 류, 이케우치 히로시(池內宏) 같은 식민사학자들의 연구에 대해 언급했다. 필자가 놀란 것은 김태식이 아유카이 후사노신(鮎貝房之進, 1864~1946)의 연구 결과에 대해서 평가한 부분이다.

아유카이 후사노신은 방대한 문헌고증을 통하여 임나의 지명 비정 범위를 경남·경북 및 충남·전남까지 확장시켜서, 임나는 경주 지방 부근과 부여·공주 일대를 제외한 한반도 남부 전역을 가리키게 되었다. 그것은 『일본서기』에 왜의 한반도 내 지배 영역이었다고 상정된 '임나'의 범위를 넓혀 잡기 위해 그가 문헌 비교 및 언어학적 추단을 거듭함으로써 얻어진 연구 결과였다고 여겨진다.

_ 앞과 같은 책, 277쪽.

아유카이 후사노신에 대한 평가에서 김태식의 속마음이 그대로 드러난다. 아유카이 후사노신에 대해서 일본 위키백과를 찾아보니 "일본의 언어학자, 역사학자, 가인(歌人)"이라고 설명하고 있다. 가인이란 무슨 뜻일까? 좋게 말하면 한량이고 제대로 말하면 야쿠자란 뜻이다. 아유카이 후사노신은 명성황후 시해 계획에도 가담한 야쿠자다. 그리고 러일전쟁에도 적극 가담해 훈6등을 받은 극우 파시스트다. 그런데 김태식은 이런 아유카이의 한국사 왜곡에 대해서 "방대한 문헌 고증을 통하여 임나의 지명 비정 범위를 경남·경북 및 충남·전남까지 확장시켜서, 임나는 경주 지방 부근과 부여·공주 일대를 제외한 한반도 남부 전역을 가리키게 되었다."라고 평가했다. '임나가 경주 지방 부근과 부여·공주 일대를 제외한 한반도 남부 전역을 가리킨다고 주장했다'가 아니라 '한반도 남부 전역을 가리키게 되었다'라고 확정적으로 서술했다. 신라는 경주 일대만 겨우 장악한 소국이고 백제도 부여·공주 일대만 겨우 차지하고 있는 소국이고, 임나가 한반도 남부 전역을 장악한 제국이란 뜻이 아닐까?

문헌 사료적 근거도 전혀 없고, 고고학적 근거도 전혀 없는 아유카이의 제멋대로 임나 비정에 대해서 김태식은 "방대한 문헌고증을 통하여", "문헌 비교 및 언어학적 추단을 거듭함으로써 얻어진 연구 결과였다고 여겨진다."고 극찬하고 있다.

김태식은 문제의 스에마쓰 야스카즈에 대해서 어떻게 서술하고 있는지도 살펴보자.

그 후 스에마쓰 야스카즈는 기존의 지명고증을 비롯한 문헌고증 성과에 의존하면서 한국·중국·일본 등의 관계 사료를 시대순에 따라 종합함으로써 고대 한일간 대외관계사의 틀을 마련하였다. 그리하여 최초로 학문적 체계를 갖춘 이른바 남한경영론을 완성시켰으니 그 설을 요약하면 다음과 같다.

_ 앞과 같은 책, 278쪽.

스에마쓰 야스카즈에 대해서 김태식은 "기존의 지명 고증을 비롯한 문헌고증 성과에 의존하면서 한국·중국·일본 등의 관계 사료를 시대순에 따라 종합함으로써 고대 한일간 대외관계사의 틀을 마련하였다."고 극찬하고 있다. 스에마쓰 야스카즈 이전에는 "고대 한일간 대외관계사의 틀"이 없었다는 주장인 셈이다. 물론 이는 김태식의 시각일 뿐이다. 고대 한일관계사의 틀이란 '백제의 일본경영사'로 보면 정확하다. 그러나 김태식의 눈에는 경상도는 물론 전라도, 충청도까지 한반도 남부 대부분을 야마토왜가 설치한 임나가 차지하고 있었다는 스에마쓰의 주장이 "고대 한일간 대외관계사의 틀"로 보이는 모양이다.

김태식이 쓰다 소키치에 대해 "그는 임나부 속령을 찾아낸다는 측면에서 거의 모든 가야 관계 지명을 경상남도 남해안 연변에 배열하다시피 하는 비합리적인 연구 결과를 낳고 말았다."고 비판하고, 아유카이 후사노신에 대해 "방대한 문헌고증을 통하여 임나의 지명 비정 범위를 경남·경북 및 충남·전남까지 확장시켜서, 임나는 경주 지방 부근과 부여·공주 일대를 제외한 한반도 남부 전역

을 가리키게 되었다."라고 칭찬하는 속내는 무엇일까? 패전의 실의
에 젖어 있던 일본인들에게 제국은 부활할 것이고 다시 한국을 점
령할 수 있다면서 『임나흥망사』를 쓴 스에마쓰에 대해 "최초로 학
문적 체계를 갖춘 이른바 남한경영설을 완성"했다고 극찬하고 있
는 것이다. 스에마쓰의 '남한경영설'은 고대 야마토왜가 남조선을
경영했다는 '남선(南鮮)경영설'을 뜻하는데, '남선'을 '남한'으로 바
꾼 것이다. 김현구가 '남선경영설'을 '한반도 남부경영설'로 바꾼
것과 같은 맥락이다.

한국의 평범한 국민들은 식민사학, 즉 매국사학의 실체가 드러나
면서 경악하고 있는 중이다. 필자도 이 공부에 뛰어들기 전에는 이
런 실체를 몰랐다. 알면 알수록 상상을 뛰어넘는 현실에 지금도 계
속 놀라는 중이다. 고대 야마토왜가 한반도 남부를 다 차지하고 있
었고, 백제와 신라는 도읍 부분만을 겨우 차지한 소국이었다는 스
에마쓰의 '남선경영론'에 대해 "최초로 학문적 체계를 갖췄다."고
평가하고 있으니 달리 무슨 말을 하겠는가?

물론 이 사람들이 바보는 아니다. 그래서 스에마쓰설에 대해 일
곱 항목에 걸쳐 스에마쓰의 설을 상세하게 언급한 후 약간의 비판
을 가하는 것으로 자신은 식민사학자가 아니라는 면죄부를 주고
있다. 김태식은 1960년대 이후의 연구 동향에 따라, 기나이 야마토
(畿內大和) 세력이 규슈 지방까지 우세를 확보한 시기는 5세기 후반
~6세기 전반이며, 중앙집권세력이 열도 내 각 지방 세력에 대한 행
정적 지배 체제를 정비한 것은 7세기 후반이라면서, 야마토국이 규
슈보다 멀리 떨어진 남한을 4세기부터 지배했다는 것은 인정할 수

없다는 내용을 첨가했다. 야마토왜가 4세기부터 남한을 지배했다는 것을 인정하지 못한다면 스에마쓰의 설에 대해 학문적 근거가 없다고 호되게 비판해야 마땅한데도 불구하고 오히려 "최초로 학문적 체계를 갖췄다."고 평가하고 있는 데에서 김태식의 실제 생각의 방점이 어디에 찍혀 있는지 알 수 있다.

고대 야마토왜가 4세기부터 한반도 남부를 지배했다는 '임나일본부'설은 최소한의 식견을 갖춘 학자에게는 입론부터 성립할 수 없다. 일본은 6세기 중반까지 제철 기술을 갖지 못했다. 고대에 제철 기술이 없다는 것은 강력한 군대가 없었다는 뜻이고, 따라서 국가 자체가 없었다는 것과 마찬가지다. 그래서 일본인들도 일부 극우파를 제외하고는 고대 야마토왜가 4세기부터 한반도 남부를 지배했다는 '임나일본부'설 따위를 인정할 수 없었다.

그러나 문제는 이것으로 끝나지 않는다. 이제는 임나일본부의 성격을 가지고 말장난을 하고 있는 것이다. 임나일본부가 외교기관이라는 등 무역기관이라는 등 여러 말장난이 등장하는 배경이다. 일본이 6세기 중반까지도 제철 기술이 없기 때문에 한반도 남부를 정치적으로 지배했다고 주장할 수 없게 되자 새로이 들고나온 것이 외교기관, 무역기관 따위의 변형이론이다. 성격은 둘째치고라도 한반도 남부에 '임나일본부' 자체는 있었다고 주장하는 것이다. 하긴 김현구는 백제에서 야마토에 철을 조공으로 바쳤기 때문에 야마토가 철을 확보할 수 있었다고까지 주장하니 다른 말을 해서 무엇하겠는가?

한일역사공동연구위원회

김태식은 제2기 한일역사공동연구위원회(2008~2010)의 한국측 위원이었다. 이 위원회의 보고서에 「고대 왕권의 성장과 한일관계」라는 글이 있는데, 김태식이 쓴 것이다. 여기에서 임나일본부 문제를 포함하여 다루었다. 이 보고서에 임나일본부에 관한 양국 학자들의 견해를 요약해놓았으므로 이를 검토해보자.

그 전에 한일역사공동연구위원회가 어떤 조직인지 알 필요가 있다. 일본의 역사 교과서 왜곡이 정치 현안이 되자 김대중 대통령과 일본의 고이즈미 준이치로(小泉純一郎) 총리가 양국의 역사 이견을 좁히고 공동의 역사를 연구하자는 좋은 취지에서 만든 위원회다. 고이즈미 준이치로는 극우파들이 설치는 일본에서 그나마 합리적인 구석이 조금은 있다고 여겨지는 총리였다. 한일역사공동연구위원회는 2002~2005년까지 1기 활동을 했는데, 그 연구 보고서를 보면, 고대사에 관한 한 '한일 식민사학 추종위원회'라고 부르면 명실이 상부하는 조직이다. 고구려, 백제, 신라 삼국의 건국 시기를 『삼국사기』 기록대로 서기전 1세기로 서술하지 않고, 일본인 식민사학자들의 '『삼국사기』 초기 기록 불신론'에 따라 삼국의 건국 시기를 수백 년씩 늦춘 보고서를 낸 것이 대표적이다. 그 충격적인 내용에 대해서는 필자가 이미 『식민사관의 감춰진 맨얼굴』(2014)에서 상세히 비판했는데, 여기서도 뒤에서 간략하게 살펴볼 것이다.

2기 위원회는 양국을 오가며 17회의 분과회의를 가졌다. 대한민국 국민들이 낸 세금으로 비행기 타고, 비싼 호텔에서 묵으면서 한국사 깎아내리기에 적극 나선 것이다. 한국 고대사에 관한 한 대한민국은 조선총독부의 지배가 계속되는 나라이다. 조선 백성들의 세금이 조선총독부 조선사편수회에 들어가서 한국사를 왜곡한 것처럼, 대한민국 국민들의 세금이 여전히 한일역사공동연구위원회나 동북아역사재단 같은 데 들어가서 한국사를 깎아내리고 있는 상황이다. 돈을 주는 주체만 조선총독부에서 대한민국 정부로 바뀌었을 뿐 그 성격은 유사하다.

김태식은 2기 위원회의 글에서 임나일본부에 대해 크게 ① '임나지배설'과 ② '외교 교역설'의 둘이 있는데 각각 4종의 견해가 있다고 설명하고 있다.

전자 임나지배설의 첫째인 임나일본부설에 대해서 살펴보자. 이는 이른바 '남선경영론' 또는 '남한경영론', '한반도 남부경영론'이라는 것이다. 『일본서기』만을 근거로 야마토왜가 한반도 남부에 임나라는 식민지를 경영했다고 주장하는 것인데, 간 마사토모(菅政友), 나카 미치요, 이마니시 류, 아유카이 후사노신 등의 식민사학자들의 여러 주장을 스에마쓰 야스카즈가 종합했다는 이론이다. 그런데 이제 고대 야마토왜가 한반도 남부를 200년 동안 직접 지배했다고 주장하기는 힘들게 되었다. 4세기 후반에 야마토가 바다 건너 한반도 남부에 식민지를 건설했다는 이야기가 허황되었다는 사실이 드러났기 때문이다.

그러나 일본 극우파들은 한국 점령 의도를 결코 포기하지 않는다. 그래서 1980년대 이후에는 임나가 지배했다는 기간을 축소하여 30년, 또는 10년이었다고 주장하다가 심지어 1년(530~531)밖에 안 된다는 구구한 설까지 나오게 되었다. 지푸라기라도 잡으려는 심정을 엿볼 수 있어 처량하고 안타까운 생각까지 든다. 그래서 김 태식조차도 이 설들을 "인정하기 어렵다."고 비판했다.

두 번째는 임나가 존재하기는 했으나 한반도 남부가 아니라 일본 열도 내에 존재했다는 이론으로, 일본 열도 내 미마나(任那) 지배설 또는 분국설(分國說)이라고 한다. 이는 북한의 김석형이 처음 주장해서 일본 학계에 큰 충격을 준 이론으로, 미마나(임나)는 한반도가 아닌 일본 열도에 있었다는 것이 핵심이다. 김석형은 일본부가 있던 지역을 지금의 오카야마(岡山)현 지역에 있던 기비(吉備) 지방이라고 보았다. 즉 기비의 소국인 미마나에 설치한 긴키(近畿)야마토의 통치기관이 임나일본부라는 것이다. 김석형의 이 이론에 대해 김태식은 이렇게 평했다.

> 이 학설은 기존의 임나일본부설에 안주하고 있던 일본 학계의 반성을 촉구하는 성과를 거두기도 하였다. 그러나 『일본서기』를 비롯한 문헌사료들을 이용할 때 무리한 억측이 많아서 그 반론으로서의 분국설 자체도 그다지 유력한 결론이 되지 못한 듯하다.
>
> _ 김태식, 「고대 왕권의 성장과 한일관계」,
> 『제2기 한일역사공동연구위원회보고서』, 2010, 215~216쪽.

"일본 학계의 반성을 촉구하는 성과를 거두기도 하였다."고 했으나 이 역시 마지못한 의례적 평가다. 임나가 한반도 남부가 아니라 기비 지역에 있었다는 이 이론은 일본 학계의 반성을 '촉구'한 정도가 아니라 그야말로 일본 열도를 뒤흔든 엄청난 충격파였다. 일본인 중에 임나를 일본 열도에 있었다고 보는 학자는 한 명도 없다고 해도 과언이 아니다. 따라서 '반성' 운운은 말장난에 불과하다. 진정 반성을 해야 할 학자는 임나 문제에 대해서 근본적인 발상의 전환을 이룬 '분국설'을 배척하기 바쁜 한국의 식민사학자들일 것이다. 이들은 모두 임나일본부가 남한을 직접 지배했다고 말만 하지 않을 뿐, '임나 = 가야' 운운하면서 임나가 한반도에 있었다고 주장하고 있기 때문에 '분국설'을 비판하는 것이다. 김태식 역시 분국설이 "유력한 결론이 되지 못한 듯하다."고 평가했다. 그러면서 그 이유로 "사료들을 이용할 때 무리한 억측이 많아서"라고 주장했다.

김석형의 분국설이 유력한 결론이 되지 못한 이유는 일본인 학자들은 물론 한국의 학자들까지도 그의 주장을 배척했기 때문이다. 이 설을 받아들이면 메이지 이래 일본인 제국주의자들이 한국 침략의 역사적 정당성의 논리로 삼았던 '임나 = 가야'라는 주장이 무너지는 것이다. 분국설 중에서 임나의 위치를 기비 지역으로 보는 북한 학계의 견해와 대마도나 규슈로 보는 한국 학계 일부의 견해가 있다. 한국 역사학계가 정상이라면 임나가 일본 열도 내 어디를 뜻하는지에 대한 연구로 나아갔어야 하지만 분국설 자체를 배척하기에 바쁘니 그럴 리가 없다. 그래서 여러 변형된 형태로 '임나 = 가야'를 주장해 결국 한반도 남부를 일본의 식민지라고 계속 우기고 있는 것이다.

이 대목에서 한국 고대사학계의 카르텔이 어떻게 기능하는지 잘 보여주는 사례를 소개하겠다. 그것은 바로 김석형처럼 임나가 한반도 남부가 아니라 일본 열도 내 대마도에 있었다고 주장한 최재석을 '없는 사람' 취급하자는 암묵적 약속이다. '가야 = 임나'를 주장하는 학계의 어느 누구도 최재석을 언급하지 않는다. 그런데 최재석은 한국 고대사학계에서 없는 사람 취급한다고 해서 없는 존재가 될 수 없는 명망 있는 학자다. 한국은 물론 일본까지 합쳐도 이 분야, 즉 고대 한일관계사와 일본 고대사에 대해서 가장 많은 논문과 저서를 낸 학자 중의 학자이기 때문이다. 그럼에도 불구하고 식민사관을 추종하는 한국 고대사학계의 어느 누구도 그의 연구에 대해 가타부타 언급을 하지 않는다. 왜 그럴까?

최재석은 그의 저술에서 쓰다 소키치 같은 일본인 학자들은 물론, 이병도 같은 한국인 학자들도 모두 실명을 거론하면서 그들의 이론을 강하게 비판했다. 학자라면 이런 비판에 대해서 어떤 식으로든 반응하는 것이 온당한 자세이다. 그러나 이들은 침묵으로 일관했다. 최재석이 비판한 사람 중의 한 명인 이기동(동국대 석좌 교수)은 최재석이 학계의 원로이기 때문에 비판하지 않겠다고 대응했다. 그래서 최재석은 자신의 회고록에서 이기동의 답변을 강력히 요구했다.

내가 그들의 학문에 대하여 비판을 가하였다면 의당 대답이 있어야 할 텐데도 그로부터 25년이 지난 지금(2010)까지 아무런 응답이 없다. 이병도·이기백·김철준 교수는 나의 비판에 응답하지 않고 세상을 뜨고 말았지만 내 나이 이기동 교수보다 20세 정도

연상이니 내 사후가 아니라 생존시에 나의 비판에 답을 주기 바란다.

_ 최재석, 『역경의 행운』, 만권당, 2015, 191쪽.

이 글은 최재석이 2011년에 낸 자서전 『역경의 행운』 초판에 실렸지만 이후에도 이기동으로부터 아무런 답이 없어 2015년에 낸 개정판에도 그대로 다시 실렸다. 이들은 왜 답을 하지 않을까? 한마디로 자신들의 학문에 자신이 없으며 학문적 논쟁을 할 자신이 없기 때문이다. 서로 비슷한 생각을 가진 자기들끼리는 통할지 모르지만 최재석처럼 진짜 선수를 만나면 아마추어에 불과하다는 사실이 그대로 드러나기 때문에 '침묵의 카르텔'로 대응하는 것이다. 무대응이 대응인 셈이다.

임나지배설의 세 번째는 한반도 남부에 임나가 존재했는데 이를 지배한 것은 왜가 아니라 백제라는 것이다. 표면상으로는 천관우와 김현구가 주장했지만 내용은 다르다. 이들의 설에 대해 앞에 언급한 『한국사』의 '임나 문제에 대한 새로운 연구 경향들'에서 김태식은 이렇게 언급했다.

김현구는 6~7세기 백제·야마토 사이의 외교관계의 특징을 용병관계로 파악하여, 한 단계 진전된 연구 결과를 보여주었다. 그 연구에서 임나 관계의 요점은 다음과 같다. 즉 4세기 후반 근초고왕·근구수왕 대 이후로 백제는 임나·신라의 국경분쟁 지대인 구례산 근처에 '임나일본현읍'이라는 직할령을 가지고 있었으며, 그곳을 통할하는 지배기구가 '임나일본부'였다. 또한 6세기 전반 백제는 야마토국으로부터 용병을 받아 그 직할령에 배치하고, 군령(郡令)·성주(城主)로서 인기미(印岐彌)·허세신(許勢臣) 등의 일계(日系) 백제 관료를 파견하여 그들을 지휘케 하였다고 보았다. 이 가설은 크게 보아 천관우의 연구 결과와 비슷하나 사료적 신빙성이 어느 정도 인정되는 긴메이기의 기록만을 이용하여 도달한 결론이라는 점에 의의가 있다. 특히 백제 성왕이 야마토로부터 용병 성격의 군사를 요청했으며, 실지로 550년대 이후 소규모의 왜병이 백제군에 편성되어 활약했다는 점은 인정된다.

_ 『한국사』 7, 「삼국의 정치와 사회 Ⅲ」, 국사편찬위원회, 1991, 283~284쪽.

여기서 김현구에 대해 평가하는 사료로 삼은 것은 그의 박사학위 논문인 「대화정권의 대외관계연구」이다. 김태식은 김현구의 이론에 대해, "임나일본부는 백제로부터 명령을 받거나 백제의 이익을 위해 행동하지 않고 오히려 반백제적인 성향이 강하게 나타나므로, 그에 소속된 일본 계통 관인을 백제의 군령·성주와 동일시할 수 없다."고 비판했다. 그러나 문제는 이런 지엽적인 부분이 아니라 고구려, 백제, 신라와 야마토 정권을 바라보는 김현구의 시각 자체인데, 김태식은 이에 대해서는 비판하지 않고 "한 단계 진전된 연구 결과를 보여주었다."라고 평가하고 있다. 김현구의 연구가 과연 '한 단계 진전'된 것인지 '수십, 수백 단계 더 후퇴'한 것인지는 뒤에서 자세히 언급할 것이다.

김태식은 김현구에 대해서는 "한 단계 진전된 연구 결과를 보여주었다."라고 후하게 평가하면서도 천관우에 대해서는 비판적 견해를 감추지 않고 있다. 천관우의 주장도 '가야 = 임나'를 인정한다는 한계는 있지만 백제가 가야를 지배한 것을 나중에 백제계 왜인들이 왜가 지배한 것으로 조작한 것이라는 주장이다.

이 대목에서 김현구와의 차이점이 드러난다. 천관우는 백제가 실제로 가야를 지배했다고 보는 반면 김현구는 면피용으로 백제를 끼워 넣었을 뿐, 사실은 야마토왜가 백제를 통해 가야를 지배했거나, 야마토왜가 직접 영산강 유역까지 지배했다고 주장하고 있기 때문이다. 천관우의 연구 결과에 대해서 김태식은 이렇게 비판하고 있다.

신빙성이 의문시되는 『삼국사기』 초기 기록과 『일본서기』 유랴쿠기 이전의 기록들을 지나치게 중시하여 가설을 세운 점은 해당 논거에 대한 한계성이 아닐까?

_ 앞과 같은 책, 283쪽.

『일본서기』 유랴쿠기 이전의 기록을 중시한 것은 문제라는 비판은 그렇다고 치자. 문제는 '『삼국사기』 초기 기록'을 인용했다는 사실을 비판의 대상으로 삼았다는 점이다. 식민사학을 추종하는 한국 고대사학계에 이른바 '『삼국사기』 초기 기록 불신론'이라는 것이 있다는 사실을 알고 충격을 받은 국민들이 많다. 사실을 알고 보면 '『삼국사기』 초기 기록 불신론'이라기보다는 '『삼국사기』 전체 기록 불신론'이라고 보는 것이 더 정확하다는 생각도 든다. 일본인 식민사학자들이 『삼국사기』를 불신하는 이유는 『삼국사기』를 인정하면 『일본서기』만을 근거로 세웠던 모든 침략 이론이 무너지기 때문이다. 그런데 내면은 알 수 없다고 쳐도 외형은 한국인들인데 아직까지 '『삼국사기』 불신론'을 정설로 삼고 있는 것을 보면 그야말로 불가사의가 아닐 수 없다.

김태식이 '신빙성이 의문시되는 『삼국사기』 초기 기록'을 인용했다고 천관우를 비판하는 것이 일반 국민들에게는 생소할 지 몰라도 식민사학을 추종하는 한국 고대사 학계에서는 지극히 당연한 현상이다.

김태식은 김현구의 연구 결과에 대해서 "사료적 신빙성이 어느 정도 인정되는 긴메이기의 기록만을 이용하여 도달한 결론이라는 점에 의의가 있다."고 평가했다. 그러나 김현구가 '긴메이기의 기록만을 이용하여 도달한 결론'이라는 말은 거짓이다. 김현구가 한반도 남부에 임나가 설치되었다고 주장하는 때는 앞서 살펴본 것처럼 진구 49년으로 서기 369년이다. 29대 긴메이는 『일본서기』의 특성상 재위연대가 정확하지는 않지만 대략 540년~571년이다. 김현구는 김태식의 주장과는 달리 긴메이기보다 200년 전에 이미 한반도 남부에 임나가 설치되었다고 『일본서기』 진구기만을 근거로 주장하고 있는 인물이다.

김태식은 또한 "특히 백제 성왕이 야마토로부터 용병 성격의 군사를 요청했으며, 실지로 550년대 이후 소규모의 왜병이 백제군에 편성되어 활약했다는 점은 인정된다."라고 칭찬하고 있다. '550년대 이후 소규모 왜병이 백제군에 편성되어 활약했다는 점은 인정된다'라니? 이런 사실을 누가 '인정'했나? 자신이 인정했다는 것이 아닌가?『삼국사기』가 인정했나,『삼국유사』가 인정했나?『삼국사기』·『삼국유사』에는 이런 이야기가 일언반구도 나오지 않는다. 그러니『일본서기』만을 가지고 한반도 남부를 야마토의 식민지로 만들기 위해 '삼국사기' 불신론'을 주창하는 것이다. 백제 성왕이 군사를 요청했고 실제로 왜에서 군사가 왔다는 내용은『일본서기』의 일방적 주장 외에는 사료적 근거가 전혀 없다. 게다가『일본서기』 내용은 일왕 긴메이가 백제 성명대왕을 '너[爾]'라고 함부로 부르며 꾸짖는다는 황당한 것이다.

사료 자체를 조작하는 김현구

김현구는 표면적으로는 백제가 임나를 지배했다는 백제의 임나지배설을 주장하는 것처럼 보인다. 그러나 김현구가 주장하는 백제의 임나지배설의 실상은 왜의 임나지배설보다 더욱 교묘한 설이다. 김현구는 물론 임나가 한반도 남부에 있었다면서 '가야 = 임나'를 주장하고 있다.『일본서기』의 임나를 한반도의 가야로 보는 일제 식민사학과 정확히 일치하고 있다. 김현구는 특히 그의『임나일본부설은 허구인가』(2010)에서 '임나 = 가야'를 주장하면서 그 강역을 경상도는 물론 전라도까지 확장시켜 놓은 10여 장의 지도를 실어놓았다. 임나의 강역을 가장 넓게 보는 스에마쓰의 설을 따르고 있는 것이다. 더 큰 문제는 백제를 고대 야마토의 속국처럼 묘사하고 있는 것인데, 이에 대해서는 뒤에서 살펴보겠다.

먼저 그의 표면적인 주장을 살펴보자. 김현구가 임나를 야마토 왜가 아니라 백제가 지배한 것으로 보는 표면적 근거는 『일본서기』 진구기에 나오는 임나 7국 평정 기사를 백제장군 목라근자(木羅斤資) 가 주도했다고 보는 것이다. 앞에서 일부 인용했지만 조금 더 자세하게 살펴보자.

> 49년 봄 3월, 아라타와케(荒田別) · 가가와케(鹿我別)를 장군으로 삼고, 구저(久氐) 등과 함께 군사를 이끌고 바다를 건너가서, 탁순국에 이르러 장차 신라를 습격하려 했다. 이때 혹자가, "군사 숫자가 적으니 신라를 깨뜨릴 수 없습니다. 다시 사백(沙白) · 개로(蓋盧)에게 상표를 올려서 군사를 더 청해야 합니다."라고 말했다. 목라근자와 사사노궤(沙沙奴跪)[두 사람은 성씨를 알 수 없다. 다만 목라근자는 백제장수이다]에게 정병을 주어 사백 · 개로와 함께 보냈다. 모두 탁순(卓淳)에 집결해서 신라를 공격해서 깨뜨리고, 이로 인해 비자발 · 남가라 · 탁국 · 안라 · 다라 · 탁순 · 가라 7국을 평정했다.
>
> _ 『일본서기』 진구 49년조

오로지 『일본서기』만을 근거로 논리를 구성하는 김현구는 목라근자가 백제장군이라는 『일본서기』의 주석에 착안해서 임나 7국을 점령한 것이 백제라는 것이다. 그런데 위 기사에서 신라와 임나 7국을 공격한 주체는 아라타와케와 가가와케이고, 나중에 목라근자가 사사노궤가 증원군으로 합류한 것이다. 그러나 김현구는 아라타와케와 가가와케는 실존 인물이 아닌데 "『일본서기』 편자가 여기에 등장시킨 것"이라고 주장한다. 멀쩡히 이름이 나온 사람들을 없는 사람들로 만들려면 합당한 근거를 대야 한다. 뒤에 다시 살펴보겠지만 아라타와케는 『일본서기』 오진 15년(404)조에 '가미쓰케누노키미(上毛野君)'라는 집안의 시조라고 명기하고 있다. 한 집안의 시조를 자의적으로 없는 인물로 만들어버리는 것은 역사학이 아니다.

필자가 김현구의 논리를 보면서 이해할 수 없는 것은 한 사료에서 마음대로 어느 부분은 사실이라고 인정하고 어느 부분은 사실이 아니라고 부정한다는 점이다. 위 기사를 사실로 보려면 전체 기사를 사실로 보아야 한다. 일부만 사실이고 일부는 사실이 아니라고 주장하려면 근거를 대야 한다. 최소한 『고사기』라든지 아니면 『신찬성씨록(新撰姓氏錄)』을 근거로 이런 사료에는 목라근자만 실존 인물로 나오고 아라타와케 등은 실존 인물이 아니라고 나온다고 주장해야 한다. 그러나 한 집안의 시조인 아라타와케를 자신의 전제에 맞추어 없는 인물로 만드는 김현구에게 이런 논리가 있을 리 없다. 모든 기준은 자신의 머릿속 생각이다. 이런 김현구의 학문이 역사학의 범주에 들 수 있는지 심각한 회의가 든다.

무엇보다 중요한 것은 김현구가 『일본서기』 진구 49년조의 위 사료를 근거로 한반도 남부에 그 성격은 둘째 치고 임나를 설치했다고 본다는 점이다. 진구 49년조의 주체는 야마토이지 백제가 아니다. 그러나 그는 실존 인물인 아라타와케를 허구의 인물로 조작한 것처럼 야마토의 작전을 멋대로 백제의 작전으로 둔갑시킨다. 2차대전 때 노르망디 상륙 작전에 한국 광복군이 참전했다고 주장한다고 해서 없던 사실이 역사적 사실이 되는 것은 아니다.

김현구는 백제에서 가야 7국 자리에 임나를 설치해서 목라근자에게 주었다는 것이다. 그것도 대대로 목라근자 일가가 가지라고 주었다고 주장한다. 김현구의 자의적 해석대로 백제가 가야 7국을 정벌했다면 백제의 직할령이나 현읍으로 삼을 것이지 왜 휘하 장군에게 주었겠는가, 하는 기본적인 의심조차 없다. 그의 머릿속에 어떤 형태로든 한반도 남부에 '임나'라는 독자적 정치세력이 있어야 하기 때문이다. 이 결론에 꿰맞춰 하위 논리를 구성하니 앞뒤 맞는 것을 찾아보기 힘들다. 너무나 자의적인 해석이다.

백제가 임나를 평정했다는 근거로 김현구는 긴메이 2년 4월조에 백제의 성왕이 "옛날 우리 선조 속고왕(速古王) · 귀수왕(貴首王)의 치세 때 안라 · 가라 · 탁순의 한기(旱岐, 통치자의 칭호) 등이 처음 사신을 보내 통교하고 친밀한 우호관계를 맺어 자제(子弟)가 되어 항상 번영하기를 바랐다."고 말한 내용을 들면서 이렇게 주장했다.

이는 국가간의 관계를 친족관계로 나타낸 것으로 근초고왕(재위 346~374), 근구수왕(재위 375~383) 시대에 백제가 안라 · 가라 · 탁순 등의 가라 제국과 상하관계를 맺었다는 내용이다. 이것이 369년의 목라근자의 안라, 가라, 탁순 등 가라 7국 평정을 가리키는 것임은 양 사건의 발생 시기가 근초고왕, 근구수왕 때로 일치하며, 평정의 대상이 된 안라, 가라, 탁순도 일치하고 있는 점으로 보아 의심할 여지가 없다.

_ 김현구, 「임나일본부 연구」, 일조각, 1993, 35쪽.

그러나 이 역시 김현구 특유의 사료의 자의적 해석일 뿐이다. 앞의 긴메이 2년조 기사는 백제와 안라·가라·탁순 등이 처음 사신을 보내 통교했다는 기사다. 그러나 김현구가 임나가 설치되었다는 근거로 삼는『일본서기』진구 49년조 기사는 군사를 보내 정벌했다는 기사다. 어떻게 사신을 보내 우호를 닦은 기사와 군사를 보내 정벌했다는 기사를 같은 내용으로 보고 '의심할 여지가 없다'고 주장하는지 그야말로 의심하지 않을 수 없다.

또한 긴메이 2년조에는 3개 나라만이 나오는데, 진구 49년조 기사에는 7개 나라가 나와서 4국이나 차이가 난다. 성왕의 회고담을 사실로 믿는다면 진구 49년에 임나 7국을 무력으로 정벌했다는 내용은 김현구의 말처럼 '의심의 여지가 없는' 것이 아니라 의심하거나 부정해야 마땅하다. 그러나 김현구는 상호 모순되는 내용을 억지로 꿰어 맞추어 엉뚱한 결론을 내고는 '의심할 여지가 없다'라고 말하는 특기가 있다. 필자가 김현구의 저서를 읽었다는 사람들에게 독후감을 물어보면 한결같이 '무슨 이야기를 하는지 알 수가 없다'는 반응이 나오는 이유가 여기에 있다. 앞뒤가 다른 이야기가 많고, 결론은 명확한데 결론에 이르는 논리는 합리성을 찾기가 힘든 것이다.

김현구는 목라근자 일가가 임나를 200년 동안 지배했다고 주장한다. 경상도에서 전라도에 걸치는 대제국을 무려 200년 동안 지배했는데 왜『삼국사기』에는 이런 사실이 일언반구도 나오지 않을까 고민하지도 않는다. 김현구는 목라근자의 아들 목만치(木滿致)가 목라근자를 이어 임나를 다스렸다고 주장하고 있다. 그러나 이 또한 자의적 주장에 불과하다. 목만치에 대한『일본서기』오진 25년(414) 조 기록을 보자.

> 백제의 직지왕(直支王)이 죽었다. 이에 아들 구이신(久爾辛)이 왕위에 올랐다. 그러나 왕이 어려 대왜(大倭)의 목만치가 국정을 잡았는데 왕모(王母)와 밀통하여 무례한 행위를 많이 저질렀다. 천황은 이를 듣고 소환하였다[『백제기』에서는 "목만치는 목라근자가 신라를 정벌할 때 그 나라 부인을 얻어 낳은 자식이다. 아버지의 공적으로 임나에서 전횡을 하다가 우리나라에 들어와서 귀국(貴國)과 왕래하였다. 천조(天朝, 야마토)의 명령을 받아 우리나라의 정사를 장악하고 권세를 세상에 떨쳤다. 그러나 천조가 그 포악함을 듣고서 소환하였다."고 한다].
>
> _ 『일본서기』 오진 25년조

『일본서기』는 414년에 구이신왕이 즉위했다고 말하고 있으나 『삼국사기』는 구이신대왕이 이보다 6년 뒤인 420년에 즉위했다고 말하고 있다.『일본서기』와 『삼국사기』의 연대가 서로 다를 경우 무조건『삼국사기』가 맞다. 이는 필자의 자의적 주장이 아니라 객관적 사실이다.

김현구는『일본서기』에 나오는 목만치가 『삼국사기』에 등장하는 목협만치(木刕滿致)와 동일인물이라고 주장한다.『삼국사기』「백제본기」개로대왕 21년(475)조에 목협만치가 나온다. 백제의 개로대왕은 고구려 장수대왕의 공세에 밀려 도성이 함락될 위기에 처하자 태자 문주에게 "나는 나라를 위하여 마땅히 죽어야 하지만 네가 여기에서 함께 죽는 것은 유익하지 않으니 난을 피해서 있다가 나라의 왕통을 잇도록 하라.”면서 목협만치와 조미걸취(祖彌桀取)를 함께 내려 보냈다.

그런데 “목만치는 목라근자가 신라를 정벌할 때 그 나라 부인을 얻어 낳은 자식이다.”라는 『일본서기』 기사를 사실로 믿는다면 목만치는 목라근자가 신라를 정벌할 때인 369년에 생긴 자식이어야 한다. 이 목만치가 『삼국사기』의 목협만치와 동일인일 수 있을까? 만약 『일본서기』 기록대로 목라근자가 신라를 정벌할 때 목만치를 낳았다면 목만치는 개로대왕 21년(475)에 106세가 된다. 106세 노인이 태자 문주를 호위해서 남쪽으로 내려갈 수는 없을 것이다. 그러자 김현구는 또 ‘사료 멋대로 이용하기’ 방법을 동원한다. 목라근자가 목만치를 낳은 것은 369년이 아니라 백제 아신대왕 12년(403)이라는 것이다. 『삼국사기』 「백제본기」 아신대왕 12년(403)조에 이런 기사가 있다.

가을 7월에 군사를 보내 신라의 변경을 쳤다.

이것이 기사의 전부다. 그런데 김현구는 이때 신라의 변경을 친 장수가 목라근자라고 주장한다. 사료적 근거? 그런 것이 있을 리가 없다. 이 사료를 김현구는 아래와 같이 둔갑시킨 것이다.

가을 7월에 아신왕이 목라근자를 보내 신라의 변경을 쳤는데, 이때 목라근자는 신라 여인을 얻어서 아들을 낳았다.

'가을 7월에 군사를 보내 신라의 변경을 쳤다'는 1차 사료의 내용을 후대의 역사학자가 이렇게 바꿀 수 있을까? 이것이 역사학의 범주에 들기는 할까?

『일본서기』의 목라근자는 369년에서 34년 후에 홀연히 『삼국사기』에 나타나 다시 신라를 쳤다. 그래서 이때 신라 여인을 얻어 아이까지 낳았다. 그래서 목협만치는 개로대왕 21년에 106세가 아니라 72세가 된다는 것이다. 물론 김현구가 신봉하는 『일본서기』조차도 이런 내용은 당연히 없다. 이쯤 되면 삼류소설에도 낄 수 없는 공상소설이지만 이런 책이 한국에서는 역사서로 버젓이 팔리고 있다. 이런 사람이 대한민국 명문대학의 역사교육과에서 정년까지 무사히 마치고 명예교수로 있다.

『일본서기』만 맹신하는 김현구가 아신대왕 12년(403)의 『삼국사기』기사는 왜 끌어들여 공상소설을 쓰는가? 『삼국사기』에는 369년에 백제가 신라·임나를 정벌했다는 기사도 없다. 당연히 목라근자라는 이름조차 나오지 않는다. 그러나 김현구에게는 불가능이 없다. 『삼국사기』의 목협만치를 『일본서기』의 목만치로 만들어내야 하는데, 목협만치의 나이가 106세가 되니까 72세라고 우기기 위해 그동안 눈길도 주지 않던 『삼국사기』를 들이댄 것이다.

72세라 해도 문주 태자를 호위하여 남쪽으로 가기는 무리가 있는 나이이므로 어차피 창작하는 김에 60세 정도로 했으면 좋았을 것을, 딱하게도 이 무렵 『삼국사기』에는 백제가 신라를 공격하는 기사가 나오지 않는다. 『삼국사기』를 마음대로 조작해서 목만치를 목협만치로 둔갑시킨 김현구는 다시 『일본서기』 신봉자로 돌아서

서 이렇게 말한다.

일본 측 자료를 바탕으로 한 오진(應神)조나 백제측 자료를 바탕으로 한 『백제기』는 다 같이 목만치가 한반도에서 활약하다가 도일했다고 기록하고 있다. 따라서 『일본서기』가 그 부(父) 목라근자를 백제장군이라고 하면서도 목만치를 대왜인으로 취급하고 있는 것은 목만치가 『백제기』나 『일본서기』에 서술되어 있는 것처럼 실제로 도일하여 일본에 정착하여 왜인이 되었기 때문이 아닌가 생각한다.

_ 김현구, 『임나일본부설은 허구인가』, 창비, 2010, 109〜110쪽.

여기서 김현구가 말하는 『일본서기』나 『백제기』는 서로 다른 책이 아니다. 김현구가 '『백제기』나 『일본서기』'라고 다른 책처럼 말해서 독자들은 혼동되겠지만 둘 다 『일본서기』를 뜻한다. 『일본서기』에서 인용하고 있는 『백제기』인데 마치 별개의 책인 것처럼 서술해서 독자들에게 여러 책에 그렇게 나와 있는 것처럼 믿게 하려는 의도일까? 그러나 『일본서기』든 『일본서기』에서 인용한 『백제기』든 모두 720년 무렵에 백제와 관계가 끊어진 일본 왕실의 시각에서 일본 왕실의 정통성을 합리화하려고 조작·변개한 것이므로 액면 그대로 믿기 어렵다. 『삼국사기』에는 김현구가 주장하는 내용이 일체 없다. 김현구의 설에 대해서는 스에마쓰의 설과 함께 제3장에서 보다 세밀하게 비판할 것이다.

지금까지 살펴본 것처럼 임나지배설은 남북한 학자들의 분국설을 제외하고는 합리적인 것이 전혀 없다. 분국설의 문제는 일본 열도 내에 임나의 위치가 어디냐는 것인데 이 부분에 대해서는 뒤에 살펴볼 것이다.

임나일본부는 외교 교역기관이었나?

다음으로 외교 교역설을 살펴보자. 임나지배설에 비하면 외교 교역설은 그나마 조금 낫다. 외교 교역설은 임나일본부의 성격이 단순히 외교나 교역을 위한 조직이었다는 설로, 임나를 지배하는 기구는 아니었다는 것이다. 김태식은 제2기 『한일역사공동연구위원회 보고서』에서 외교 교역설의 4가지를 교역기관설 · 사신단(使臣團)설 · 외교기관설 · 안라(安羅)왜신관(倭臣館)설로 구분하였다. 교역기관설은 이병도의 설로, 임나부가 원래 가야 제국(諸國)과 무역 관계를 위해 설치한 공적 상관(商館)인데, 후에 가야에서 신라의 압력에 못 이겨 왜인의 원조를 구했기 때문에 군사 지원도 그 역할의 중심이 되었다고 했다. 이병도는 결국 임나에서 군사 지원까지도 했다는 것이니 임나지배설과 크게 다르지 않다. 이병도다운 결론이라고 하지 않을 수 없다.

사신단설 이하 3가지는 임나부가 외교 업무를 담당한 공관의 성격이었다는 것으로 그 주체를 왜 · 임나 · 백제의 어느 쪽으로 보느냐에 따라 성격이 구분된다고 하겠다. 그러나 한반도 남부에 정치적 지배기구든 외교기구나 교역기구든 그 성격을 막론하고 이런 것이 존재했다고 말하려면 합리적인 근거를 대야 한다.

필자는 2015년 12월 23일 한국학중앙연구원에서 주최한 학술대회에 참석한 적이 있다. 대회의 주제는 '한국과 중·일 사이의 역사 관련 쟁점에 관한 종합 검토'였는데, 그중 필자는 임나일본부 관련 토론자로 발표자의 내용을 논평했다. 발표자인 이희진(한국항공대 강사)은 「이른바 임나일본부에 대한 백년의 논쟁」이란 제목의 논문을 발표했다. 스에마쓰 야스카즈 이후 일본과 한국의 여러 연구자들의 임나일본부에 관한 여러 설을 소개하고 나름대로 논평을 가한 논문이었다.

한국의 대부분의 고대사 학자들에게는 일종의 공식이 있다. 총론이나 서문에서는 식민사학을 비판하고 각론에서는 식민사학을 추종하는 공식이다. 그래서 총론이나 서론뿐만 아니라 각론을 자세히 살펴야 한다. 이희진도 총론에서는 식민사학을 비판해왔다. 그러나 정작 이희진의 발표문은 위에서 필자가 분석한 김태식의 글과 대동소이하다. 무엇보다 임나를 가야로 보고 있었다. 이희진은 발표문에서 우선 스에마쓰의 황국사관을 이렇게 비판했다.

스에마쓰 야스카즈도 『일본서기』의 연표 등에 왜곡이 있다는 점 자체는 인정한다. 그러면서도 결정적인 대목에서는 『일본서기』의 내용을 그대로 인정함으로써 위와 같은 해석을 내놓은 것이다. 사실 왜의 임나 지배 사실을 보여주는 기록도 거의 없다. 임나 등이 조공을 해왔다는 식의 기록을 사실로 인정하여 유추했을 뿐이다. 따라서 학계에서는 한국과 일본을 막론하고 이러한 학설이 거의 인정을 받지 못하는 상황이다. 그럼에도 불구하고 왜의 임나 지배를 단언한 것이다. 이와 같은 태도가 학문적인 차원의 것인지조차 의심스럽다. 이는 본질적으로 학술적이 아닌 발상에서 나왔다는 의혹을 떨치기 어렵다. 당시 황국사관 확립을 위한 역사 해석을 내놓을 현실적 필요가 있었기 때문이다. 스에마쓰는 이러한 상황에서 당시 일본 제국주의자들의 구미에 맞는 주장을 내놓았다고 보아야 할 듯하다.

_ 이희진, 「이른바 임나일본부에 대한 백년의 논쟁」,
『한국과 중·일 사이의 역사 관련 쟁점에 관한 종합검토』, 2015, 37쪽.

이희진은 스에마쓰에 대해서, "결정적인 대목에서는 『일본서기』의 내용을 그대로 인정함으로써……"라고 비판했다. 스에마쓰가 『일본서기』의 연표 등에 문제가 있다는 것을 인정하면서도 결정적인 대목에서는 『일본서기』의 내용을 인정한다고 이중성을 비판한 것이다. 그러나 필자가 생각하기에 이러한 비판은 이희진에게 그대로 되돌려주면 맞는 말이 된다.

임나일본부설이 지금까지 논쟁이 되는 이유는 위치 문제 때문이다. 그런데 이희진 역시 임나의 위치를 한반도의 가야로 보고 있다. 그래서 필자는 늘 총론이나 각론에 현혹되지 말고 각론에 주목하라고 말하는 것이다. 『일본서기』의 임나를 한반도의 가야라고 주장한 스에마쓰의 설과 무엇이 다른가? 임나의 위치에 관한 이희진의 시각을 보자.

…… 그런데 『삼국사기』나 「광개토왕비」, 「진경대사탑비」 같은 기록 중에 임나가라가 한반도에 있었음을 보여주는 기록이 나온다. 『일본서기』 자체에도 스이코 천황 26년의 기록에 고구려의 원조 요청에 응해 일본이 원정군을 파견해 침공해왔던 수양제의 30만 대군을 격퇴했다고 되어 있다. 서기 618년에 해당하는 이 기사를 통해서도, 『일본서기』 편찬자들이 여기 나오는 고구려가 일본 열도의 분국이라고 생각하고 기록을 남겼을 리는 없다는 점이 확인된다. 이런 기록들의 존재 때문에 요즘 학계에서는 『일본서기』에 나오는 고구려·백제·신라·가야 같은 나라들이 일본 열도에 있던 한반도 각국의 분국이라고 믿는 사람은 별로 없다.

_ 앞과 같은 곳, 43~44쪽.

이희진은 마치 『삼국사기』 같은 한국 사료에도 임나가라가 한반도에 있다고 서술하고 있는 것처럼 서술했다. 그러나 그렇지 않다. 『삼국사기』에는 임나라는 말이 딱 한 번 나온다. 그것도 「신라본기」가 아니라 「강수열전(强首列傳)」에 강수가 무열대왕에게, "신은 본래 임나가량(任那加良) 사람으로 이름은 우두(牛頭)입니다."라고 말했다는 것이 전부이다. 임나가량 사람이라고 했을 때 자신의 출신을 말하는 것인지, 조상들의 출신을 말하는 것인지 알 수 없다. 또한 이때의 임나가 언제 때 임나를 말하는 것인지도 알 수 없다. 더욱이 이 임나의 위치가 어디를 말하는 것인지도 알 수 없다.

그러나 식민사학자들은 『삼국사기』에 이처럼 딱 한 번 모호하게 등장하는 임나를 구세주로 여겨 빼놓지 않고 언급한다. 그러나 임나가 한일 식민사학자들의 주장대로 4~6세기 한반도 남부를 지배한 것이 사실이라면 「강수열전」에 한 번 언급하는 데서 끝나지 않고 「신라본기」 등 삼국의 본기에 무수히 등장해야 한다. 『일본서기』 진구조를 비롯해서 『일본서기』에는 야마토 및 임나가 고구려, 백제, 신라를 정복했다거나 조공을 받았다는 이야기들이 수도 없이 나온다. 이처럼 고구려, 백제, 신라와 숱하게 전쟁을 치른 임나가 한반도 남부의 임나라면 반드시 『삼국사기』 본기에 나와야 한다. 그러나 『삼국사기』 본기에는 한 번도 나오지 않는다. 이 역시 한반도 남부에는 임나 따위가 존재하지 않았다는 유력한 증거다.

「광개토대왕릉비」에는 광개토대왕이 영락 10년(서기 400년)에 신라를 구원하러 남하하는 기사가 나오는데, "…… 그 배후를 급히 추격해서 임나가라(任那加羅) 종발성(從拔城)에 이르니 성(城)이 곧 귀복했다."고 되어 있다. 이 기사의 앞뒤가 「광개토대왕릉비」에서 가장 많이 마모된 부분이다. 지워진 부분은 모두 중국과 일본에 불리한 내용들이어서 예전부터 조작설이 등장했던 부분이다. 다른 많은 부분은 지워졌는데도, '임나가라'나 '왜'라는 글자만 잘 보이기 때문에 의혹의 여지가 많다고 지적되어 왔던 기사이다.

설령 이 내용이 사실이라 해도 '성이 귀복했다'고 표현했으므로 임나가라는 서기 400년에는 광개토대왕에게 항복해서 사라진 것이다. 또한 『삼국사기』 「강수열전」에 나오는 임나가량과 「광개토대왕릉비」의 임나가라는 가야 연맹의 한 나라로 한때 존재했다가 사라졌다고 볼 수는 있을지 몰라도 가야 연맹 전체를 의미하는 호칭일 수는 없다. 즉, 4~6세기 한반도 남부 전체를 차지했다고 식민사학에서 주장하는 임나 제국과는 관련이 없는 것이다. 또 「진경대사탑비」에도 진경대사가 김씨로 임나 왕족의 후손이라고 하였는데, 이때의 임나도 언제, 어느 지역을 말하는 것인지 알 수 없다. 가야 연맹 전체를 가리키는 총칭이라고 볼 수 없다는 점은 굳이 설명할 필요도 없다.

김현구나 이희진처럼 '가야 = 임나'를 주장하는 사람들은 한국사 사료에 보이는 이 세 사례를 금과옥조처럼 여기면서 임나를 한반도 남부로 비정한다. 같은 논리라면『일본서기』에 무수히 나오는 임나는 일본 열도 내로 비정해야 한다. 한국사 사료에 딱 세 번 '임나'가 언급되는 것이 임나가 한반도에 있었다는 증거라면『일본서기』에 임나가 수없이 나오는 것은 임나는 일본 열도 내에 있기 때문이라고 해석해야 마땅하다. 그래야 논리에 맞다.『일본서기』는 원칙적으로 일본 땅에서 있었던 역사를 기록한 것이기 때문이다. 그런데 이들은 한국 사료에 나오는 임나도 한반도 남부에 있었다고 주장하면서도『일본서기』에 나오는 임나도 한반도 남부에 있었다고 주장한다. 그러나 임나가 한반도에만 있었다고 말하려면, 즉 '임나 = 가야'라고 주장하려면『일본서기』의 임나와『삼국사기』·『삼국유사』의 가야가 같은 실체임을 구체적으로 비교하여 밝혀야 한다.

그러나 가야가 임나와는 아무 상관없는 다른 세력이라는 사실은 이미 최재석이 더 이상 논란이 필요 없을 정도로 명쾌하게 밝혀놓았다. 그것도『삼국사기』만 가지고 논증한 것이 아니라 "『일본서기』에서도 가야가 임나를 가리킨다는 사실을 찾지 못했다."고 말한 것처럼『일본서기』까지 낱낱이 분석해서 임나와 가야가 다른 세력이라는 사실을 밝힌 것이다. 이희진이 이날 발표한 논문의 제목은 「이른바 임나일본부에 대한 백년의 논쟁」이다. 이 논쟁에서 가장 많은 연구 성과를 보유하고 있는 학자는 물론 최재석이다. 그러나 이희진은 이 논문에서 최재석을 언급조차 하지 않았다.

그래서 필자는 이희진에게 임나가 한반도의 가야와는 다른 일본 내 분국이라는 3가지 근거를 들고, 이에 대해 중점적으로 연구한 최재석에 대해서는 왜 언급하지 않았는지 물었다. 그랬더니 이희진은 이에 대해 설명하려면 "1시간 이상이 필요하다."는 등의 엉뚱한 대답으로 논점을 회피했다. 또한 북한의 김석형이 분국설을 최초로 주장했기 때문에 그만 언급했다고 대답했으나 자신의 발표문에 다른 2명의 재야연구가의 분국설도 언급한 사실은 잊은 듯한 대답이었다.

이희진이 「이른바 임나일본부에 대한 백년의 논쟁」이란 제목의 논문을 발표하면서 이 문제에 대해 가장 많은 논문과 저서를 갖고 있는 최재석을 생략한 이유는 간단하다. 임나가 한반도 남부에 있었다고 보는 이희진은 임나가 대마도에 있었다는 최재석의 방대하고도 치밀한 논리에 대응할 수가 없기 때문에 생략해버린 것이다. 그 역시 어떤 자리에서는 학계를 비판하는 척하지만 이처럼 발표문에서는 정작 최재석을 없는 사람 취급하자는 학계의 카르텔에 속해 있는 것이다. 설령 이희진의 설명을 그대로 받아들인다고 해도 최초로 어떤 설을 이야기한 학자만 중요한 것이 아니라 그 설을 정밀하게 만들고 완성한 학자와 토론하고 의견을 나누어야 학문이 발전할 것 아닌가?

필자는 임나가 일본 열도 내에 있었다는 분국설을 지지한다. 분국설을 지지하는 근거는 크게 3가지다.

첫째, 『일본서기』 진구조에 '임나의 북쪽이 바다로 막혀 있다'고 기록되어 있기 때문이다.

둘째, 임나를 한반도의 가야로 볼 근거가 전혀 없기 때문이다. 『일본서기』의 임나와 『삼국유사』·『삼국사기』의 가야는 그 속한 나라들의 이름도 모두 다르고, 건국 시기도 다르며 멸망 시기도 모두 다르다. 또한 같은 시기의 왕의 이름도 『삼국사기』·『삼국유사』에 나오는 왕들의 이름과 『일본서기』에 나오는 왕들의 이름이 확연히 다르다.

셋째, 『일본서기』에 따르면 임나의 크기가 마을 단위에 불과하기 때문이다. 『일본서기』의 임나와 인근 신라·백제·고구려 사이는 서로 닭 우는 소리, 개 짖는 소리만 가지고는 그 주인을 구별하기 힘들 정도로 너무 가깝다고 서술하고 있다. 즉 『일본서기』에 나오는 임나와 신라·백제·고구려는 서로 붙어 있다시피 했던 마을 규모의 소국들이라는 말이다. 대륙의 고구려는 물론 한반도의 백제, 신라, 가야 등이 될 수 없는 것이다. 이런 문제에 대해 답변을 요구했으나 이희진은 우물쭈물하며 왜 자기를 식민사학자로 모느냐고 화를 내면서, 필자도 『일본서기』를 인용하지 않았느냐고 말도 되지 않는 소리로 시간을 잡아먹었다.

그런데 갑자기 옆의 토론자가 발언권을 얻어 이희진 구하기에 나섰다. 그는 『일본서기』에 나와 있는 기사에서 임나가 바다에 '막혀[阻]' 있다는 한자의 뜻이 반드시 '막혀' 있다는 뜻만이 아니라 다른 뜻으로도 해석이 가능하다는 취지로 이희진을 옹호했다. 임나가 한반도 남부에 있었다고 주장하는 식민사학자들에게 가장 곤란한 사료는 앞서 인용한 『일본서기』 스진 65년조의 "임나는 쓰쿠시국에서 2,000여 리 떨어져 있는데 북쪽은 바다로 막혀 있고 계림의 서남쪽에 있다."는 구절이다. 여기의 "북쪽은 바다로 막혀 있고[北阻海]"의 '조(阻)'가 막혀 있다는 뜻이 아니라 다른 뜻으로도 해석할 수 있다는 것이다. 이 '막히다, 떨어지다'는 뜻의 '조(阻)' 자에 골치 아팠던 식민사학자들이 이 글자의 뜻 바꾸기를 시도했다는 말은 필자도 들었다.

신기한 것은 한국사로 박사학위를 땄다는 사람들이 어떻게 하면 한국사를 깎아내려서 중국과 일본의 식민지로 만들까를 밤낮 연구한다는 점이었다. 그래서 필자는 그런 식이라면 임나가 계림(신라)의 '서남쪽'에 있다는 표현도 한반도 남부라고는 절대 해석할 수 없고, 바다 건너 서남쪽에 있는 일본 열도(대마도)를 의미할 수 있다고 대답해주었다. 이후 시간에 쫓긴 사회자가 이희진과 필자가 더 이상 발언을 못하도록 하여 토론은 아쉽게도 끝나고 말았다.

그러나 사실 더 놀라운 것은 이희진이 "『일본서기』 자체에도 스이코 천황 26년의 기록에 고구려의 원조 요청에 응해 일본이 원정군을 파견해 침공해왔던 수양제의 30만 대군을 격퇴했다고 되어 있다."고 서술했다는 점이다. 한국 사회에서 '한사군 = 한반도설'은 이제 한사군이 중국 허베이성(하북성) 일대에 있었다는 중국의 고대 사료가 많이 공개되면서 퇴조하고 있는 중이다. 그러나 재상륙한 임나일본부설은 기세등등하다. 여기에는 한국 사회의 카르텔 구조 등 여러 요인이 있지만 『일본서기』를 본 사람이 그리 많지 않다는 현실도 한몫한다. 그래서 이희진이 일본이 고구려의 원조 요청에 응해 고구려까지 가서 수양제의 30만 대군을 격퇴했다고 『일본서기』 스이코 26년 기록에 나온다고 쓸 수 있는 것이다. 『일본서기』 스이코 26년조에는 그런 기사가 나오지 않는다. 이희진은 이런 사실을 알고도 김현구 식으로 사료 조작을 한 것일까? 궁금해진다. 『일본서기』 스이코 26년조 기록은 아래와 같다.

> (스이코) 26년 가을 8월, 고구려에서 사신을 보내 방물(方物)을 바치면서, "수양제가 30만 군사를 일으켜 우리를 공격했지만 도리어 우리에게 격파되었습니다. 그래서 포로 정공(貞公) · 보통(普通) 2인과 북과 피리[鼓吹], 쇠뇌와 포석(抛石, 돌 던지는 기계) 등 열 종류와 낙타 한 필을 바칩니다."라고 말했다.
>
> _ 『일본서기』 스이코 26년조

이 기사 중 고구려가 수나라 대군을 물리쳤다는 내용만 사실이고 나머지는 모두 『일본서기』 편찬자가 조작한 것이다. 수양제의 30만 대군을 물리친 대륙의 제국 고구려가 야마토왜에 사신을 보내 여러 진상품을 바쳤다는 『일본서기』 기사는 설명할 것도 없이 조작이다. 그러나 이처럼 조작된 사료에도 고구려의 원조 요청에 응해 야마토의 군사가 고구려까지 가서 싸웠다는 내용은 없다. 다만 고구려 사신이 '수양제의 대군을 격파했다'고 말한 내용만 담겨 있다. 이희진은 이런 조작된 사료에도 없는 사실까지 다시 조작해 임나가 한반도 남부에 있었다고 우기는 것이다. 『일본서기』에 고구려가 야마토에 군사 지원을 요청했고, 그래서 야마토왜군이 고구려까지 가서 수나라 군사를 물리쳤다고 기록되어 있다고 거짓말을 한 것이다.

김현구가 『삼국사기』 아신대왕조에 신라 변경을 공격했다는 백제 장수를 목라근자라고 끼워넣은 것을 보고 배운 것인지는 모르겠지만 이 경우에 한정하면 조작의 질은 이희진이 더 나쁘다. 김현구는 『삼국사기』에 나오지 않는 장수 이름을 '목라근자'라고 조작했다. 이것도 학문적으로는 용서받을 수 없는 반(反)역사학적 행위이다. 그러나 이희진은 더 나아가 대륙의 강국 고구려가 마치 야마토에 군사 지원을 애걸하는 약소국인 것처럼 묘사하고, 또 야마토에서 고구려의 군사 지원 요청에 응해 고구려까지 가서 수나라 군사와 싸워 이긴 것으로 역사 자체를 조작했다. 하긴 고구려가 야마토에 군사 지원을 애걸했다고 주장한 인물은 이희진이 처음은 아니다. 김현구는 『임나일본부설은 허구인가』에서 이렇게 서술했다.

> 당시 한반도에서는 백제, 고구려, 신라 삼국이 치열하게 싸우고 있었다. 그래서 삼국은 서로 야마토 정권을 자기 쪽으로 끌어들이기 위해 노력하고 있었다.
>
> _ 김현구, 『임나일본부설은 허구인가』, 창비, 2010, 140쪽.

김현구는 고구려, 백제, 신라의 삼국이 모두 야마토 정권을 자기 쪽으로 끌어들이기 위해 노력하고 있었다고 서술하고 있다. 그나마 이는 점잖은 표현이다. 김현구는 『임나일본부설은 허구인가』보다 먼저 출간한 『백제는 일본의 기원인가?』(2002)에서는 더욱 과감한 주장을 폈다.

> 백제에서 동성왕(재위 479~500)과 무령왕(재위 501~22)이 등장하고 일본에서는 그들과 같이 성장했다고 여겨지는 게이타이(繼體) 천황(재위 507~31)이 재위에 오르면서부터 양국관계는 급속히 가까워진다. 당시 한반도에서는 고구려·백제·신라가 서로 자국 주도의 통일을 이루기 위해서 이전투구(泥田鬪狗)를 전개하고 있었다. 따라서 삼국은 모두 일본에 대해서 군사 원조를 요청하거나 적어도 상대국에게 군사 원조를 제공하지 못하도록 저지하기 위해서 노력하였다. 그러므로 삼국 중에서 어느 나라를 파트너로 삼을 것인가 하는 캐스팅 보트는 일본이 쥐고 있었다.
>
> _ 김현구, 『백제는 일본의 기원인가』, 창비, 2002, 29쪽.

고구려, 백제, 신라의 삼국이 모두 일본에 대해서 군사 원조를 요청하거나, 군사강국 야마토가 다른 나라에게 군사 원조를 제공하지 못하도록 저지하기 위해서 노력했다는 것이다. 야마토는 백제를 간택해서 군사 지원을 해주다가 7세기에 들어서면 고구려의 요청을 받아 대륙까지 건너가 수나라 군사를 격파했다는 것이다. 이 주장대로라면 동아시아 제일의 초강력 군사제국이 아닐 수 없다. 그래서 역사학에서는 관점이 중요하다. 관점이 제대로 잡혀 있으면 작은 실수는 만회할 수 있다. 그러나 관점이 잘못되면 다른 모든 것이 잘못되게 되어 있다. 임나 문제 같은 것이 그렇다. 임나 문제에서 가장 중요한 것은 위치 문제이다. 위치는 바로 관점의 문제이기도 하다.

임나의 위치

임나가 이토록 논란이 되는 것은 위치 때문이다. 즉 위치 문제가 임나 논쟁의 핵심이다. 임나의 위치에 대해서는 남, 북한과 일본 학계에 크게 2가지 설이 있다. 하나는 임나가 한반도 남부에 있었다는 식민사학의 설이고, 다른 하나는 일본 열도 내에 있었다는 분국설이다. 한반도 남부라는 설도 그 강역에 대해서는 김해 일대(나카미치요, 쓰다 소키치)라는 설과 경북 고령(이마니시 류)까지라는 설, 그리고 전라도까지 걸쳐 있었다(스에마쓰 야스카즈)는 주장 등으로 나뉜다. 남, 북한 학자들의 분국설도 대마도설(최재석, 윤내현)과 규슈설(김인배), 그리고 기비(吉備)설(김석형) 등으로 나뉜다.

먼저 임나의 위치를 설명하는 사료는 앞서 인용한 스이진 65년조 기사가 유일하다. 지금의 규슈인 쓰쿠시국에서 2,000여 리 떨어져 있고, 북으로는 바다로 막혀 있으며, 계림(신라)의 서남쪽에 있다는 것이다. 이 기사에 따르면 임나의 위치는 결코 한반도 남부일 수가 없다. 한반도 남부는 남쪽이 바다로 막혀 있지 북쪽이 바다로 막혀 있지는 않기 때문이다. 그러자 이제는 바다로 '막혀[阻]' 있다는 '조(阻)' 자가 다른 뜻이라고 우긴다는 이야기는 앞에서 했다.

또한 진구 왕후가 369년 가야 7국을 평정하고 임나를 설치했다는 『일본서기』 기록 자체를 허구라고 여기는 학자들이 많다는 이야기도 했다. 심지어 쓰다 소키치 같은 식민사학자조차 "『일본서기』 진구 49년(369)조 기사는 사실로 인정할 수 없다."고 했다는 것도 앞에서 이야기했다. 그럼에도 불구하고 식민사학을 결코 포기하지 않는 스에마쓰 야스카즈는 『임나흥망사』(1949)에서 이 허위 기록을 토대로 임나 7국의 위치를 낙동강 중류역 이남의 넓은 지역으로 비정했다. 그리고 전라도 및 충청도 일대까지 확대시켰다.

그러나 가야 7국을 평정했다는 『일본서기』 자체가 조작이고 역사적 사실이 아니기 때문에 『일본서기』에만 나오는 임나 7국의 위치를 한반도 남부에서 찾는 것은 아무런 의미가 없다. 그러나 스에마쓰 야스카즈는 임나 7국을 모두 한반도 남부로 비정하고 이곳을 정벌하여 임나를 설치했다고 주장했다. 그가 임나 7국을 한반도 남부로 비정하는 유일한 근거는 발음인데, 임나 7국의 이름과 비슷한 발음이 하나라도 나오면 임나 7국의 하나라고 비정하는 것이다. 임나 7국이 한반도의 가야라는 증거도 전혀 없음에도 불구하고, 스에마쓰는 7국의 이름과 유사한 발음을 토대로 낙동강 중류 이남에서 찾았다. 스에마쓰가 찾아낸 지명들을 살펴보고 비판해보자. 각 항마다 필자의 비판을 덧붙였다.

(1) 비자발(比自㷀) : 『삼국사기』의 비자화(比自火)군 또 비사벌(比斯伐)군에 해당함이 확실하니, 지금의 경상남도 창녕이다.

필자 비판 : 비자발의 발음이 비자화 및 비사벌과 유사하다는 사

실 하나만으로 같은 지명으로 단정함은 옳지 않다. 또 『삼국사기』
에는 비자화(또는 비사벌)라고 부르는 곳이 경상남도 창녕 외에 전
라북도 전주의 한 곳이 더 있는데, 어떻게 창녕이라고 단정하는
가? 한편 고대 야마토의 수도였던 나라 동북쪽의 이가(伊賀)시에
비자산(比自山)이 있고 비자산성(比自山城)이 있다. 일본 전국시대
때 '비자산성 전투'라 불리는 격전이 치러졌던 곳이므로 스에마쓰
야스카즈도 알았을 것이 틀림없다. 따라서 스에마쓰식 위치 비정
으로는 일본 열도의 이가시로 비정하는 것이 맞다.

(2) 남가라(南加羅) : 아래의 (7)번 가라에 대한 이름으로 생각되는
『삼국사기』「김유신전」의 남가야(南伽倻)로 비정되는 지금의 경상
남도 김해이다.

필자 비판 : 남가라가 남가야라는 근거가 없다. 또한 일본 열도 내
에 가라에서 유래된 지명은 수도 없이 많으니 일본 열도 내에서
찾아야 한다.

(3) 탁국(啄國) : 『삼국사기』의 달구화(達句火) 현[달벌(達伐)]에 해당
함이 가장 용이하지만 아래 (6)의 탁순이 달구화가 되어야 하므
로, 이 탁국은 달구화의 남쪽 3리 되는 압독(押督)군이 된다. 압독
의 '독(督)'이 '탁(啄)'에 통함은 말할 것도 없고, ap(押)은 남(南)이
나 앞을 의미하므로 달구화와의 지리적 관계로 보아 긴밀한 이름
이다. 지금 경상북도 경산군이다.

필자 비판 : 아래 언급할 (6)의 탁순이 달구화가 되어야 한다고 했

다. 그러나 (6)을 살펴보면 알 수 있듯이 타당성이 전혀 없다. 그러므로 달구화(지금의 대구) 남쪽의 압독 운운하는 것은 사족에 불과하며 따라서 경산군이 될 수 없다. '탁(喙)' 자는 '녹'으로도 읽으므로 발음을 가지고 비정하는 것 또한 맞지 않다.

(4) 안라(安羅) : (중국의 『삼국지』) 「위지(魏志)」〈한(韓)전〉의 변진 안야국(安邪國), 『삼국사기』의 아시량국(阿尸良國), 또 아라(阿那) 가야이다. 광개토대왕비에 있는 대로 안라(安羅)로 보인다. 지금의 경상남도 함안이다.

필자 비판 : 안라와 안야·아시량·아라는 음도 다르고 글자도 다르다. 광개토대왕비의 안라는 같은 것이지만 분국설에서 주장하듯 대마도에 있던 것으로 봐야 한다. 7국 중 다른 6국이 모두 한반도에 있었다는 사실이 증명되지 않는데 안라만 한반도에 있었다고는 볼 수 없다.

(5) 다라(多羅) : 『삼국사기』의 대량주, 또 대야주로, 다벌로도 쓴다. 지금의 경상남도 합천이다.

필자 비판 : 다라가 무슨 근거로 대량주·대야주·다벌과 같다는 것인지 아무 설명이 없다.

(6) 탁순(卓淳) : 탁순(喙淳)으로도 쓴다(긴메이 5년기). 위에 말한 대로 일본군의 집결지가 되고 또 아래 보듯이 백제 최초의 일본에 갈 사절의 도래지인 점으로 보아, 위에 말한 달구화에 해당함이

가장 자연스럽다. 지금 경상북도 대구이다.

필자 비판 : '탁'이 '달'과 발음이 유사하다고 주장한 후 이 한 가지 이유로 탁순과 달구화가 같은 지명이라는 것이다. 아무런 논리적 타당성이 없다. 더 우스운 것은 탁순을 대구로 비정해놓고 그 근거로 '일본군의 집결지와 백제 사절의 도래지'이기 때문이라고 주장하는 것이다. 야마토로 가는 백제 사절의 도래지가 해로(海路)가 아니라 내륙인 대구라는 희한한 논리이다. 일본군의 집결지가 왜 하필 대구이고, 야마토에 가는 백제 사신이 왜 해로를 택하지 않고 내륙인 대구로 가야 하는지 이해할 수 없다. 아마 스에마쓰 자신도 이해할 수 없을 것이다.

(7) 가라 : 가라는 (2) 남가라에 상대되는 이름으로 생각되며 『삼국사기』의 대가야 즉 지금의 경상북도 고령이다.

필자 비판 : 남가라가 남가야가 아니듯 이 가라도 가야가 아니다.

『삼국사기』에는 「지리지」가 있다. 이 『삼국사기』 「지리지」에 이런 지명은 하나도 보이지 않는다. 그럼에도 불구하고 스에마쓰는 『삼국사기』 「지리지」에서 조금이라도 비슷한 발음이 나오면 같다고 비정하는 것이다. 그런데도 이 땅의 학자들은 스에마쓰의 이런 지명 추정을 아무도 비판하지 않는다. 비판하기는커녕 스에마쓰나 다른 식민사학자들의 지명 비정을 좇아 임나와 그 소속국들을 가야라고 여기며 맹종하고 있는 상황이다.

이른바 국사학계의 태두라는 이병도의 경우를 보자. 이제 이들이 말하는 국사가 (한)국사인지 (일본)국사인지를 의혹의 눈으로 보는 사람들이 크게 늘고 있다. 이병도는 일제 강점기인 1934~1937년 사이 그가 창립한 진단학회의 학회지 『진단학보』에 7회에 걸쳐 「삼한 문제의 신고찰」이란 글을 연재했는데, 위 지명들에 대해 이렇게 썼다.

> …… 낙동강 본유역 및 그 이서(以西)에 상존한 자를 『일본서기』에 의하여 들어보면 창녕 방면에는 비자발, 김해 방면에는 남가라, 함안 방면에는 안라, 고령 방면에는 임나가라, …… 그밖에 탁국(달구벌, 즉 대구)…… 탁순(창원?), 다라(합천)…… 등 소부락이 있었는데…….
>
> _ 이병도, 「삼한 문제의 신고찰」, 『한국고대사회사논고』, 한국학술정보, 2012, 190쪽.

이병도의 지명 비정이 전적으로 스에마쓰를 추종했음을 알 수 있다. 다만 일본인들이 일본으로 쫓겨간 후 학계의 태두로 추앙받다보니 나름대로 독자적 학설도 내세우고 싶어서 스에마쓰가 경산이라고 비정한 탁국을 대구로 비정하고, 스에마쓰가 대구라고 비정한 탁순을 창원으로 비정하고는, 확신은 없는 듯 의문부호를 달아 놓았다. 국사학계의 태두라는 사람이 스에마쓰 야스카즈의 임나 7국 위치 비정을 대부분 추종한 이후에 이 땅의 고대사 학자들은 모두 이 틀에서 벗어나지 못하고 있는 것이다.

위에서 스에마쓰의 임나 7국 위치 비정이 아무런 근거를 갖추고 있지 못한 억지임을 살펴보았다. 이처럼 일본과 한국 식민사학자들의 위치 비정을 비판하는 것은 조금도 어려운 일이 아니다. 학문적 논리는커녕 최소한의 합리적 근거도 갖추고 있지 못하기 때문이다. 지금까지 살펴본 대로 임나는 한반도 남부에는 존재하지 않았다. 임나가 한반도 남부라는 주장은 한국을 재점령하려는 일본 극우파의 정치선전에 불과하다. 그러나 아무리 '임나＝한반도 남부'가 일본 극우파의 정치선전이라고 해도 문헌사료나 고고학 유적, 유물들이 그렇다고 하면 어쩔 수 없이 인정해야 한다. 그러나 문헌사료나 고고학 유적, 유물들은 거꾸로 한반도에서 건너간 고대 한국인들이 일본 열도의 야마토왜를 세웠다고 말해주고 있다.

그러면 임나는 과연 어디 있었는가? 임나가 일본 열도에 있었음은 분명하다. 그러나 일본 열도의 어디에 있었는지, 그 위치에 대해서는 여러 학설이 있다. 최재석·윤내현(단국대 명예교수)의 대마도설, 북한의 김석형·조희승의 기비(吉備)설, 김문배·김인배 등의 북규슈(北九州)설이 있다. 3가지 설이 나름 타당한 면이 있으므로 임나라는 이름이 여러 곳에 있었을 가능성도 있다고 생각된다. 그러나 필자가 생각하기에 『일본서기』에 계속 등장하는 임나는 그중 한 곳을 일관되게 의미하는 것으로 보이는데, 그곳은 '쓰쿠시에서 2,000리, 신라의 서남쪽'이라는 표현에 가장 적절한 대마도이다.

대마도설에 대해서는 최재석이 「임나의 위치·강역과 인접 5국과의 관계」에서 명확히 밝혔으므로 그 요지를 소개하겠다. 최재석은 먼저 『일본서기』에서 말하는 임나는 아주 작은 소국이라는 점에 주목한다. 그래서 『일본서기』에 기록된 임나와 백제·신라·고구려가 매우 가까이 위치하고 있었기 때문에 그곳이 한반도가 될 수 없다고 보았다. 『일본서기』에서 말하는 임나와 고구려·백제·신라가 아주 작은 소국임을 나타내주는 기록은 무수히 많지만 대표적인 것을 들어보겠다. 우선 게이타이 6년(512) 12월조에는 임나 4현은 "백제와 가까이 이웃하여, 아침저녁으로 다니기 쉽고 닭과 개 주인도 구별하기 힘들 정도"라고 설명하고 있다. 이는 임나와 백제의 크기가 부락이나 마을 규모라는 사실을 설명하는 것이다. 『삼국사기』나 『삼국유사』 같았으면 나라 '국(國)' 자를 붙이지도 않았을 것이다. 일본에서 국(國)은 나라를 의미하는 것이 아니라 마을이나 영지를 뜻하는 경우가 많은데, 이 역시 그런 사례들이다.

긴메이 2년(541) 4월조에는 임나의 경계가 신라와 접해 있는데, 임나의 경계에서 신라를 불러 (임나 재건을) 들을 것인가 아닌가를 물었다고 했다. 이는 임나와 신라도 이웃한 부락임을 말한다. 상당한 규모의 고대국가라면 도읍이 서로 멀기 때문에 국경에서 상대의 관원을 부를 수 없음은 상식일 것이다.

앞서 인용한 대로 유랴쿠 8년(464) 2월조에는 신라를 보호하기 위해 파견된 고구려의 군사를 100명이라고 설명하고 있다. 이 또한 여기서 말하는 신라와 고구려가 대륙과 한반도의 큰 나라들이 아니라 매우 작은, 이름만 나라였음을 말해주는 것이다. 왕이라고 한 것은 『일본서기』에서 야마토왜의 왕을 천황으로 표기했으므로 그에 비추어 격을 낮추어 부른 호칭에 불과하다. 이와 같이 임나와 신라·백제·고구려는 모두 부락 단위의 나라였다. 『일본서기』에 기록된 임나와 신라·백제·고구려 등 이웃 간의 관계에 대해서는 다음 장에서 살펴볼 것이다.

임나일본부의 실체

임나일본부설의 골자는 진구 49년(369) 신라를 공격하여 가야 7국을 평정하고 그 자리에 임나를 세웠고, 그 임나를 200년 동안 지배하였다는 것이다. 그러나 그 지배 조직으로서의 일본부라는 명칭이 기록된 것은 후반 약 100년뿐으로 464~552년 사이이다. 여기에서 벌써 임나일본부라는 것이 일본인들이 후대에 조작한 것이라는 사실을 알 수 있다. 369년에 임나를 세웠으면 그 통치기구인 일본부도 그때 생겼어야 하는데 일본부는 100여 년 후에야 등장하는 것이다.

더 큰 문제는 일본이라는 용어 자체가 7세기 후반에 처음 생기기 때문에 464~552년에 등장하는 일본부라는 명칭 자체가 7세기 후반 이후에 만든 것이라는 점이다. 464년에 처음 임나'일본부'가 기록된 이후 두 번째로 임나'일본부'가 보이는 것은 그로부터 77년 후인 541년이다. 그 후 552년까지 불과 11년 동안에 일본부에 관한 기록이 10여 회 집중된다. 『일본서기』 기록이 이런 식으로 앞뒤가 맞지 않기 때문에 4세기 후반부터 6세기 후반까지 200년 동안 임나를 지배했다는 일본인들의 주장이 얼마나 허황된 것인지를 익히 알게 된다. 그러니 이제는 임나가 30년 되었다는 등 10년이라는 등 1년이라는 등 처량한 학설들이 나오는 것이다.

일본부에 속한 관인의 관직명을 통해 임나의 실체를 살펴보자. 『일본서기』에는 집사, 신(臣), 경(卿), 행군원수 등 다양한 이름이 등장하고 있는데, 최재석은 이러한 관직명은 8세기까지는 존재하지 않았던 것으로서 후세에 삽입한 것을 알 수 있다고 지적했다. 이러한 여러 명칭들에 관해 이노우에 히데오(井上秀雄)는 동일한 최고책임자의 관직 이름이 아니라 각자 높낮이가 있는 상하의 관직이라고 주장했다. 즉 임나는 관료 조직을 갖춘 나라였다는 설명이다. 이노우에는 일본부의 경(卿)은 기본 문제를 결정하는 상급자이며 그 밑에 있는 집사는 경이 결정한 정책을 따라 구체적인 외교행정을 행하는 하급자라고 주장했다. 이노우에의 말이 맞다면 이런 여러 명칭들이 동시에 나타나야 하는데 그런 경우는 없고 각각 따로 나타난다. 경이 집사의 상관이라는 증거는 『일본서기』에도 없는 그의 독단에 불과하다. 긴메이 4년조와 5년조를 보면 백제에서 임나 집사와 일본부 집사를 불렀는데, 일본부 대표를 꾸짖기도 하는 사례가 있다. 이 사례에서 알 수 있듯이 일본부 집사는 이노우에의 주장처럼 하급 관인이 아니라 최고 책임자임이 확실하다.

더 의문스러운 것은 '임나'의 지배조직이나 행정조직이 5개나 된다는 점이다. '일본부'라는 이름 외에도 임나에 관한 정치, 행정조직이 4가지나 더 보인다. '일본부' 외에 지방행정 단위인 '국(國)'으로 표현되기도 하고, 또는 직할령인 '관가(官家)'로 표현되기도 한다. 그리고 임나 안의 '현읍(縣邑)'으로 나타나기도 하고 수시로 일본에서 파견된 '사인(使人)'이 임나를 지배했다고도 표현하고 있다. 그래서 최재석은 야마토왜가 이런 이질적인 5종의 정치제도로 임나를 지배했다는 것은 조작이 아니고는 있을 수 없다고 분석했다.

또한 임나를 다스리는 수장에 대한 이름도 여럿 등장한다. '국'의 수장으로 기록한 것으로는 임나국사(國司), 다리국수(國守), 하다리국

수(下哆唎國守), 임나대부(大夫) 등의 이름이 보인다. 『일본서기』 자체
는 임나를 나라로 보아서 '임나왕'으로 표현하면서도 다른 곳에서
는 국사, 국수 등을 임나의 수장으로 표현하는 것이다. 그래서 국사
또한 조작한 명칭이며 국사, 국수, 대부 등은 모두 8세기 이후 출
현하는 관직이므로 5세기의 기록에 보이는 것 역시 조작이다. 특히
대부는 지방관직이 아니라 중앙에만 있는 중앙관직이다. 『일본서
기』에서 국수라는 표현이 있는 기사 2가지만 살펴보자.

① 게이타이 6년(512) 12월, 다리국수 호즈미노오미 오시야마(穗積
臣押山)가 상주하기를 "(임나의) 4현은 백제와는 가깝지만 일본과
는 멀리 떨어져 있습니다. (백제와 4현은) 아침저녁으로 교통하기
쉽고 닭과 개의 소리도 어느 쪽의 것인지 구별하기 힘들 정도로
가까우니, 백제에 주는 것이 좋겠습니다."고 상주했다.

② 게이타이 23년(529) 3월, 백제왕이 하다리국수 호즈미노오미
오시야마에게 가라(加羅)의 다사진(多沙津)을 달라한다고 오시야마
가 주청했다.

①번 사료는 다리국수 호즈미노오미 오시야마가 임나 4현을 백
제에 주자고 요청했다는 것이다. 그런데 그 이유가 임나 4현과 백
제는 닭과 개의 주인을 구별하기 힘들 정도로 가깝다는 것이다. 그
러므로 여기에서 말하는 백제는 『삼국사기』에서 말하는 백제가 아
닌 것은 분명하다. 또한 다리국수가 임나 4현을 백제에 주자고 주

청했다는 것은 다리국수가 임나의 할양 문제까지도 관장하는 최고 직위라는 뜻이다. 여기에서도 '임나왕'이니 '일본부'니 하는 것이 모두 조작이거나 아주 작은 마을 단위에 불과하다는 사실을 알 수 있다.

②번 사료도 백제왕이 하다리국수에게 가라의 다사진을 달라고 요청했다는 영토 할양 기사다. 이 역시 임나왕이 아니라 국수가 임나 문제를 관장하는 최고 관직으로 표기되고 있는 것이다. 그런데 국수라는 것은 8세기 이후에나 생긴 관직명이라는 점에서 이 역시 후대에 조작된 명칭이다.

다음으로 '관가(官家)'로 기록된 경우를 보자. 『일본서기』에서 관가는 보통 식민지나 조공을 바치는 속국이란 의미로 사용하고 있다. 『일본서기』는 진구 왕후가 섭정하던 주아이 9년(320)에 진구가 신라를 정벌하자 고구려, 백제 임금이 모두 와서 항복하면서 "조공을 끊이지 않고 바치겠다."고 맹세했다는 기록이 있다. 진구 왕후는 신라는 물론 고구려, 백제까지 내관가(內官家)의 둔창(屯倉, 창고)으로 삼았는데, 이것이 삼한(三韓)이라고 설명하고 있다. 서기 320년에 고구려, 백제, 신라가 모두 야마토에 항복하고 야마토의 관가가 되었다는 이야기는 일본 학자들조차 사실로 인정하지 않을 정도로 허황된 이야기다. 『일본서기』에는 일본 열도에도 관가가 있었고, 고구려, 백제, 신라를 뜻하는 해서(海西) 제국에도 관가가 존재했다고 서술하고 있다. 온 세상이 야마토의 관가라는 사상의 발현인데 더 이상 설명할 가치도 없는, 조작된 기사들이다.

임나에 있었다는 관가에 한정시켜 보더라도 마찬가지다. 『일본서

기』에는 긴메이조에 관가 이야기가 거듭 등장한다. 그중 긴메이 23
년(562)조를 보자.

> 신라가 임나 관가를 타멸(打滅)시켰다[다른 본에는 21년(561)에 임나
> 를 멸망시켰다고 한다. 총체적으로 임나를 말하는 것이고 따로 말하면 가
> 라국(加羅國)·안라국(安羅國)·사이기국(斯二岐國)·다라국(多羅國)·졸마
> 국(卒麻國)·고차국(古嵯國)·자타국(子他國)·산반해국(散半奚國)·걸찬국
> (乞飡國)·임례국(稔禮國)으로 합해서 10국이다].
>
> _ 『일본서기』 긴메이 23년 정월조

이 기사는 많은 혼란을 야기시켰다. 긴메이 23년(562)에 신라가
임나를 멸망시켰다는 것인데, 이 해는 신라 진흥대왕이 재위 23년
(562) 가야를 멸망시킨 해와 같기 때문이다. 그래서 '가야 = 임나'를
주장하는 학자들은 이를 근거로 가야가 임나라고 주장하기도 했다.
그러나 『삼국사기』 진흥왕 23년(562)조의 가야 멸망 기사는 『일본
서기』와 다르다.

> 9월, 가야가 반란을 일으키자 왕이 이사부(異斯夫)에게 토벌을 명
> 했는데, 사다함(斯多含)을 부장(副將)으로 삼았다. 사다함은 기병
> 5,000명을 이끌고 먼저 달려가 전단문(栴檀門)에 들어가서 흰 깃
> 발을 세우자 성안 사람들이 놀랍고 두려워서 어찌할 바를 몰랐다.
> 이사부가 군사를 이끌고 다다르자 일시에 모두 항복했다.
>
> _ 『삼국사기』, 진흥왕 23년조

이때는 법흥대왕 19년(532) 금관가야가 신라에 항복한 지 30년 후이다. 이때 반란을 일으켰다는 가야는 가야 잔존 세력이 가야 재건을 위해 군사를 일으켰다는 것이므로, 『일본서기』에서 562년에 멸망시켰다고 말하는 임나 10국이 아닌 것은 분명하다.

역사사료를 조작하기란 쉬운 일이 아니다. 『일본서기』도 마찬가지여서 한 가지 항목을 가지고 몇 군데 비교해보면 곧 모순이 드러난다. 이때 신라가 멸망시켰다는 임나도 마찬가지다. 562년으로부터 61년 후인 623년(스이코 31)에도 또 "신라가 일본 관가를 빼앗았다."는 기사가 나오기 때문이다. 내용을 조작·변개했지만 좌우와 가로세로를 치밀하게 살펴서 구성하지 않았기 때문에 이처럼 조금만 분석하면 모순이 금방 드러난다.

또한 임나 관가에 대해서도 '있다·없다·뺏다' 등의 존재나 멸망에 대해서만 언급할 뿐 구체적인 구조나 경영 방식 등에 대해서는 일언반구도 없다. 이런 측면에서도 관가에 대한 기사는 조작이며 이를 통해 임나를 지배했다는 주장도 허구임을 알 수 있다.

한편 『일본서기』에는 야마토왜에서는 임나에 수시로 사인, 즉 사신을 보낸 기록이 있다. 대표적인 인물들로는 오미노케누노오미(近江毛野臣), 모노노베노이세노무라지치치네(物部伊勢連父根), 사테히코(狹手彦), 쓰모리노무라지(津守連) 등이 있다. 이 사신들의 구체적인 행위를 살펴보면 『일본서기』의 허구성이 금방 드러난다. 우선 오미노케누노오미의 경우를 보면 게이타이 21년(527)조에는 이렇게 기록했다.

오미노케누노오미는 6만 군중을 이끌고 신라에 의해 격파된 남가라(南加羅)·탁기탄(喙己呑)을 다시 일으켜 세워 임나에 합치기 위해 임나에 가려고 했다. 이에 축자국(筑紫國, 쓰쿠시)의 국조(國造) 반정(磐井, 이하위)이 반역을 도모해……

_『일본서기』 게이타이 21년 6월조

이 기사에서 중요한 것은 게이타이 21년, 즉 서기 527년이라는 해이다. 그동안 일본인 식민사학자들은 남가라를 김해의 금관가야라고 주장해왔다. 그런데 『일본서기』의 이 기록은 서기 527년에 이미 남가라 등이 신라에 격파되어 없어졌다고 말하고 있다. 그래서 오미노케누노오미 등이 신라에 격파된 남가라·탁기탄을 재건해서 다시 임나에 합치려 한다는 것이다. 그러나 이는 있을 수 없는 일이다. 왜냐하면 『삼국사기』에 따르면 금관가야가 신라에 항복한 것은 이때부터 5년 뒤인 532년의 일이기 때문이다.

만약 『삼국사기』가 틀렸다면 일본인 학자들은 금관가야가 527년에 이미 망했다는 근거를 대야 한다. 『삼국사기』 기사와 『일본서기』 기사가 충돌할 경우 『삼국사기』 기사가 사실을 기술한 것이라는 것은 객관적 사실이다. 그런데 동북아역사재단에서 발간한 『역주 일본서기2』 주석을 보면 여기의 '남가라를 김해의 가라국, 탁기탄을 가야 소국의 하나'라고 설명하고 있다. 김해 가라국은 그 5년후에야 신라에 항복하는데, 이미 신라에 망했다는 남가라를 김해의 가라국이라고 버젓이 설명하고 있는 것이다. 물론 일본인 학자들의 식민사학을 추종한 결과이다.

또한 남가라·탁기탄 재건을 위해 6만 군중을 동원하려 했다는 것 역시 사실이 아니다. 이때까지 야마토에는 6만 군중을 동원할 수 있는 정치세력이 없었기 때문이다. 쓰쿠시국의 반역으로 인해 가지 못했다는 것도 핑계에 불과하다. 그런데 『일본서기』는 불과 2년 후인 게이타이 23년(529)조에 다시 오미노케누노오미가 등장하고 있다.

> 이에 오미노케누노오미를 웅천(熊川)에 보내 신라와 백제 두 나라의 왕을 소환했다. 신라왕 좌리지(佐利遲)는 구지포례(久遲布禮)를 보냈고, 백제는 은솔(恩率) 미등리(彌騰利)를 보내서 게누노오미의 처소에 모였고, 두 왕은 불참했다. 오미노케누노오미는 크게 노해서 두 나라의 사신을 꾸짖어, "작은 것이 큰 것을 사대하는 것은 하늘의 도이다. 왜 두 나라 국왕이 몸소 와서 천황의 칙명을 받지 않고, 가볍게 사신을 보냈는가? 지금 너의 왕이 칙명을 받으러 온다고 해도 내가 칙명을 전하지 않고 반드시 물리칠 것이다."라고 말했다. 구지포례와 은솔 미등리는 마음속에 공포가 생겨서 각각 돌아가서 왕을 불렀다.
>
> _ 『일본서기』 게이타이 23년 4월조

불과 2년 전에 신라에 망한 남가라와 탁기탄을 다시 세우려다가 실패한 오미노케누노오미가 2년 후에 사신으로 가서 신라와 백제의 임금을 소환했다는 것이다. 두 나라 왕이 사신을 대신 보내자 직접 오지 않았다고 크게 꾸짖었다는 이야기다. 한마디로 삼류 코

미디 같은 기사다. 신라왕이 직접 오지 않았다고 꾸짖을 정도라면 신라가 어찌 감히 남가라와 탁기탄을 무너뜨릴 수 있겠는가?

523년은 백제 무령대왕 재위 마지막 해이다. 무령대왕은 1970년에 공주에서 발견된 지석(誌石)에 황제의 죽음을 뜻하는 '붕(崩)'으로 기록되어 있는 임금이다. 이때는 신라 법흥대왕 때인데 법흥대왕은 가야 국왕이 사신을 보내 혼인을 청하자 이찬(伊湌) 비조부(比助夫)의 누이를 시집보냈다. 야마토의 일개 사신이 백제의 무령대왕과 신라의 법흥대왕을 직접 오라고 불렀다는 것이니 전 세계적으로 이 정도로 허황된 역사서를 찾기도 쉽지 않을 것이다.

그런데 『일본서기』의 이 기사는 신라왕을 좌리지(佐利遲)라고 말하고 있는데, 이런 신라 임금은 한국사에 존재하지 않았다. 그런데도 동북아역사재단에서 발간한 『역주 일본서기2』는 "법흥왕의 이름인 원종(原宗), 혹은 당시 신라의 중신이었던 철부(哲夫)로 추정하는 견해가 있다."는 주석을 달았다. 근거? 물론 있을 리가 없다. 『일본서기』를 사실로 보고 『삼국사기』를 꿰어맞춘 것이다.

『일본서기』의 이 기사들은 둘로 해석할 수 있다. 하나는 조작이라는 것이다. 만약 조작이 아니라면 어떻게 해석해야 할까? 여기에서 말하는 신라와 백제는 『삼국사기』에서 말하는 신라, 백제가 아닌 것으로 해석할 수밖에 없을 것이다. 그래서 자연스럽게 분국론이 나오는 것이다. 일본인 식민사학자들은 말할 것이 없지만 김태식이나 김현구 등 한국의 고대사 학자들이 남북한 학자들의 분국론을 비판하려면 사료에 근거해서 비판해야 한다. 야마토에서 온 사신이 백제, 신라 국왕이 직접 오지 않았다고 꾸짖었다는 기사를 사실로 볼 수 있겠는가? 그렇기에 여기에서 말하는 백제, 신라는 『삼국사기』에서 말하는 백제, 신라가 아니라 대마도로 보든지, 아니면 다른 일본 열도 내에 있던 분국이라는 주장이 설득력을 갖는 것이다.

그런데 『일본서기』 게이타이 24년(530)조에는 오미노케누노오미에 대해서 큰 반전이 등장한다. 임나에서 사신을 보내 게누노오미(毛野臣), 즉 오미노케누노오미가 임나에 머문 지 2년이 되었는데, 정사를 소홀히 한다고 야마토에 고발하고 나섰다는 것이다. 일왕이 게누노오미를 불러 들였으나 그는 귀국을 거부했다. 그러자 임나왕은 구례시코모(久禮斯己母)를 신라에 사신으로 보내고, 누스쿠리(奴須久利)를 백제에 사신으로 보내 군사 지원을 요청했다. 그러자 신라와 백제에서는 군사를 보내 게누노오미를 공격했다. 백제는 누스쿠리를 포로로 잡고 신라군과 함께 성을 포위한 다음 "게누노오미를 내놓으라"고 했지만 게누노오미가 성을 굳게 지키며 싸웠기 때문에 사로잡을 수 없었다는 것이다.

그래서 신라, 백제 두 나라는 구례모라성(久禮牟羅城)을 쌓고 돌아갔는데, 돌아가는 길에 등리지모라(騰利枳牟羅)·포나모라(布那牟羅)·모자지모라(牟雌枳牟羅)·아부라(阿夫羅)·구지파다지(久知波多枳) 등 다섯 성을 함락시켰다는 것이다. 『일본서기』 기사에서 백제왕과 신라왕은 임나왕이 군사를 요청하면 즉각 군사를 보내주는 속국에 불과하다. 현실적으로는 있을 수 없는 일이다. 그런데 앞의 동북아역사재단 발간 『역주 일본서기2』는 신라와 백제 두 나라가 쌓았다는 구례모라성에 대해서 장황한 주석을 달아놓았다.

대구광역시 달성군 서남부 비슬산 서남록, 경남 칠원, 경남 양산, 김해 창녕 사이의 낙동강 북안, 창녕·밀양 사이의 낙동강 동안, 함안 구성리 산성 등으로 비정하는 견해가 있다.

_ 이근우 외, 『역주 일본서기2』, 동북아역사재단, 2013, 295쪽.

모두 한반도 남부에 있었다는 전제 위에 위치를 비정하는 것이다. 그야말로 내 맘대로 위치 비정이라고 하지 않을 수 없다. 근거는? 물론 없다. 아무 곳이나 가서 찍으면 되는 것이다. 나머지 다섯 성의 위치도 마찬가지다. 구지파다지성에 대해서 『역주 일본서기2』는 "대구광역시 달성군 구지면 성산동으로 비정하는 견해가 있다."고 적으면서, "그러나 오미노케누노오미가 도착한 곳이 웅천(熊川)이고 창원으로 비정되는 기질기리성(己叱己利城)에 들어가 농성하였다고 하였으므로 김해와 창원 주변에서 찾아야 할 것이다."라고 반박해놓았다. 『일본서기』에만 나오는 구지파다지성의 위치에 대해 달성군 구지면으로 비정한 것을 반박하고 김해와 창원 사이에서 찾아야 한다고 주장하는 것이다. 구지파다지성을 달성군 구지면으로 비정한 것은 '구지'라는 지명 때문이다. 달성군 구지면이 언제 생겼는지는 따지지 않고, 비슷한 음이 하나라도 있으면 1,500년 세월을 뛰어넘어 그대로 비정하는 것이다.

『역주 일본서기2』는 오미노케누노오미가 도착했다는 웅천에 대해 "경상남도 진해시 웅천동 일대로 생각된다."고 말했다. 이런 식의 위치 비정이면 충청도 웅천에 비정 못할 이유도 없다. 오미노케누노오미가 일개 사신 자격으로 백제, 신라 두 왕을 직접 불렀다는 이야기나, 백제·신라 두 나라 군사가 임나왕의 요청으로 연합군을 조직해 오미노케누노오미와 싸웠다는 이야기 자체가 허황된 이야기인데도, 이를 사실로 믿고 위치 비정을 하는 것이다. 근거가 없다 보니까 구례모라성 하나에만 무려 6개의 위치 비정이 이루어진 것이다. 구지파다지성을 김해와 창원 사이에서 찾아야 한다는 것도 물론 아무런 근거가 없다. 이런 것이 한국 고대사 학계의 위치 비정 수준이다.

게누노오미는 백제, 신라 두 나라의 공격에도 잘 버텨냈다. 그런데 『일본서기』 게이타이 24년 10월조는 "게누노오미가 부름을 받아 대마(對馬)에 이르러 병에 걸려 죽었다."고 설명하고 있다. 일왕의 부름을 거부하고 두 나라와 전쟁까지 치르면서 저항하던 게누노오미가 갑자기 부름에 임해 야마토로 가다가 죽었다는 것이다. 『일본서기』를 보면 최소한의 개연성을 찾을 수 없는 이야기들이 너무 많아 편찬자들의 수준을 의심하지 않을 수 없다. 그래서 일본인 식민사학자들도 『일본서기』 내용을 일부만 발췌해서 논리를 구성할 수밖에 없는 것이다. 대단히 장황한 『일본서기』 게이타이조의 게누노오미에 대한 일련의 기사에서 합리적으로 해석할 수 있는 부분은 그가 대마도에서 죽었다는 사실밖에 없는 것으로 보인다. 즉 게누노오미가 원래부터 대마도에 있던 임나로 가서 역시 그곳에 있던 신라·백제의 분국과 관계한 것으로 보는 것이 그나마 합리적일 것이다.

지금까지 살펴본 것처럼 일본인은 물론 한국인 식민사학자들이 주장하는 "임나 = 가야 = 한반도 남부"라는 주장은 사료적 근거는 물론 아무런 논리적 타당성도 없는 허구의 공상임을 잘 알 수 있다. 한국과 일본을 막론하고 '임나＝가야'를 주장하는 학자들의 공통점은『삼국사기』불신론을 주창하고 있다는 점이다.『삼국사기』를 인정하면『일본서기』내용을 사실이라고 주장할 수 없기 때문에, 즉 한반도 남부에 임나가 있었다고 주장할 수 없기 때문에『삼국사기』자체를 부정하고 나온 것이다. 그래서『삼국사기』와『일본서기』를 비교하고 살펴보는 일이 중요하다.

제2장

『삼국사기』와
『일본서기』를 비교하다

허구의 역사서 『일본서기』

　임나와 임나일본부는 『일본서기』에만 기록된 것으로 우리 역사 서인 『삼국사기』·『삼국유사』 등에는 관련 내용이 없다. 그러기에 『일본서기』가 어떤 책인지 그리고 일본의 고대사가 어떠했는지 대 략이나마 알아야 할 필요가 절실하다. 우리나라는 임진왜란과 일제 의 강점 지배 등 두 번의 큰 시련을 겪었음에도 불구하고, 일본을 싫어하고 얕잡아보는 태도만 가질 뿐, 그들에 대해 진지하게 알아 보려는 노력은 부족하지 않았는지 반성할 필요가 있다.

　『일본서기』는 720년에 간행된 일본의 대표적 역사서로서 태고 이래 당시까지의 역사를 기술한 책이다. 그러나 그 8년 전인 712년 에 『고사기』라는 책이 먼저 편찬되었다. 『일본서기』는 이를 바탕으 로 많은 부분을 보완하고 추가한 것이다. 그런데 불과 8년 사이에 출간된 역사서이면서도 둘은 서로 다른 점이 많다. 특히 『고사기』는 사건의 연대가 기록되지 않아 언제의 일인지 알 수 없어 역사서라고 부르기도 민망한 수준인데, 이런 문제점을 인식했는지 『일본서기』에서는 간지(干支)로 연대를 표시하였다.

간지란 동양 사회에서 해, 달, 일을 표기하는 전통적인 방법으로, 천간(天干)과 지지(地支)로 나뉘어 있는데 천간은 10개이기에 10간이고, 지지는 12개여서 12지라고도 한다. 천간은 갑(甲)·을(乙)·병(丙)·정(丁)·무(戊)·기(己)·경(庚)·신(辛)·임(壬)·계(癸)의 10개이고, 지지는 자(子)·축(丑)·인(寅)·묘(卯)·진(辰)·사(巳)·오(午)·미(未)·신(申)·유(酉)·술(戌)·해(亥)의 12개이다. 천간의 '갑'과 지지의 '자'를 결합하면 갑자년이 된다. 이렇게 60회가 되면 한 바퀴 순회해서 다시 갑자로 돌아오므로 이를 일갑(一甲) 또는 주갑(周甲)이라고 한다. 우리가 통상 60세를 회갑(回甲)이라고 하는 것도 이에 따른 것이다. 이 간지를 이용하면 수천 년 전의 일도 모두 서기로 환산할 수 있다.

그러나 『고사기』에 표시하지 못했던 연대를 불과 8년 후인 『일본서기』에 모두 표시했다는 것 자체가 많은 조작이 있었다고 볼 수밖에 없다. 실제로 『일본서기』에 간지(干支)로 표기된 연대를 서기로 환산하면 기록된 대로는 거의 맞지 않는다. 그래서 이른바 주갑(周甲)제를 적용해 보통 2주갑(120년)을 늦춰야 실제 연대가 드러난다고 본다. 그러나 2주갑 120년을 늘렸다고 꼭 맞는 것은 아니고 어떤 연대는 180년, 240년을 늘려야 맞는가 하면, 또 어떤 연대는 주갑제를 적용하지 않아도 맞기도 한다. 그래서 연대 자체가 없는

『고사기』는 물론 연대 자체가 맞지 않는『일본서기』도 역사서라고 보기에는 치명적인 결함이 있다.

내용도 신화적 요소가 많아 어느 범위까지 역사로 해석해야 하는지 논란의 여지가 매우 많다.『일본서기』1·2권에는 천지의 생성부터 일본 열도의 형성, 천손 강림, 진무(神武, 초대 일왕)의 정벌과 국가 건설 등 사실로 믿을 수 없는 이야기가 수없이 실려 있다. 그 이후도 마찬가지다. 신이한 이야기들이 군데군데 섞여 있어 의문을 갖게 되는데 이를테면 신의 아내가 된 여자 이야기, 신들이 인간에게 빙의한 이야기, 14대 일왕 주아이(仲哀)가 신탁을 믿지 않아서 죽었다는 이야기, 일왕 유랴쿠(雄略)가 산에서 신을 만났다는 이야기 등 신에 관한 이야기로 넘쳐난다.

『일본서기』의 신대(神代)는 179만 2,470여 년이라 하기 때문에 논의 자체가 불가능하다. 인간이 다스렸다는 시대로 와도 마찬가지다. 초대 진무부터 40대 지토(持統)까지의 역사를 수록했으나 초대 진무를 실존인물이라고 보는 학자는 없다. 일본에서도 쓰다 소키치가 15대 오진 이전의 기록은 허위로 보면서 초대부터 14대 주아이까지는 허구의 인물로 보는 학자들이 많다. 일본에 극우 세력들이 다시 득세하면서 10대 스진부터는 사실이라고 끌어올리기도 하지만 서로 누가 그럴듯한 논리를 창작해내느냐의 싸움이지 객관적 기준을 찾기는 어렵다. 15대 이후에도 조금만 자세히 살펴보면 사실로 볼 수 없는 기사가 수두룩하다.

15대 오진의 어머니이자 14대 주아이의 부인이라는 진구 왕후의 경우『일본서기』에 따르면 남편인 일왕 주아이가 죽자 섭정이 되어

69년 동안이나 나라를 다스리다 100세에 죽고, 아들 오진이 69세에 뒤를 이어 110세에 죽기까지 41년 간 재위했다고 한다. 아들 오진이 태자로 69년이나 되도록 진구 왕후가 섭정을 했다는 것이나 두 사람이 110세와 100세까지 살았다는 것 등 믿을 수 없는 내용들이니 가공의 인물로 취급될 수밖에 없는 것이다.

진구 왕후에 대해 쓰다 소키치는 중국의 『삼국지』 「위서」 〈동이열전〉 '왜'조에 기록된 왜의 여왕 히미코(卑弥呼)를 모델로 하여 그 시기에 맞추어 설정한 인물이라고 보았다. 그러나 『삼국지』 「위서」 〈동이열전〉에 히미코가 등장하는 것은 경초(景初) 2년인데, 이때는 서기 238년이다. 일본 학자들이 『일본서기』 진구기는 보통 2주갑 120년을 인상해서 실제 연대를 환산하기 때문에 이때는 358년이 되어야 한다. 그러나 『일본서기』 진구 39년조에는, "「위지」(『삼국지』 「위서」를 가리킴 - 필자)에서 말하기를 '명제(明帝) 경초 3년 6월 왜 여왕이 대부 난두승을 파견해서 군(郡)에 이르러 천자에게 조헌하겠다고 요청했다.'"라는 구절이 있다. 진구 39년은 2갑자를 인상하지 않고 서기로 환산하면 239년이다. 그래서 이 기사는 120년 인상해서 해석하면 안 되고, 서기 그대로 해석해야 하는 구절이다. 즉, 『일본서기』 편찬자들이 어떤 부분은 120년 인상해서 해석해야 맞게 해놓고 어떤 부분은 인상하면 안 되고 그대로 받아들이게 장치를 만들어놨다는 것이다. 다시 말해서 마음먹고 거짓말을 써댔다는 이야기다.

그러므로 제1장에서 본 대로, 진구 왕후가 신라를 정벌하고 임나 7국을 평정했다는 이야기는 연대 자체를 신뢰할 수 없다. 또한 그렇게 정벌했다는 나라들이 한반도에 있었다고 보는 것 자체가 문제다. 그런데도 국내 식민사학자들이 이런 일제 식민사학을 맹종하여 합리적인 사료적 근거도 없이 임나를 한반도의 가야라고 주장하고 있으니, 이는 비학문적인 행태의 표본이라 하겠다.

왕조국가의 역사에서 가장 중요한 존재가 국왕이라는 사실은 말할 것도 없다. 그러나 『일본서기』는 그 왕들 자체에 무수한 의문점이 있다. 우선 다음 쪽 〈표1〉에서 보이듯이 왕들의 수명이 너무 길다. 1대 진무부터 15대 오진까지 수명이 기본적으로 100세 이상이다. 또한 16대 닌토쿠(仁德) 이후의 왕들은 대부분 수명을 기록하지 않은 것도 이상하다. 더 큰 문제는 712년에 편찬한 『고사기』와 720년에 편찬한 『일본서기』의 왕의 수명에 대한 기록이 대부분 다르다는 점이다. 『고사기』와 『일본서기』 중에서 왕의 수명이 같다고 기술한 것은 14대 주아이 부부뿐이며 나머지는 모두 큰 차이가 있다.

문제는 이뿐만이 아니다. 왕위계승을 보면 1대 진무부터 18대 한제이(反正)까지 단 한 번의 예외도 없이 아버지에서 아들로 이어지는 부자계승으로 기록하고 있다. 신라의 경우만 해도 아들·딸·사위·친손·외손 등으로 왕위가 계승되다가 후대에 와서 부자계승이 주로 행해졌다. 다른 나라들도 형제나 조카가 상속하는 예가 적지 않았는데, 일본만 18대까지 왕위가 모두 아들에게만 계승되었다는 것도 믿기 어려운 일이다.

더 큰 문제는 왕조국가라면 왕이 없는 기간은 생각할 수 없다. 하루만 왕위가 비어도 큰일 나는 것이 왕조국가다. 그러나 『일본서기』에는 이런 예가 빈번히 나타난다. 즉 앞의 왕과 뒤의 왕 사이

표1 일본 역대 왕의 수명

대	천황	『일본서기』	『고사기』	대	천황	『일본서기』	『고사기』
1	진무	127세	137세	21	유랴쿠	?	124세
2	스이제이	84세	45세	22	세이네이	약간	?
3	안네이	57세	49세	23	겐조	?	38세
4	이토쿠	77세	45세	24	닌켄	?	?
5	고쇼	113세	93세	25	부레쓰	?	?
6	고안	137세	123세	26	게이타이	82세	43세
7	고레이	128세	106세	27	안칸	70세	?
8	고겐	116세	57세	28	센카	73세	?
9	가이카	111세 혹은 115세	63세	29	긴메이	약간	?
10	스진	120세	168세	30	비다쓰	?	?
11	스이닌	140세	153세	31	요메이	?	?
12	게이코	106세	137세	32	스슌	?	?
13	세이무	107세	95세	33	스이코	75세	?
14	주아이	52세	52세	34	조메이	?	?
	진구 왕후	100세	100세	35	고교쿠	?	?
15	오진	110세	130세	36	고토쿠	?	?
16	닌토쿠	?	83세	37	사이메이	?	?
17	리추	70세	64세	38	덴지	46세	?
18	한제이	?	60세	39	덴무	?	?
19	인교	?	78세	40	지토	?	?
20	안코	?	56세				

에 왕위가 비어 있는 '공위(空位) 기간'이 발생하는 것이다. 최재석은 이를 분석해서 1대 진무부터 30대 비다쓰(敏達)까지 이러한 공위 기간이 13번 있었다고 지적하면서, 왕이 29회 교체되는 사이에 공위 기간이 13회나 있다는 사실만으로도 기록의 신빙성을 의심하지 않을 수 없다고 평가했다. 심지어 길게는 4년에 이르는 공위 기간이 있는 것이다. 왕이 없는 동안에는 도대체 누가 다스렸다는 말인가? 공위 기간이 있어도 아무런 이상 없이 왕조가 잘 굴러갔다는 것은 사실은 왕 자체가 없었다는 뜻은 아닐까? 이 역시 어떻게 해석해야 하는지 일본 고대사의 해결해야 할 숙제가 아닐 수 없다.

또한 일본의 30대 이후 왕들 중 존재가 의심스러운 여왕들이 있다. 33대 스이코, 35대 고교쿠(皇極), 37대 사이메이가 그들이다. 우선 스이코를 살펴보자. 스이코는 29대 긴메이의 2남 비다쓰(30대), 4남 요메이(用明, 31대), 12남 스슌(崇峻, 32대)에 이어 스이코가 33대 국왕이 되었다. 일본에서는 현재 진구 왕후의 존재 자체를 인정하지 않는 것이 대세이기 때문에 스이코를 최초의 여제(女帝)라고 기술하고 있다. 스이코는 29대 긴메이의 딸이고, 어머니는 대신으로 백제계인 소가노이나메(蘇我稻目)의 딸이자, 31대 요메이의 동모(同母) 누이이고, 32대 스슌의 이모(異母) 동생이라고 대단히 복잡하게 설명하고 있다. 그런데 『일본서기』는 복잡하게 서술했을수록 의심할 구석이 많다. 무언가를 감추기 위해 복잡하게 얽어놓는 경우가 많기 때문이다. 또한 이복 오빠라는 30대 비다쓰와 결혼했을 때의 나이와 비다쓰가 죽었을 때의 나이가 6세의 차이가 난다. 그래서 스이코의 실재를 의심하게 된다.

스이코가 비다쓰의 부인이 되어 2남 5녀를 낳고 여왕이 된 것도 의문이다. 연달아 왕이 된 29대 긴메이의 둘째 아들 비다쓰, 넷째 아들 요메이, 열두째 아들 스슌 등 삼형제 다음으로 비다쓰의 누이 동생인 동시에 비다쓰의 두 번째 처가 된 스이코가 여왕이 된 것을 상식으로 이해할 수 있을까?

한편 35대 고교쿠 여왕은 37대 사이메이 여왕과 동일 인물이다. 고교쿠는 34대 조메이(舒明) 왕의 질녀로서 그와 재혼하였는데, 왕이 죽자 뒤를 이어 고교쿠 일왕이 되었다. 그런데 재위 3년 만에 남동생 고토쿠(孝德, 36대)에게 양위했다. 그러나 고토쿠가 사망하자 그 뒤를 이어 재차 왕위에 올라 37대 사이메이 여왕이 되었다고 한다. 생존시에 남동생에게 양위했다는 것도 이해되지 않지만, 남편이 왕이 된 뒤 처가 왕이 되고 처의 남동생인 처남이 또 왕위에 오르고 다시 처가 두 번째로 왕이 되었다는 기사는 아무리 긍정적으로 해석하려고 해도 이해가 되지 않는다.

그런데 사이메이 여왕은 서기 660년 백제의 수도가 함락되자 백제를 되살리기 위해서 전력을 기울인 인물이기도 했다. 사정이 이러하므로 최재석은 사이메이 여왕(재위 655~661)에 대해 이렇게 말했다.

사이메이 여왕이 백제 무왕의 조카인 복신의 지시에 따라 야마토에서 쓰쿠시까지 황급히 달려가서 백제 구원병과 병기를 준비하였고, 백제왕 풍이 사이메이 여왕이 준비한 구원병과 무기로 백강구에서 나당연합군에 항쟁하다가 패하여 도주하고, 백제 왕자인 충승과 충지가 백제왕 풍이 거느리던 왜군을 데리고 항복한 사실을 보아도, 사이메이가 일본의 천황이라는 것은 허구임이 분명하다. 나아가 사이메이의 소생인 덴지와 덴무도 일본의 왕일 가능성은 매우 희박하며 따라서 비다쓰왕 이후의 계보는 거의 믿을 수 없음을 알 수 있다.

_ 최재석, 『일본고대사의 진실』, 경인문화사, 2010, 270~271쪽.

서기 660년 백제의 수도가 함락되자 먼저 백제 내부에서 거센 백제부흥운동이 일어났다. 30대 무(武)대왕의 조카이자 의자대왕의 사촌 동생인 부여복신(福信)이 백제 부흥군을 일으켰다. 복신은 도침(道琛) 등과 함께 주류성(周留城)을 백제부흥운동의 중심으로 삼는 한편, 왜에 가 있던 의자대왕의 왕자 부여풍(扶餘豐)을 대왕으로 옹립했다. 이때 사이메이 여왕은 직접 쓰쿠시에 가서 백제부흥군을 위한 구원병을 훈련시키고 병기를 준비했다고 『일본서기』는 기록하고 있다. 이 구원병은 왜에서 건너왔으므로 왜군이지만 사실상은 풍왕과 그의 왕자들인 충승·충지가 지휘하는 백제의 군대였다. 즉 야마토 정권은 백제에서 건너간 백제의 왕족이 세운 후국(侯國)으로 백제를 상국으로 받들었다는 뜻이다.

야마토에서 백제계와 신라계의 전쟁

한편 앞의 인용문에서 사이메이의 아들인 38대 덴지(天智)와 39

대 덴무(天武)를 언급했는데 이 두 왕의 관계에 대해 알아보자. 형인 덴지는 662년 어머니가 죽자 섭정하다가 왕이 되었으며 재위 11년 죽음에 임해 아우 덴무에게 왕위를 잇도록 유언을 남겼다. 그런데 덴지의 능을 만드는 과정에서 모의가 있었다고 하여, 덴무 측에서 전쟁을 일으켜 덴지의 왕자 측을 이기고 왕이 되었다고 한다. 일본사에서는 672년 임신년에 이 사건이 발생했다고 해서 '임신의 난'이라고 부른다.

일본고대사의 사건들은 조금만 살펴보면 이상한 점투성이인데 이 사건도 마찬가지다. 먼저 덴지는 유언으로 동생 덴무에게 왕위를 넘겼다. 그래서 왕위계승전쟁이 일어나려면 왕위계승에서 소외된 왕자가 도발했어야 하는데, 덴무가 먼저 전쟁을 일으켰다고 되어 있으니 여기에도 뭔가 숨겨진 사연이 있다고 보아야 할 것이다. 그리고 동생 덴무가 형 덴지보다 실제로는 나이가 4살 많다는 것도 매우 의아한 일로서 다른 내막이 있음이 틀림없다.

그래서 이런 이해할 수 없는 왕위계승전쟁에 대해 여러 해석들이 있었다. 그중 하나가 백제계와 신라계의 전쟁으로 보는 것이다. 야마토왜왕은 역대로 백제 계통이었는데, 신라가 삼국을 통일하자 신라계가 야마토의 정권까지 잡으려고 전쟁을 일으켰다는 것이다. 그래서 임신의 난, 즉 임신전쟁의 결과 친(親)신라 정권이 들어선 것으로 해석할 수 있다.

이 사건은 야마토 국내뿐만 아니라 당시 동아시아의 국제정세와도 밀접한 관계가 있기 때문에 좀 더 자세히 살펴보자. 임신의 난이 발생한 672년은 위에 언급한 풍왕의 백제 부흥군이 신당연합군

(나당연합군)에 저항해 백강구에서 백강전투를 치른 663년의 9년 뒤이다. 또한 당나라는 백강전투 승전 후인 664년에 쓰쿠시에 도독부를 두었다가 8년 만에 철수했다. 임신의 난은 당나라 도독부가 철수한 지 한 달 만에 일어난 사건이다.

당나라가 백제 멸망 후 백제 땅에 5도독부를 두고(660) 왜에는 쓰쿠시도독부를 둔(664) 데 이어 고구려를 멸망시키고 그 땅에 9도독부를 두어(668) 다스리려 하자, 신라 문무대왕은 크게 반발해서 신당전쟁(나당전쟁)이 일어났다. 초반 전세는 엎치락뒤치락했으나 문무대왕은 끝내 당나라를 내쫓고 한반도의 백제 강역 전부와 고구려 강역 일부를 회복했다. 이런 신당전쟁의 여파로 더 이상 쓰쿠시도독부를 유지하기가 쉽지 않아진 당나라가 672년에 쓰쿠시도독부를 철수한 것인데, 이런 승세를 타고 신라계가 야마토의 백제계 왕실을 몰아내고 신라 중심의 왕실을 새로 세운 것으로 해석할 수 있는 것이다.

그러면 덴무와 덴지 사이에 벌어졌던 임신전쟁, 즉 '임신의 난'에 신라가 개입한 증거를 보기로 하자.

첫째, '임신의 난' 4년 전인 668년, 고구려 멸망 직후 신라에서 왜에 사신을 보내 백강전쟁의 배상물자를 받았다. 이후 신라는 세 번이나 왜에 사신을 보냈는데, 임신전쟁 전 해인 671년 6월에 보낸 사신이 다음 해의 임신전쟁을 주도한 것으로 보인다. 이 사신은 관직이나 이름도 기록하지 않았고 귀국 여부도 보이지 않는다. 그런데 『일본서기』에는 임신전쟁이 끝난 11월조에 "신라의 객 김압실(金押實)에게 향응을 베풀었다."는 기사가 있다. 그리고 12월조에는 "김압실 등이 일을 마치고 돌아갔다."라고 신라로 귀국한 기사가 있는데 그가 언제 왜에 왔는지는 기록되지 않았다. 그러므로 최재석은 무명의 신라 사신이 신라객 김압실과 같은 사람으로 임신전쟁을 위해 파견된 장군이라면서 다음과 같이 설명했다.

> 임신전쟁이 끝난 지 4개월 만인 672년 11월 24일에 신라객 김압실은 덴무로부터 쓰쿠시에서 큰 향응을 받음과 동시에 배 한 척을 받아가지고 다음 달인 12월 26일에 신라로 귀국하였다. 즉 『일본서기』는 7월에 임신전쟁이 끝나고 11월 24일에 신라객 김압실을 쓰쿠시에서 향응하고, 12월 4일에 전쟁의 논공행상이 있었고, 15일에 배 한 척을 신라객에게 수여하였는데 그 신라객은 26일에 귀국했다고 기록하고 있다. 덴무가 전쟁에 승리하고 그 논공행상을 할 때 김압실에 대해서도 이와 같이 융숭한 대접을 했다고 한다면, 그가 신라 군대를 인솔하여 참전하였음이 틀림이 없을 것이다.
>
> _ 최재석, 「고대한국과 일본 열도」, 일지사, 2000, 223쪽.

신라장군 김압실이 덴무 측의 사령관이었다는 최재석의 분석은 매우 날카로운 동시에 고대 한일관계의 한 획을 긋는 중요한 사실을 증언하는 것이다. 또한 한일고대사에 정통한 사학자 문정창도 덴무왕을 신라계로 본다. 문정창은 그 근거로 덴무 때에는 신라 사신들의 왕래가 빈번해진다는 점과 신라계 중신겸자련(中臣鎌子連)의 딸 빙상랑(氷上娘)을 일왕의 부인으로 삼았다는 점을 들고 있다. 또한 임신의 난에 반(反)덴무쪽인 오미(近江) 쪽에 가담했던 백제계 소가노 아카에(蘇我赤兄) 등을 숙청한 사건 등을 드는데(문정창, 『한국사의 연장, 일본고대사』, 인간사, 1989, 182~191쪽), 상당한 타당성이 있다고 하겠다.

최재석은 임신전쟁이 일어난 시기에 신라가 2만의 군사를 기비(吉備)에 파견하여 오미(近江) 쪽의 군대를 격멸한 사실을 지적한 고바야시 야스코(小林惠子)의 말을 기억해야 할 것이라고 강조했다.

한편 덴지 측의 사령관은 백제장군 일지사였는데 백제 멸망 후 많은 백제의 관료와 장군이 왜로 망명했기 때문에 그중 하나일 가능성이 많다. 망한 백제의 장군과 신라의 장군 사이에 일본 열도에서도 전쟁이 벌어졌던 것이다. 그리고 열도에서의 이 싸움도 한반도에서처럼 신라의 승리로 끝났다. 그러나 이 장군들의 이름이 『삼국사기』에는 보이지 않으므로 그들이 양국의 유명한 장군은 아니었던 것으로 생각된다. 그럼에도 불구하고 일본 왕실이 신라와 백제의 군대에 의존해 싸운 사실을 볼 때 『일본서기』에 신라와 백제가 왜에 조공을 바쳤다는 기사들은 명백한 허구임이 다시 한 번 드러난다.

임신전쟁이 신라에 의한 것이라는 두 번째 증거는 일왕 덴무의 즉위 후 이전의 친백제 노선에서 벗어나 취한 일련의 친신라 정책에서 찾을 수 있다. 신라는 덴무시대(671~686)에 12회의 사신을 파견하고 일본은 6회의 사신을 보냈는데, 주로 이를 통해 일본의 친신라 정책을 주도했다. 최재석은 일본 정책의 변화를 이렇게 설명했다.

텐무는 이와 같이 신라식 복식제, 관위·문무관 선임제, 성씨제, 불교행정, 승마제 등을 도입하였지만, 그 가운데서도 가장 주목되는 것은 당의 복제와 일본 고유의 복제를 금지함과 동시에 일본 관복을 신라식으로 개정한 점일 것이다. 텐무의 뜻을 이어받은 지토는 689년 12월 8일에 일본에서의 당나라의 놀이인 쌍륙(雙六)마저 금지하였고, 계속 690년에 공경(公卿), 백료(白寮)에게 처음으로 신라식 조복을 입게 하였으니 텐무와 그의 뜻을 계승한 지토가 얼마나 철저한 신라 위주의 정책을 폈는지를 알 수 있다. 일본의 조복을 신라식으로 개정한 것은 바로 텐무왕이 신라인이라는 것을 나타내는 증거의 하나로 볼 수 있다.

_ 앞과 같은 책, 230쪽.

텐무와 지토 2대에 걸쳐 신라식으로 제도를 바꿨는데 특히 복식이나 조복을 바꾼 것은 그들이 신라인이었음을 증거하는 것이라고 하였다. 이는 신라 진덕여왕이 당의 의관을 쓰게 하였다는 일을 회고하게 하는 것으로, 여왕이 당인은 아니었지만 이로 인해 당에서는 신라를 속국에 준하는 나라로 취급하였으니, 일본의 당시 신라에 대한 관계도 이와 같았다고 하겠다.

이상에서 간략히 본 것처럼 『일본서기』는 야마토왜의 왕들이 백제인이었다는 사실과 국호를 일본으로 바꾼 뒤부터는 신라인이었다는 사실을 숨기고 일왕 위주의 황국사관을 구성하기 위해, 일본과 백제, 신라와의 관계를 거꾸로 조작하여 일본이 예부터 양국을 직·간접적으로 지배했다는 거짓의 역사를 만들었다. 그러나 역사의 조작은 아무리 치밀하게 한다고 해도 거의 불가능한 일로서 곳곳에 그 흔적들이 반드시 나타나게 된다. 이는 중국의 경우에도 그대로 적용되는데 공자의『상서(尚書)』와 사마천의『사기』이후 중국의 시조로 3황5제를 내세우면서, 중화사관에 입각하여 3황5제를 모두 중국인으로 바꾸어놓았다. 3황5제가 모두 고조선족인 동이임을 감추려고 고대부터 여러 역사 조작을 해왔으나 최근에는 양심적인 소수의 중국 학자들이 중국의 금문(金文) 같은 고대 사료를 가지고 이런 사실을 밝히고 있는 것이다(필자의『동북아 대륙에서 펼쳐진 우리 고대사』(2012) 참조).

『삼국사기』와『일본서기』를 비교해보면『삼국사기』의 경우는 단재 신채호가『조선상고사』등에서 지적한 것처럼 패전국인 백제와 고구려의 역사를 너무 깎아내려 소홀히 한 점이 있음은 인정해야 할 것이다. 또한 유교적 사대주의에 입각해 우리의 입장에서보다 중국의 입장에서 썼다고 해도 좋을 정도로 중국관계 기사는 관점에 문제가 있다. 그러나『일본서기』와 비교하면 큰 차이가 있다. 『삼국사기』는 고구려와 백제 관계 기사를 축소했을망정 없는 사실을 만들어 끼워 넣지는 않았다. 그래서 조선시대까지도『삼국사기』의 조작 여부를 논하는 학자는 없었다.

이에 비하면『일본서기』는 의도적으로 사실을 조작한 것이 적지 않다. 특히 사실과 달리 대외관계를 야마토왜 중심으로 기술했는데 이는『삼국사기』와 극히 대조적이다.『삼국사기』가 유교적 사대주의 관점에서 중국 입장에서 대외관계를 서술했다면『일본서기』는 거꾸로 야마토사관의 관점에서 대외관계를 서술했다. 그러나 그 결과는 크게 다르다.

『삼국사기』는 단순하게 '삼국이 중국에 조공을 바쳤다'고 서술했다. 이 중 실제로 조공인 경우도 없지는 않았겠지만 대등한 관계에서 사신이 왕래한 경우도 적지 않았음에도 『삼국사기』는 모두 '삼국이 중국에 조공을 바쳤다'고 서술한 것이다. 그러나 『일본서기』는 사실 관계 자체를 거꾸로 서술해서 삼국이 야마토왜에 조공을 바친 것으로 서술했다. 당시 삼국과 야마토왜의 국력으로 볼 때 있을 수 없는 일이다. 게다가 『일본서기』는 수많은 창작 사례를 여기저기 끼워 넣어서 무엇이 사실이고 무엇이 허구인지 구별하기가 쉽지 않다. 정상적인 역사학자들이면 『일본서기』 자체에 대한 엄격한 사료비판을 먼저 행해야 할 것이란 점은 설명할 필요도 없을 것이다.

그런데도 일본의 학자들은 극소수의 합리적인 학자를 제외하고는 황국사관에 의해 이를 수용하는 불가사의한 행태를 보이고 있다. 그리고 나아가 『일본서기』를 옳은 것으로 만들기 위해 오히려 『삼국사기』가 조작된 것이라는 '『삼국사기』 불신론'을 주장하고 있다. 이것이 메이지시대 이후 조선을 식민 지배하기 위해 만들어진 식민사관, 즉 조선총독부사관이다. 이는 학문이 아니라 정치선전에 불과한 억지 주장이며 피지배 국민은 물론 자국민에 대해서도 진실을 감추는 사기에 다름 아니다.

그러나 일본인 식민사학자들보다 더 큰 문제는 한국인 식민사학자들이라고 하지 않을 수 없다. 일본인 식민사학자들은 학자로서 정도에서는 벗어났지만 비뚤어진 애국심으로 한국사를 조작하고 날조하고 있는 것이 아닌가? 그런데 이를 비판해야 마땅한 한국인 고대사 학자들이 거꾸로 일제 식민사관을 추종하고 있고 게다가 지금은 또 중화 패권주의사관을 추종해서 이 나라의 옛 역사와 강토를 팔아먹는 매국사학자가 되어 있다는 사실을 어떻게 해석해야 할 것인가? 그것도 주로 대한민국 국민들이 낸 세금으로 이런 매국적 주장을 펼치는 것을 보면 경악하지 않을 수 없다. 이 나라가 이런 문제를 심각하게 인식하고 이런 매국세력을 뿌리 뽑지 못한다면, 앞으로 또 다시 큰 시련에 처하지 않으리라고 장담할 수 없다.

『삼국사기』가 조작이라는 억설

허구로 가득 찬 『일본서기』를 사실로 만들기 위해서 일제 식민사학자들은 『삼국사기』를 조작으로 몰았다. 『삼국사기』를 인정하면 특히 임나일본부설을 사실로 주장할 수 없기 때문이다. 그래서 이른바 '『삼국사기』 초기 기록 불신론'이라는 전 세계 사학사에서 유례를 찾기 힘든 해괴한 이론을 만들었다. '『삼국사기』 초기 기록 불신론'이라지만 때로는 신라 23대 법흥대왕(재위 514~540)은 물론 심지어 28대 진덕여왕(재위 647~654) 때까지도 조작으로 몰기 때문에 사실상 '『삼국사기』 전체 기록 불신론'이라고 해야 한다. 이런 해괴한 이론은 메이지시대 일본의 국학자, 즉 황국론자들에게서 시작되었고 이를 체계화한 자가 와세다대학 교수였던 쓰다 소키치였다. 도쿄제국대학이 관학으로서 식민사학의 본산이었다면 와세다대학은 사학으로서 같은 역할을 담당했다. 광복 후 국내에 식민사관을 하나뿐인 정설로 만든 이병도가 와세다대학에서 쓰다 소키치의 제자로 공부했다. 뿐만 아니라 도쿄대학의 이케우치 히로시와도 깊은 관계를 맺고 있었다. 민현구는 이병도와 일본인 스승들과의 관계에 대해서 이렇게 서술했다.

> 뿐만 아니라 그(이병도)를 지도하고 후원한 와세다대학의 쓰다 소키치와 도쿄대학의 이케우치 히로시가 끊임없이 격려해주었다. 그 구체적 내용은 그들의 논문 별쇄와 저서를 보내는 일이었다. 그들이 두계(斗溪, 이병도)를 접한 기간은 짧았지만 그의 학문적 소양과 자질을 살펴 나중에까지 식민지의 젊은 제자·후배들에게 관심을 쏟았는데, 물론 두계의 성실하고 공손한 응대도 큰 작용을 하였을 것이다. 그것은 엄밀히 말하더라도 이해관계가 깔린 식민지 지배자와 피지배자의 관계라기보다는 따뜻한 사제관계였다. 그들의 격려도 두계가 학문 연구에 전심하겠다고 결심하는 데 큰 작용을 하였다.
>
> _ 민현구, 「두계 이병도의 수학 과정과 초기 학술활동」,
> 『진단학보』 116, 2012, 278쪽.

민현구는 이병도와 일본인 스승들의 관계가 "이해관계가 깔린 식민지 지배자와 피지배자의 관계라기보다는 따뜻한 사제관계"라고 칭찬했지만, 이병도가 그들의 역사관을 따르지 않았더라도 이런 사제관계가 유지되었을 것이라고는 볼 수 없다. 상대가 단재 신채호나 위당 정인보였다면 이런 관계가 유지되었을 수는 없을 것이기 때문이다. 관학으로서 식민사학의 본산 역할을 한 도쿄대학과 사학으로서 식민사학의 본산 역할을 한 와세다대학의 이런 식민사학 전통은 패전 후에도 면면히 이어져, 『임나일본부설은 허구인가』를 쓴 김현구의 와세다대학 유학 시절 지도교수였던 미즈노 유(水野祐)에 이른다.

쓰다 소키치는 「삼국사기 신라본기에 대하여」라는 글에서 "『삼국사기』 「신라본기」의 상대(上代)에 보이는 외국 관계나 영토에 관한 기사는 모두 사실이 아닌 것으로 이해된다."고 주장했다. 쓰다 소키치는 나아가 『삼국사기』 「신라본기」뿐만 아니라 「고구려본기」와 「백제본기」도 모두 조작되었다고 서술했다. 그런데 쓰다 소키치는 자신이 『삼국사기』 초기 기록을 가짜로 몬 이유에 대해서 『조선역사지리』에서 "(한반도) 남쪽의 그 일각에 지위를 점유하고 있던 것은 우리나라(왜국)였다. 변진(弁辰)의 한 나라인 가라는 우리 보호국이었고 임나일본부가 그 땅에 설치되어 있었다."라고 솔직히 토로한 바 있다.

쓰다 소키치는 한반도 남쪽 일부를 왜국이 점유하고 있었다고 주장했다. 한반도 남부에 임나일본부가 있었는데 그것이 바로 가라 즉 가야라는 주장이었다. 지금 김현구를 비롯한 대한민국의 거의 모든 고대사학자들이 '가야＝임나'라고 보는 것은 나카 미치요에서 시작되어 쓰다 소키치가 체계화하고 스에마쓰 야스카즈가 확대시킨 일본인 식민사학자들의 이런 침략적 주장을 그대로 추종한 것에 불과하다.

쓰다 소키치는 "특히 혁거세의 (신라) 건국을 갑자년(서기전 57)으로 한 것은 간지의 시작에 맞춰놓은 것"으로서 조작이라고 주장했다. 신라가 건국한 서기전 57년은 갑자년인데 이것이 간지의 시작년을 건국년으로 설정한 조작이라는 것이다. 신라는 갑자년에 건국했어도 갑자년에 건국했다고 하면 안 된다는 논리이다. 을축년쯤 건국했다고 해야 믿을 수 있다는 뜻일까? 그러면 갑신년인 서기전 37년에 건국한 고구려나, 계묘년인 서기전 18년에 건국한 백제의 건국사는 사실로 믿어야 하지 않을까? 그러나 어떤 합리적 논리를 가지고 '『삼국사기』 불신론'을 주장하는 것이 아니기 때문에 갑자년에 건국한 신라사도 조작이고, 갑신년에 건국한 고구려사도 조작이고, 계묘년에 건국한 백제사도 조작이라는 것이다. 근거는? 물론 없다.

'『삼국사기』 초기 기록 불신론'이란 것이 이렇게 허접한 논리인데도 지금까지 우리 고대사학계의 정설인 것이다.

쓰다 소키치는 『만선(滿鮮) 지리역사 연구보고』에 실은 논문 「백제에 관한 〈일본서기〉의 기재(記載)」에서, "신라, 고구려, 백제의 건국 연대를 거의 20년 간격의 차로 배열한 것으로 보아도 조작임을 알 수 있다."고 주장했다. 실제의 연대를 기록하다 보니 신라(서기전 57)보다 고구려는 20년 늦고(서기전 37), 백제는 고구려보다 19년 늦게(서기전 18) 건국되었다고 쓴 것이 조작이라는 것이다. 이를 조작이라고 몰려면 신라, 고구려, 백제가 다른 시기에 건국되었다는 다른 고대 사료를 들면서 비교 검증해야 마땅하지만 이런 것이 있을 리가 없다. 실제가 어쨌든 쓰다에게는 별 상관이 없으며, 아무 이유나 들어서『삼국사기』가 조작되었다고 우기면 되는 것이다.

이런 황국사관론자에 대해서 김현구는 "일본 근대사학의 아버지라 일컬어지는 쓰다 소키치"(『임나일본부설은 허구인가』, 48쪽)라고 표현한다. 김현구의 눈에는 이런 허접하고도 침략적 논리를 펼치는 쓰다 소키치가 '근대사학의 아버지'로 보이는 모양이다. 쓰다는 "백제의 실제의 건국과『삼국사기』「백제본기」의 건국과는 340~350년의 차이가 난다."고 주장했다.『삼국사기』「백제본기」의 백제 건국 기사와 실제 백제 건국 연대와는 무려 '340~350년의 차이가 난다'는 것이다. 그러면서 쓰다 소키치는, "이것을 메우기 위해서 온조왕 이후 12대 계왕까지의 역사를 조작했다."고 주장했다.

왜 하필이면 10대나 11대가 아니고 12대 계왕일까? 다음 13대가 근초고대왕(재위 346~375)이기 때문이다.『일본서기』진구 55년조에 "백제 초고왕이 세상을 떠났다."는 기록이 있다. 진구 55년은 서기로 환산하면 서기 255년인데, 이때『삼국사기』「백제본기」에는 고이대왕 22년으로서 백제 임금은 초고왕도 아니고 왕이 세상을 떠나지도 않았다. 그래서 2주갑 120년을 인상해서 375년으로 계산해서『삼국사기』「백제본기」에 맞춰보니 근초고대왕 30년(375)으로 "겨울 11월에 (근초고)왕이 세상을 떠났다."라고 기록하고 있다. 그래서『일본서기』진구 55년은『삼국사기』를 기준으로 삼아 120년을 인상해서 375년의 일로 인정하는 것이다. 그리고『일본서기』의 초고왕은『삼국사기』의 근초고대왕이라는 것이다. 그러므로 근초고대왕은『일본서기』에 나오기 때문에 실존했던 임금이라는 것이다. 그래서 쓰다는 "온조왕 이후 12대 계왕까지의 역사를 조작했다."

고 우기면서 13대 근초고대왕부터 마지못해 사실로 인정한 것이다. 『일본서기』 기록을 『삼국사기』에 맞추어서 120년씩 끌어올려 진부를 판정하면서도 조작된 것은 『일본서기』가 아니라 『삼국사기』라는 희한한 논리이다.

쓰다 소키치는 「삼국사기 신라본기에 대하여」에서 이렇게 주장했다.

> 그러나 대체로 『삼국사기』 상대 부분을 역사적 사실의 기재로 인정하기는 어렵다고 하는 것은, 동방아시아의 역사를 연구한 현대의 학자들 사이에는 거의 이론이 없기 때문에, 왜에 관한 기재 역시 마찬가지로 사료로서는 가치가 없다고 보지 않으면 안 된다.

위 기사에서 주목해야 할 부분은 "왜에 관한 기재 역시 마찬가지로 사료로서는 가치가 없다고 보지 않으면 안 된다."는 내용이다. 즉, 『삼국사기』의 왜에 관한 기술을 사실로 볼 수 없다고 우기는 것이다. 이는 간단히 말해 『삼국사기』의 왜에 관한 기사가 『일본서기』의 그것과 다르다는 것을 의미한다. 그래서 『삼국사기』의 왜 관련 부분을 믿지 않겠다고 우기고 나오는 것이다. 쓰다 소키치는 "「신라본기(新羅本紀)」의 상대 부분에 있는 왜(倭)에 관한 기사는 사료로서는 가치가 없다."고 결론지었다. 『삼국사기』「신라본기」의 왜에 관한 기사는 사료로서 가치가 없다고 우기는 것이다. 이를 인정하면 임나일본부설을 주장할 수 없기 때문에 『삼국사기』 왜의 기록을 가짜로 본 것이다. 『삼국사기』「신라본기」의 왜 관련 내용은 대부분 신라에 대한 해적 행위인데 뒤에서 상세하게 살펴보겠다.

한국의 매국사학자들이 쓰다 소키치만큼이나 존경하는 인물이 조선총독부의 이마니시 류(今西龍)이다. 이마니시는 식민사학의 산실인 도쿄제국대학을 졸업한 후 1906년부터 경주 부근의 고고학을 조사한다는 명목으로 도굴 내지는 조작을 일삼던 자이다. 그는 1913년 이른바 '점제현 신사비'를 발견했다고 주장한 것으로도 유명하다. 이덕일(한가람 역사문화연구소장)은 『한국사, 그들이 숨긴 진실』(2009)에서 평안남도 용강군에서 발견된 이 비가 이마니시가 조작한 것임을 밝혔고, SBS 방송에서도 2011년 2월 27일 3·1절 특집으로 '역사전쟁 – 금지된 장난, 일제 낙랑군 유물 조작'에서 점제현 신사비는 2개라는 사실을 밝혀냈다. 일제의 의도적인 조작이란 것이다. 그러나 한국 고대사학자들은 아직도 점제현 신사비에 대해 논문을 쓸 때 약속이나 한 듯 일제가 조작한 신사비를 사실로 전제하고 하위 논리를 전개하곤 한다.

이마니시 류는 1926년부터 경성제국대학 및 교토제국대학 겸임 교수를 역임하면서 일제 강점기 때 한일 식민사학계에 막강한 영향력을 행사했다. 이마니시 류는 1934년에 『백제사 연구』를 냈는데 이 책의 서문에서 나이토 도라지로(內藤虎次郎, 1866~1934)는 이런 의미심장한 말을 남겼다.

원래 아방(我邦, 일본)의 고대사 연구자는 『일본서기』의 기년(紀年)에 의심을 품은 사람들이 많았기 때문에 여기에 대한 유력한 방증(傍證)으로 조선 고사(古史, 『삼국사기』를 뜻함 - 필자)의 기년을 참고하고, 더욱이 그 기사의 내용까지도 조선 고사에 중점을 두는 경향이 있었다. 그러나 이마니시 류 박사가 양국 고사를 근본적으로 연구해서『삼국사기』가 이용한 중국사적 등의 연구로부터 종래의 연구법을 일변하여 일본 고사(『일본서기』를 뜻함 - 필자)에 실려 있는 사실(史實)에 무게를 두게 되었다.

나이토 도라지로가 말한 것처럼 이마니시 류 이전의 일본의 정상적인 학자들은 아무도『일본서기』기사를 믿지 않았다. 역사서의 가장 기본인 기년(紀年), 즉 연대부터 틀렸기 때문이었다. 그래서 일본에서도『삼국사기』를 기준으로『일본서기』의 진위를 판정하는 것이 정상적인『일본서기』연구 방법이었다. 그러나 이마니시가 이를 거꾸로 뒤집어『일본서기』를 기준으로『삼국사기』를 가짜로 몰면서 '종래의 연구법을 일변'시켰다는 이야기다.

그런데 이마니시 류는『삼국사기』「신라본기」의 17대 내물대왕 이전의 기사는 믿을 수 없다고 주장했다. 이병도가 신라 건국을 내물대왕 때로 보는 것은 이마니시 류의 이런 주장을 추종한 것이다. 그런데 이마니시 류는 다른 글을 쓸 때는 또 다른 이야기를 남발한다. 24대 진흥대왕(재위 540~576) 이전은 믿을 수 없다고도 하는가 하면 심지어 28대 진덕여왕(재위 647~654) 이전의 기록까지 믿을 수 없다고 주장하기도 했다.

진덕여왕 사망 6년 후에 신라는 백제를 멸망시켰는데, 이마니시 류의 논리대로라면 진덕여왕 이후에 갑자기 하늘에서 우주선이라도 타고 새로운 신라인들이 나타나서 백제를 멸망시켰다는 뜻일까? 또한 『삼국사기』 불신론을 펼치려면 최소한 어느 임금 때부터 가짜라고 한 가지로 주장해야 하는데, 그때그때 기분에 따라서 내물대왕, 진흥대왕, 진덕여왕 사이를 왔다 갔다 하니 이렇게 때에 따라 말을 바꾸는 사람을 올바른 학자라고 누가 믿을까? 그러나 불가사의하게도 한국의 매국사학자들은 이런 이마니시를 아주 훌륭한 학자라고 떠받들고 있다. 이마니시에게 학문은 횡설수설과 동의어라고 봐도 과언이 아닌데, 바로 이런 자를 신주단지처럼 떠받들기 때문에 '한국 고대사는 학문이 아니다'라는 말이 나오는 것이다. 물론 일본 고대사도 학문이 아니기는 마찬가지지만.

이마니시 류에게 역사 연구가 '그때그때 달라요'인 것은 이때뿐만이 아니다. 그는 『신라사 연구』(1933)에서는 『삼국사기』 「고구려본기」의 기년을 권위가 있는 것이라면서 「신라본기」 초기 기록을 가짜로 몰았다. 『삼국사기』 「고구려본기」는 믿을 만하지만 「신라본기」는 믿을 수 없다는 것이다. 그러나 『조선고사의 연구』(1937)에 실린 「고구려 5부고(考)」에서는 고구려 17대 소수림대왕(재위 371~384) 이전의 기사나 20대 장수대왕 이후의 기사도 중국사료의 기사를 가지고 조작한 것이어서 믿을 수 없다고 주장했다. 그러니 이마니시의 학문을 '횡설수설학'이라고 정의하는 것이 무리가 아니다. 이런 이마니시 류가 한국 고대사학계에 어느 정도의 권위를 갖고 있는지 알면 보통의 대한민국 국민들은 놀라지 않을 수 없을 것이다.

최재석은 일본 식민사학자들의 『삼국사기』 초기 기록 불신론의 흐름에 대해 이렇게 정리했다.

『삼국사기』상대(上代) 부분 기록을 조작·날조 또는 전설로 몰아 붙여 그 기록을 믿을 수 없다는 견해는 쓰다 소키치에 의해 체계화되어, 오타 아키라를 지나 이마니시 류에 이르러 일단 정설로 굳어진 것으로 생각된다.

_ 최재석, 『한국고대사회사방법론』, 일지사, 1987, 39쪽.

이마니시 류의 학설이 한국 고대사학계의 정설(定說)이라는 것이다. 정설은 국어사전에서 '일정한 결론에 도달하여 이미 확정하거나 인정한 설'이라고 설명하고 있다. 이마니시 류의 이런 '횡설수설학'이 한국 고대사학계에서 아직까지도 정설로 유지되고 있는 것이다. 대한민국은 아직도 식민사관, 즉 조선총독부사관이 하나뿐인 정설로 통하는 나라이다. 이런 상황이다 보니 "자신은 『삼국사기』·『삼국유사』는 모른다."고 자인하는 김현구 같은 인물들이 동북아역사재단의 이사로, 한일역사공동연구위원회의 한국측 위원으로 대한민국 국민들의 혈세를 낭비하고 있는 것이다.

이마니시 류는 또 "신라 초대 박혁거세의 즉위년은 후대의 왕위 계승의 연대에서 계산하면 성립되지 않는다."고도 했다. 정상적인 학자라면 당연히 그 기준이 되는 후대의 왕이 누구인지, 왜 박혁거세의 즉위년이 성립되지 않는지를 설명할 것이다. 그러나 횡설수설이 학문인 이마니시에게 그런 것이 있을 턱이 없다. 그는 신라의 내물대왕과 비슷한 시기의 일본왕이라는 스진 이전에는 『일본서기』에 왕과 왕비의 이름만 있는 것이 고작인데, 『삼국사기』에는 내물 이사금 이전의 기록이 너무 자세하니 조작이라고 우겼다.

소략하면 소략해서 조작이라 주장하고, 자세하면 자세해서 조작이라 주장하는 것이 일본 식민사학자들이 『삼국사기』를 대하는 자세다. 이런 자세가 한국에 그대로 통용되어 『삼국사기』 초기 기록을 가짜로 모는 것이 정설이 된 것이다.

국민들의 세금을 한국사 연구에 배정할 때는 여야를 막론하고 대한민국을 위하는 역사학을 하라는 뜻이다. 그러나 대한민국의 세금은 매국, 매사하는 기관이나 학자들에게 들어간다. 그래서 이런 악의 고리를 끊기 위해 이덕일이 『우리 안의 식민사관』(2014)에서 김현구를 비롯한 여러 식민사학자들을 실명 비판했고, 필자도 『식민사관의 감춰진 맨얼굴』(2014)에서 여러 식민사학자들을 실명 비판했다. 또한 여러 경로로 그들에게 공개적인 학술토론을 제의하기도 했다. 그러나 이런 제의에 대해 묵묵부답으로 일관하거나 김현구는 경찰, 검찰, 법원으로 달려갔다. 한국을 아직도 조선총독부 시절로 착각하지 않는다면 있을 수 없는 일이다.

동북아역사재단과 한일역사공동연구위원회

김현구가 이사로 있는 동북아역사재단은 2005년에 중국의 동북공정과 일본의 역사 왜곡에 맞서라는 정책 목표로 설립된 국가기관이다. 그러나 설립 이후 그 목표와는 반대로 줄곧 중국의 동북공정을 옹호하고 일본의 독도 도발에 대해 방관하는 등 반국가적인 행태를 보여 왔다.

동북아역사재단에서는 47억 원 이상의 국고를 들여 『동북아역사지도』라는 것을 만들었다. 연구책임자인 윤병남(서강대)을 비롯해 김유철(서강대:중국사), 임기환(서울교대:한국고대사), 배우성(서울시립대:역사지리) 등 4명의 편찬위원이 주도하고, 60여 학자가 참여한 대규모 사업이었다. 2008년 시작해 2015년 종료할 예정이었지만 검수 기간을 3년 더 늘려 30억 원의 국고를 더 받아낼 예정이었다. 그러나 『동북아역사지도』 일부가 공개되자 중국 동북공정과 일본 극우파의 식민사관을 추종한 지도라는 비판이 제기되었다.

『동북아역사지도』는 북한 강역에 '한사군'을 그려넣어 중국에 상납하고 남한 강역에는 백제와 신라 대신 마한과 진한을 그려 일본에 상납했다. 또한 독도도 일관되게 누락시켰다. 이런 『동북아역사지도』는 중국인과 일본인이 합작으로 그린 지도이지 한국인이 그린 지도라고 할 수 있는가? 『동북아역사지도』에 신라와 백제는 지웠지만 그나마 남한에 임나일본부를 표시하는 대신 삼한을 그려넣은 것만이라도 다행이라고 위안을 해야 할까?

『동북아역사지도』에 대한 비판 여론이 거세지자 국회 동북아역사왜곡대책 특별위원회(특위)에서 이 문제를 다루게 되었고, 2015년 4월 17일의 회의에는 지도의 편찬자를 대표한 임기환과 지도의 문제점을 지적할 이덕일이 참고인으로 출석했다. 필자는 그 회의를 참관했는데 이덕일의 정확한 지적과 예리한 질문에 임기환은 거의 제대로 답변을 못하거나 거짓으로 대답한 것이 많았다. 시종 두 참고인의 공방을 지켜본 특위 위원들은 여, 야 할 것 없이 『동북아역사지도』의 심각한 문제점에 전적으로 동의하는 분위기였고, 이를 추궁하는 질문도 쏟아졌다.

『동북아역사지도』는 중국의 담기양(譚其驤)이 주도해서 만든 『중국역사지도집』을 베낀 것이다. 담기양의 『중국역사지도집』은 1982년에 간행되었는데, 한반도 북부를 모두 중국땅으로 표기하고 있다. 이 지도는 중국 동북공정의 이론을 지도로 보여준 것이다.

동북아역사재단의 잘못된 역사관을 보여주는 또 하나의 사례는 막대한 예산을 들여 2013년에 간행한 『역주 일본서기』(전 3권)다. 『역주 일본서기』는 임나일본부와 관련이 있기 때문에 특히 중요하다. 그런데 당시 동북아역사재단 이사장 김학준은 이 책의 간행사에서 "『일본서기』 역주 사업은 재단의 주요사업으로 추진되어 오랜 기간의 작업 끝에 결실을 맺게 되었습니다."라고 감개무량한 듯 말했다. 물론 『일본서기』가 본문은 물론 주석까지 우리 관점으로 제대로 번역되어 나왔다면 크게 기뻐할 일이다. 그러나 이 책의 1권에 붙어 있는 긴 '해제'는 예상대로(?) 우리의 기대를 저버리지 않는다. 그 '해제'는 『일본서기』와 『삼국사기』란 항목에서 이렇게 말하고 있다.

『일본서기』가 우리에게 의미를 갖는 것은 『삼국사기』를 보완할 수 있는 사료이기 때문이다. ……『일본서기』의 가치는 한반도 관련 기사가 풍부하다는 데 그치지 않는다. 진정한 가치는 『일본서기』가 고대인에 의해서 편찬된 고대의 사서라는 점에 있다. 『삼국사기』는 고려시대, 즉 중세인의 시각에서 본 고대의 역사라고 할 수 있다. …… 1145년에 완성된 『삼국사기』와 720년에 편찬된 『일본

서기』의 차이는 크다. 범위를 넓히면『일본서기』다음에 편찬된
『속일본기』를 비롯해서 6국사라는 사서가 있어서『삼국사기』의
기록보다 훨씬 정밀하다고 할 수 있다.

이 해제는 막대한 국민 세금으로 번역한『역주 일본서기』번역
자들의 시각을 잘 말해주고 있다.『일본서기』의 가치에 대해서 번
역자들은 "한반도 관련 기사가 풍부"하다고 말하고 있다. 그것도
『삼국사기』는 중세인의 시각에서 본 고대사라면『일본서기』는 고대
인의 시각에서 본 고대사라는 것이다. 그러면서『일본서기』를 비롯
한 일본의 역사서들이 "『삼국사기』의 기록보다 훨씬 정밀하다."고
단정짓고 있다. 즉『일본서기』는 믿을 만한 책이고,『삼국사기』는
믿기 어렵거나 소략한 기록이라는 전제를 깔고『일본서기』에 접근
하고 있는 것이다.

그렇다면 이렇게 고대인의 시각으로 본 정밀한『일본서기』를 왜
중세인의 시각으로 본『삼국사기』에 맞춰서 120년, 240년씩 끌어
올려서 해석해야 하는지도 설명해야 맞다. 하지만 그런 것이 있을
턱이 없다. 정확하게『삼국사기』불신론을 주창했던 일본 식민사학
자들의 시각으로『일본서기』와『삼국사기』를 바라보고 있는 것이
다. 이들이 이렇게 나올 것을 예견이라도 한 듯이, 최재석은 오래전
에 이런 말을 남겼다.

어떤 사서도 형식적인 편찬연대가 중요한 것이 아니라 그 사서의
사료적 가치가 무엇보다도 중요하기 때문에,『삼국사기』의 편찬이

『일본서기』보다 뒤진다는 평에는 귀를 기울이지 않기로 한다.

_ 최재석, 『한국고대사회사방법론』, 일지사, 1987, 62쪽.

이 글은 최재석이 1985년에 쓴 논문 「〈삼국사기〉 초기 기록은 과연 조작되었는가」(『한국학보』 38)를 재수록한 것이니 동북아역사재단의 『역주 일본서기』보다 거의 30년 전에 『삼국사기』는 중세, 소략, 『일본서기』는 고대, 정밀 운운하는 헛소리를 할 것을 미리 간파했다는 것이니 놀라지 않을 수 없다. 『일본서기』처럼 있지도 않은 사실을 장황하게 서술했다고 정밀한 것이 아니라는 사실은 말할 필요도 없다. 중요한 것은 『삼국사기』처럼 말은 적을지언정 진실을 담고 있는 것이다.

물론 동북아역사재단의 이 '해제'에는 "향기로운 장미에 가시가 있는 것처럼 『일본서기』는 7세기 후반부터 8세기 전반을 중심으로 강화된 일본적인 대국의식으로 윤색되어 있어서 사료로 이용하기가 쉽지 않다."는 말도 한마디 붙어 있다. 한국에서 출간되는 책이므로 방어막을 친 것이지만 "『일본서기』가 『삼국사기』보다 정밀하다."고 단정한 말에 관점이 다 들어가 있는 것이다. 또 『일본서기』처럼 세계의 역사서 가운데 가장 허위로 가득 찬 책을 향기로운 장미에 비유하다니 언어도단이다. 실제로 『역주 일본서기』를 보면 일본 열도 내에 있었던 고구려, 백제, 신라 관계 기사를 모두 『삼국사기』의 삼국과 동일시해서 위치 비정을 하고 있다.

끝으로 동북아역사재단의 임나일본부에 대한 입장을 보면 동 재단의 누리집에 "임나일본부설은 의심의 여지가 없는 정설로 자리매김되었다."라고 썼다. 그리고 이 설을 비판하는 학설에 대해서는 "학설로서 일정한 한계가 있다."고 되어 있다. 이 부분에 대해 2014년 12월 13일 국회 교육문화체육관광위원회의 국정감사에서 윤관석 의원이 "중국의 동북공정은 옹호하고 일본의 임나일본부설에 대해서는 부인하지 못하는 잘못된 역할을 하고 있다."고 동북아역사재단 이사장 김학준을 질타했다.

김학준은 처음에는 임나일본부설은 강력하게 부인하고 있다고 말했다가 윤관석 의원의 추궁에 대해, "홈페이지 내용은 일본 학계에서는 그것이 통설이 되었으나 그 뒤에 그것을 부정하는 많은 설이 나왔다는 것을 소개했습니다."라고 어물쩍 넘어갔다. 이 부분에 대해 이덕일은 『매국의 역사학, 어디까지 왔나』(2015)에서 이렇게 지적했다.

> 『임나일본부설은 허구인가』에서 '가야＝임나'라고 주장하면서 임나가 전라남도 전역을 다 차지하고 전라북도, 경상남북도 일부와 충청남북도 일부까지 차지한 제국으로 묘사해놓은 김현구를 동북아역사재단 이사로 모신 인물이 김학준이다. 그래서 김현구는 아직도 동북아역사재단 이사다. 그러니 "임나일본부설은 의심할 여지없는 정설로 자리매김되었다."는 동북아역사재단 누리집의 내용은 김학준과 김현구의 소신을 적은 것이다. 절대 실수가 아니다. 누가 이를 실수라고 여길 수 있겠는가?
>
> ＿ 이덕일, 『매국의 역사학, 어디까지 왔나』, 만권당, 2015, 289쪽.

현재는 김현구의 동북아역사재단 이사 임기가 만료되었다니 그나마 다행이다.

다음으로 김태식과 김현구가 한국측 위원이었던 한일역사공동연구위원회의 매국적 활동을 살펴보자. 일본의 역사 왜곡이 문제가 되자 김대중 대통령과 그나마 합리적이었던 고이즈미 일본 총리가 협의해서 만든 기관이 이것이다. 두 정상은 양국의 역사를 정상(正常)으로 돌리기 위한 선의에서 한일역사공동연구위원회를 만든 것인데, 양국 사학자들, 특히 동북아역사재단의 경우처럼 한국 사학자들이 악용한 나쁜 사례의 하나이다. 김현구도 김태식(홍익대), 노중국(계명대)과 함께 고대사 분과위원이었다.

이 공동연구위원회는 2005년 『한일역사공동연구보고서』를 발간했는데, 그 고대편의 「4세기 동아시아 정세와 한일관계」에서 백제의 상황에 대해 이렇게 썼다.

> 한강 유역 백제의 정세는 어떠하였을까? 『삼국사기』「백제본기」에 의하면 고이왕 27년(260)조에 6좌평 및 16관등제 등의 중앙집권적 관료제를 완비했다고 나오나, 이는 후세 백제인들의 고이왕 중시 관념에 의하여 조작된 것이다. 이 시기 백제의 발전 정도는 좀 더 낮추어 보아야 할 것이다.
>
> _ 『한일역사공동연구보고서』, 2005, 59쪽.

보통의 대한민국 국민이라면 이 내용은 일본 측 학자가 쓴 것으로 생각할 것이다. 필자 역시 처음 이 내용을 보고 일본 측 학자가 쓴 것인 줄 알았다. 그러나 이는 김태식이 대한민국 국민의 세금으로 한일 두 나라를 왔다 갔다 하면서 쓴 것이다.

쓰다 소키치가 "백제는 4세기 중반 근초고왕이 건국했다."고 주장한 것을 그동안 식민사학자로 비판받았던 이병도가 "백제는 3세기 중반 고이왕이 건국했다."고 100여 년 끌어 올렸는데, 이를 김태식은 "후세 백제인들의 고이왕 중시 관념에 의하여 조작된 것"이라면서 다시 끌어내린 것이다. "이 시기 백제의 발전 정도는 좀 더 낮추어 보아야 할 것이다."라는 것은 이병도가 아니라 쓰다 소키치의 학설로 되돌아가야 한다는 선언이다. 즉 한국 식민사학의 교주는 그래도 외형은 한국인인 이병도가 아니라 외형도 내면도 일본인인 쓰다 소키치라는 비장한 선언에 다름아니다. 국회 동북아역사왜곡 특위에서 한국교원대 임기환이 이 내용에 대해서 의원들의 추궁을 받다가 "학계의 견해에 어긋나는 것이 아니다."라고 답변해서 의원들을 경악케 하기도 했었다. 필자는 익히 알고 있었지만 이를 한국고대사 전공자의 입에서 직접 듣고 다시 한 번 경악했다. 김현구가 "자신은 『삼국사기』·『삼국유사』는 모른다."라고 말한 것을 들었을 때만큼이나 경악했다.

같은 곳에서 왜국의 정세를 살펴보겠다.

그러므로 4세기의 일본 열도는 한반도의 철 자원 교역로를 확보하기 위하여 기내(畿內)의 대화 정권(야마토 정권 - 괄호 안 필자)을 중심으로 전국적인 조직을 갖추고 있었으나, 그 시기의 연맹체는 필수물자를 일본 열도 바깥에 의존할 수밖에 없었기 때문에, 어

느 세력이 그 교역로를 유지하는가가 중요하여 한반도 정세의 변
동 및 그 필수물자 생산세력과의 우호관계 여부에 따라 그 내부
의 주체가 바뀌었다.

4세기에 이미 야마토 정권을 중심으로 전국적인 조직을 갖추고
있었다는 주장이다. 그런데 전국적인 조직을 갖추게 된 배경이 '철
자원 교역로를 확보하기 위하여'라는 것이다. 다시 말해 4세기의
일본 열도는 '철 자원'이 없었다는 말이다. 고대에 철 자원이 없었
다는 말은 국가라고 말할 만한 조직이 없었다는 뜻이다. 철을 생산
할 수 있어야 강력한 고대국가가 될 수 있다. 그러나 김태식은 철
자원 교역로를 확보하기 위해 야마토 정권이 전국적인 조직을 갖
췄다는 것이다. 지금으로 치면 아프리카의 국가 차원에 도달하지
못한 수십, 수백 개의 부족들이 핵무기를 확보하기 위해 전국적인
국가를 결성했다는 이야기다.

야마토 정권이 백제계나 가야계가 이주해서 만든 것이라는 말은
물론 한마디도 없다. 뒤에 보겠지만 최재석은 『일본서기』의 엄밀한
분석을 통해 7세기에도 야마토왜국의 강역은 나라(奈良)와 오사카
(大阪) 정도에 불과하다고 간파했다. 그러나 김태식은 이미 4세기에
전국적인 조직을 갖추고 있었다는 공상소설을 쓰고 있다. 그가 쓴
「4세기의 한일관계」라는 대목을 살펴보자.

위와 같이 4세기의 한일관계는 철과 선진문물의 수출을 매개로

하여 일본 열도와 전통적으로 밀접하게 교류하던 김해 가야국 중심의 전기 가야 소국 연맹체와, 철을 수입하기 위하여 한반도 남부의 가야와 독점적 우호관계를 원했던 기내(畿內) 대화(大和)국 중심 소국 연맹체와의 교류관계가 중심을 이룬다고 하겠다. 그러나 철은 가야 지역에서 생산된다고 해도 상당수의 선진문물은 중국 방면에서 생산되는 것을 가야가 대방 또는 백제를 통하여 중개하는 것이므로, 그 교역관계는 동아시아 전반의 형세에 따라 연동되어 움직이는 측면이 컸다.

_ 앞과 같은 곳, 70~71쪽.

김태식의 윗글은 일본인 식민사학자들의 '한국사 정체성론'을 추종하는 서술이다. 한국사 정체성론이란 한국인들은 자발적인 역사 발전 능력이 없기 때문에 외국의 식민 지배를 받거나 외국 문물의 수입을 통해서만 사회가 발전할 수 있다는 논리다. 그래서 김태식은 "상당수의 선진문물은 중국 방면에서 생산되는 것"이고 가야는 이를 중개하는 간이역에 불과하다고 주장하는 것이다. 한국은 중국의 선진문물을 중개하는 간이역에 불과하지 절대 독자적으로 문물을 창조할 수 없다는 논리이다.

이런 한국사 정체성론은 '가야＝임나'의 신봉자인 김현구에게서도 그대로 확인된다.

삼국 중에서는 중국 남조(南朝)와 관계가 긴밀했던 백제가 가장 선진적이었다. 그래서 야마토 정권은 백제를 파트너로 선택하여

군원(軍援)을 제공하는 대신에 선진문물을 제공받는 특수한 용병
관계(傭兵關係)를 맺었다.

_ 김현구, 『백제는 일본의 기원인가』, 창비, 2002, 222~223쪽.

김현구는 야마토 정권이 가야나 백제계가 세운 것이 아니라 고
대부터 일본 열도에 강국으로 존재하고 있었다고 주장하고 있다.
그래서 이 야마토 정권에 고구려, 백제, 신라가 모두 조공을 바치며
자국을 파트너로 삼아달라고 빌었는데, 야마토왜는 백제를 파트너
로 삼았다는 것이다. 그래서 백제는 중국 남조에서 수입한 문물을
일본에 상납하고 그 대가로 야마토왜는 군사 지원을 해주었다는
것이다. 김현구는 『임나일본부설은 허구인가』에서 "당시 왜는 한반
도 삼국 중에서 백제를 파트너로 삼아 백제로부터 선진문물을 도
입할 수밖에 없었다. …… 당시 백제가 남조에서 도입한 선진문물
을 왜에 전해주던 시스템이 존재했음을 단적으로 보여주는 사례이
다(142쪽)."라고 쓰고 있다. 즉 김태식이 가야를 중국의 문물을 전달
하는 간이역으로 본다면 김현구는 백제를 간이역으로 보는 것이다.

김태식은 "고구려는 3세기 후반 서천왕 때에 이르러 각 지역에
온존하던 고유명(固有名) 부(部)를 일소함으로써 연방제적인 초기 고
대국가를 벗어나 왕과 중앙귀족에 의한 중앙집권적 통치 체제를
완비하였다."고 하여, 고구려는 3세기 후반에야 실질적으로 건국되
었다고 주장한다. 또 "한반도 관련 국제정세의 기본은 고구려와 백
제 양대 강국의 대결구도였다. 그들은 4세기 후반에 대방고지를 사
이에 놓고 30여 년 간 격렬한 전쟁을 치렀다."고 하여, 한나라의 군

현인 대방이 황해도에 있었다는 전제로 서술하고 있다.

『고대 왕권과 한일관계』라는 책이 있다. 한일역사공동연구위원회가 주축이 되어 만든 한일관계사연구논집 편찬위원회에서 간행한 책인데 여기에 김태식은 「고대왕권의 성장과 한일관계」라는 논문을 실었다. 그는 『제2기 한일역사공동연구보고서』(2010) 제1권의 내용을 일부 수정해서 수록했다고 밝혔다. 이 글에서 김태식은 제1기 한일역사공동연구위원회의 행태에 대해 이렇게 자화자찬했다.

제1기 3년 간의 연구는 매우 활발하고 진지한 것이었다. 그리하여 서로 상대방 연구자의 존재를 인식하면서, 4~6세기의 한일관계에 대하여 학설사를 정리하고 그 문제점을 논하는 장편의 연구들이 발표되었다.

이 책의 9쪽에 김태식은 '〈지도1〉 3세기의 한반도 정세'라는 지도를 실었다. 현도군과 낙랑군 등 한 군현이 만주에서 한반도 서북부 지역을 길게 차지하고 있다. 지금의 압록강 서쪽은 모두 중국의 강역이라는 이야기다.

김태식의 눈에 3세기의 고구려는 서남쪽으로는 중국 군현, 북쪽으로는 부여, 동남쪽으로는 북옥저와 동옥저에 포위된 소국이다. 『삼국사기』「고구려본기」에 모본대왕이 재위 2년(서기 49) "장수를 보내 한나라의 북평·어양·상곡·태원을 습격하게 했다."는 기사나, 태조대왕이 재위 3년(서기 55) 봄 2월에 "요서에 10개의 성을 쌓아 한나라의 군사에 대비하였다."는 기사 등은 끼어들 자리가 없다.

북평은 오늘날 베이징 지역이고, 태원은 오늘날 산시성(山西省) 성도로서 베이징에서 서남쪽으로 503킬로미터 떨어진 곳에 있었다.

모본대왕 때 북평·태원 등지를 공격한 기사는 『삼국사기』뿐만 아니라 중국 『후한서』에도 나오는 역사적 사실이다. 그러나 이들의 머릿속에 오늘날 베이징 지역과 그 서남쪽 태원 등지까지 공격하는 고구려라는 나라는 존재하지 않는다. 서기 1세기에 고구려는 사실상 존재하지도 않았거나 존재했어도 동네 국가 수준이라는 것이다. 그런데 서기 1세기에 북평·어양·상곡·태원을 공격하다니? 있을 수 없는 일이다. 『삼국사기』뿐만 아니라 『후한서』에 똑같은 내용이 나와 있어도 아무 소용이 없다. 자신들 머릿속에 만들어놓은 고정관념과 같지 않은 것은 모두 '사료가 잘못된 것'이다. 사료를 바탕으로 역사를 해석하는 것이 아니라 자신의 고정관념으로 사료의 잘잘못을 가린다. 그들은 가히 '역사의 신'이다.

모본대왕은 물론, 요서에 10개 성을 쌓아 후한의 공격에 대비한 태조대왕의 고구려도 이들에게는 존재하지 않는다. 그런 고구려, 그런 국가는 존재하지 않았다. 김태식이 그린 〈지도1〉은 1세기에 북평·어양·상곡·태원을 공격한 고구려가 3세기에도 겨우 목숨을 지탱하면서 생존을 도모하는 소국이다.

고구려는 그래도 조금 나은 편이다. 그나마 이름 석 자라도 지도에 올리고 있기 때문이다. 신라와 백제는 이름 자체가 없다. 백제가 있어야 할 자리는 마한이 차지하고 있고 신라가 있어야 할 자리는 진한이 차지하고 있다. 3세기인데도 신라와 백제가 사라진 자리를 진한과 마한이 차지하고 있다. 즉 일본 식민사학자들의 '『삼국사기』 초기 기록 불신론'을 그대로 따르고 있는 것이다. 아직도 한국 고대사학계 대다수에서 '『삼국사기』 초기 기록 불신론'은 하나뿐인 정설이다.

『일본서기』만 맹신, 『삼국사기』는 '모른다'는 김현구

위에서 본 대로 『일본서기』를 사실로 조작하기 위해 『삼국사기』의 초기 수백 년의 기록은 허위이며 조작된 것으로 취급되고 있다. 그런데 이런 식민사관, 매국사관이 100년 넘게 지속되다 보니 진일보하여 아예 『삼국사기』 전체를 불신하고 쳐다보지도 않는 상태로까지 악화되기에 이르렀다. 김현구는 그 자신이 "『삼국사기』·『삼국유사』는 모른다."고 말한 것처럼 『삼국사기』는 헌신짝 내팽개치듯 무시해버린다. 대신 한반도와 왜 열도와의 관계를 오로지 『일본서기』에 의존하여, 말하자면 일본의 관점에서 바라본다. 백제의 역사는 『삼국사기』가 기본이고 『일본서기』에 기록된 백제는 엄밀한 검토 과정을 거쳐 부분적으로 인정해야 하는데도 『일본서기』만 추종하는 것이 무슨 의도인가는 새삼 말할 필요도 없다.

김현구의 그릇된 시각을 그의 학위논문인 「야마토 정권의 대외관계 연구」를 통해 살펴보자. 논문 제목부터 그의 사관을 엿볼 수 있는데 최재석은 회고록 『역경의 행운』(2015)에서, "논문 제목에서 한국이라는 국명은 쏙 빼버리고 「야마토 정권의 대외관계 연구」라고 한 데서 김현구 씨의 역사관이나 역사 서술의 핵심이 여실히 드러나 있다고 하겠다."라고 지적했다. 교섭 상대국인 삼국(고구려, 백제, 신라)의 이름을 빼버리고 야마토 정권만 언급한 것은 "한국사는 일본사에 예속되어 있거나 한국사는 일본사의 일부분이라는 뜻을 논문 제목에 반영시킨 것"이라는 비판이다.

최재석은 『일본서기』는 조작과 왜곡이 심한 역사서지만 『일본서기』에도 당시의 진실을 알려주는 일부 기사가 있다고 말한다. 그는 일본 열도의 고대 지명이 대부분 한국 지명으로 되어 있다는 사실을 논증했다. 일본 열도에는 고구려, 백제, 신라, 가야계 지명들이 헤아릴 수 없을 정도로 많다는 것이다. 그러면서 최재석은 이는, "한마디로 일본은 고대한국인이 개척한 식민지였다는 것을 나타내주는 것"이라고 강조한다. 그리고 김현구의 잘못된 태도를 이렇게 꼬집었다.

> 김현구 씨는 고대일본이 한국의 식민지임을 나타내는 기사에 대하여서는 침묵을 지키면서 논문 제목의 설정이나 기년(紀年)의 표현 등에 있어서는 고대한국이 일본의 식민지임을 나타내려고 하고 있음을 알게 된다.
>
> _ 최재석, 『역경의 행운』, 만권당, 2015, 247쪽.

김현구는 국적과 외형은 한국인이면서도 한국에 유리한 기사는 못 본 척하고 한국에 불리한 조작된 기사만을 가지고 고대한국이 일본의 식민지임을 나타내려고 한다는 것이다. 다만 한국에서 출판되는 책에는 이런 속셈을 감추기 위해서 앞뒤가 서로 다른 기술을 하는 교묘한 위장술을 동원하지만 최재석이나 이덕일 같은 전문가의 시각에는 여지없이 그 본질이 보이는 것이다.

김현구는 학위논문의 〈표1〉(오른쪽 표 참조)에서 '계체(繼體) 6년'이라 표현했는데 게이타이(계체)는 『일본서기』의 26대 일왕을 뜻한다. 게이타이 6년은 서기로 환산하면, 정확하지는 않지만 512년 무렵인데, 김현구는 서력으로 환산한 연도는 표기하지 않고 '계체 6년'이라고만 쓴다. 여기서 필자가 '정확하지는 않지만'이란 표현을 한 이유는 『일본서기』가 기년 자체가 맞지 않는 역사서이기 때문이다. 그래서 서기로 환산해놓아도 그것이 맞는지는 아무도 확인할 수 없다. 『일본서기』의 편년을 서기로 환산하기 위해서는 많은 기술을 동원해야 하는 것은 앞에서 보았다.

김현구는 학위논문 〈표1〉의 게이타이 6년 12월에 백제에서 '조공사(朝貢使)'를 보냈다고 썼다. 조공사는 세금과 공물을 바치러 온 사신을 말한다. 또 별표(別表)라고 썼는데 이는 따로 상표(上表)를 올렸다는 뜻이다. 상표란 신하가 임금에게 올리는 글월을 뜻한다. 김현구는 자신이 직접 작성한 〈표1〉에서 '상표'나 임금에게 아뢰는 '주(奏)'라는 용어를 자주 사용한다. 올리는 대상은 고구려, 백제, 신라 등이고 받는 대상은 야마토왜다. 백제가 야마토의 제후국이거나 속국, 또는 식민지란 뜻을 담고 있다.

다음 해인 게이타이 7년에는 "백제에서 5경박사를 공물로 바쳤다[貢五經博士]."라고 하여 '바칠 공(貢)' 자를 썼다. 김현구는 삼국에서 야마토왜에 사신 등을 파견했다는 사실을 쓰면서 최소한의 중립적 용어인 '보낼 견(遣)' 자 같은 용어를 쓰지 않는다. '바칠 공

第一表　関係諸国との人的・物的交流およびそれに伴う要求

王代	年	百済 来使	百済 遣使	任那 来使	任那 遣使	新羅 来使	新羅 遣使	高句麗 来使	高句麗 遣使
継体	三	〔十二月〕調貢使、別表請四県	二月、使者						
	六	〔六月〕汶	〔四月〕馬卅匹						
	七	貢五経博士、別請己	〔二月〕舟師五百						
	九	〔九月〕己汶のことを謝辞／別貢五経博士、結好	三月、賜多沙津						
	一〇	〔三月〕請加羅多沙津		十一月、乞己	四月、来侵／九月、奏近江臣の悪事				
	二三		〈十月〉任那・百済救援軍	四月、文	三月、近江臣江臣／九月、近江臣の召喚使				
	二四								
安閑	元	五月、調貢使、別上表							
宣化	元		十一月、使者						
	二								
欽明	元	八月、高・百・新・任の調貢使	三月、膳臣巴提便	八月、高・百・新・任の調		八月、高・百・新・任の調貢使		八月、高・百・新・任の調貢使	
	二	〔七月〕奏下韓・任那之政	〈正月〉良馬七十匹・船二十隻						
	四	〔九月〕献扶南財物与奴二口							
	五	〔三月〕上表任那之政							
	六	五月、上表	〈六月〉使者／〈十月〉築城人夫三百七十人						
	七	六月、調貢使							
	八	（四月）乞救軍、貢学者							
	九	四月、使者							

김현구의 학위논문 〈표1〉 '관계 제국과의 인적·물적 교류 및 그에 따른 요구'. 서력을 표시하지 않고 '상표', '주' 등의 용어를 사용하고 바칠 공(貢) 자를 쓰는 등 대등하거나 중립적인 용어를 사용하지 않았다.

(貢)'이나 '구걸할 걸(乞)' 등이 김현구가 즐겨 쓰는 한자다.

백제와 야마토왜의 관계에 대해 김현구는 여러 글에서 "백제가 야마토 정권에게 선진문물을 제공하고 야마토 정권은 백제에게 군사 원조를 제공하는 특수한 용병관계였다."는 이야기를 반복했다. 이 이론을 자신의 대단한 학문적 업적인 것처럼 내세웠다. 그러나 이 논리는 일본 식민사학자 기토 기요아키(鬼頭清明)가 『일본 고대 국가의 형성과 동아시아』(1976)에서 주장한 내용을 차용한 것에 불과하다. 『삼국사기』를 불신하는 또 다른 일본학자 스즈키 히데오(領木英夫)는 이렇게 썼다.

> 기토(鬼頭清明) 씨는 이미 "왜왕권의 출병은 백제로부터의 선진문물 수용을 목적으로 하는 일종의 용병이다."라고 논했으며, 최근 이러한 시각을 계승한 김현구는 백제와 왜왕권의 관계를 용병관계라는 개념으로 다룰 수 있다고 제창했다.
>
> _ 스즈키 히데오, 『고대한일관계사의 이해 : 왜(倭)』, 331쪽.

김현구가 여기저기에서 대단한 이론적 업적인 것처럼 주장하는 '용병' 운운하는 것도 기토의 것을 베낀 것뿐이라는 말이다. 스즈키 히데오는 '용병'에 대해 이렇게 설명한다.

> 용병관계라는 것은 군사력의 제공을 비정치적인 경제적 행위, 곧 문물과 군사력의 대가(對價)교환으로 생각하는 것인데, 고대사회에 정치적 관계를 완전히 벗어난 군사력의 제공·파병이 있었다고

는 생각하기 어렵다. 역설적으로 말하면 정치적 행위로서의 출병이라도 거기에 경제적 이익 추구라는 측면이 있음은 당연한 일이기에, 동아시아의 고대 왕권 중에서도 특히 왜왕권처럼 문화적 후진지대에 속하는 정치적 결합체라면 경제적 이익 추구의 경향은 각별히 강했을 것으로 생각된다.

_ 앞과 같은 곳

기토나 김현구의 '용병' 따위는 말장난에 지나지 않는 것이다. 김현구는 고대 일본 열도에 원래부터 야마토왜라는 고대 군사강국이 있었다는 전제로 논리를 전개한다. 그래서 이 군사강국인 야마토에 고구려, 백제, 신라가 모두 조공을 바치면서 자신들과 관계를 맺어달라고 빌었다는 것이다. 야마토가 그중에서 백제를 간택해주자 백제는 각종 선진문물을 갖다 바쳤고, 야마토왜는 그 대가로 군사 지원을 했다는 것이다. 그러나 일본 열도에서는 6~7세기 무렵까지도 철을 생산하지 못했다. 고대에 철 생산 능력이 없는 군사강국이 존재할 수 없다는 것은 기본 상식이다. 그러나 김현구의 머릿속에서는 야마토가 철 생산 능력이 없다는 사실도 문제가 되지 않는다. 백제에서 덩어리쇠인 철정(鐵鋌)을 갖다 바쳤다는 것이기 때문이다. 보통 독자들은 설마 그렇게 주장하고 있을까 의심스러울 것이다. 그러나 김현구는 실제로 그렇게 썼다.

진구 황후 372년 기록에도 "구저 등 지쿠마 나가히코(千熊長彦)를 따라가서 7지도 1구, 7자경(子鏡) 1면 및 여러 가지 보물을 바쳤다.

이에 아뢰기를 신의 나라 서쪽에 강이 있는데 곡나철산(谷那鐵山)에서 발원합니다. …… 이 산의 철을 취해서 영원히 성조에 바치겠습니다."(52년조)라고 되어 있어 백제가 철을 가지고 왜를 유혹했음을 알 수 있다.

_ 김현구, 『임나일본부설은 허구인가』, 창비, 2010, 166쪽.

김현구의 글이 무슨 이야기인지 이해하기 어려운 이유는 위의 글처럼 주어와 대상을 명확하게 표기하지 않고 논리를 전개하기 때문이다. 윗글에서 "이에 아뢰기를 신의 나라"는 백제의 근초고대왕이다. 근초고대왕이 야마토 조정에 구저 등을 사신으로 보내 진구 왕후에게 자신을 신(臣)이라고 부르면서 백제 곡나철산에서 나는 철을 성스러운 조정, 즉 야마토에 영원히 바치겠다고 맹세했다는 내용인 것이다. 김현구는 정복 군주인 백제 근초고대왕이 야마토의 진구 왕후에게 자신을 신(臣)이라고 낮추면서 철을 갖다 바쳤다는 『일본서기』 기술을 사실로 믿고 있는 것이다. 김현구는 근초고대왕을 '신', 백제를 '신의 나라', 야마토왜를 '성조', 즉 성스러운 조정이라고 쓰면서 보통 독자들은 쉽게 알 수 없도록 주어와 대상을 모호하게 처리하는 방식으로 백제를 야마토의 식민지로 만든 것이다.

김현구의 머릿속에는 고대 야마토왜가 한반도로 출병했다는 『일본서기』 기사를 사실로 보는 관점이 가득 차 있기 때문에 기토의 용병 따위의 논리를 보고 무릎을 쳤을 것이다.

기토는 『일본 고대국가의 형성과 동아시아』에 「가야제국의 사적 발전에 대하여」나 「임나일본부 문제」 따위의 글을 싣고 있다. 기토 기요아키는 백제가 6세기 후반에야 북주(北周)의 영향을 받아 22부 사제(部司制)를 갖추면서 중앙집권기구가 완료되었다고 주장하는 인 물이다. 즉 백제는 6세기 후반에야 고대국가 체제가 완성되었다(『일본율령관제의 성립과 백제의 관제』, 『일본 고대의 사회와 경제(상)』, 1978)는 정 신병적 주장을 하고 있다. 김현구처럼 『삼국사기』 전체 기록 불신 론이라 할 것이다. 그러나 일본 식민사학자들은 단순히 미친 것이 아니다. 백제는 6세기 후반에야 고대국가 체제가 완성되니까 임나 일본부가 당연히 한반도 남부를 지배할 수 있다는 논리로 이어지 는 것이다.

김현구는 학위논문의 〈표1〉(149쪽 표 참조)에서 센카(宣化) 2년(537) 10월에는 야마토에서 임나와 백제에 구원군을 보냈다고 썼고, 심 지어 긴메이 원년(540) 8월에는 고구려, 백제, 신라, 임나가 모두 조 공사를 바쳤다고 썼다. 이때 고구려는 안원대왕, 백제는 성대왕, 신 라는 법흥대왕으로서 모두 중흥기의 대왕들로 평가된다. 그런데 이 세 나라가 모두 야마토 정권에 세금과 공물을 갖다 바쳤다는 것이 다. 위에 언급한 스즈키 히데오는 5세기 중반의 삼국 상황에 대해 이렇게 쓰고 있다.

> 직접인지 아니면 신라를 매개로 했는지가 문제된다 해도, 5세기 중엽에 고구려의 영향이 조선반도의 최남단부까지 이르렀다는 사 실은 인정하지 않을 수 없다.
> _ 스즈키 히데오, 『고대한일관계사의 이해 : 왜(倭)』, 311쪽.

일본 학자도 5세기 중엽에 고구려의 영향력이 한반도 최남단까지 미쳤다고 쓰고 있지만 김현구는 이런 고구려가 야마토에 세금과 공물을 바치는 조공사를 보냈다고 주장하는 것이다.

김현구는 또 긴메이 8년(547) 4월에는 '백제에서 구원군을 보내달라고 구걸했다[乞求軍]'라고 쓰고 또한 '학자를 바쳤다[貢學者]'고 한다. 김현구가 아무리 『일본서기』의 허황한 이야기를 모두 사실로 믿는다고 쳐도 외형은 한국인이면 '구걸할 걸(乞)' 자 대신에 '청할 청(請)' 정도로 썼을 것이다. 그러나 김현구는 '청(請)' 자는 대등한 관계에서 쓰는 용어라고 생각하는지 반드시 '걸(乞)' 자를 쓴다.

백제에서 학자나 승려 같은 지식인 집단을 보냈을 경우에는 반드시 '바칠 공(貢)'으로 쓴다. 동서고금을 통해서 우수한 학자와 전문 지식인 집단이 있는 나라는 늘 선진국이다. 그런데 그런 학자와 지식인 집단을 자신보다 못한 나라에 '바친' 사례가 인류 역사에 존재했다는 사례를 필자는 들어본 적이 없다. 오직 일본의 극우파들과 김현구만이 그렇게 쓴다. 김현구가 만든 〈표1〉에 따르면 야마토왜는 고구려, 백제, 신라 및 임나를 지배하는 동아시아 제일의 천자국가이다. 이런 관점은 『임나일본부설은 허구인가』뿐만 아니라 그의 모든 저서에서 일관되게 확인할 수 있는 내용이다.

고대일본인의 기원

『일본서기』는 크게 신의 시대인 신대(神代)와 인간의 시대라는 일왕의 시대로 나뉘어 있다. 신대는 권1~권2로 나뉘어 있고, 권3부터 인간의 시대인 진무의 이야기가 시작된다. 그런데 『일본서기』를 보면 신의 시대부터 고대 한국과의 관계를 암시하는 내용이 많으며, 인간의 시대인 1대 진무 이후에도 가야, 신라, 백제, 고구려 등 한반도 국가들과 그로부터 이주한 사람들에 관한 기록이 주요한 부분을 이루고 있다. 이러한 사실은 제1장에서 본 분국설의 유력한 증거로 볼 수 있으므로 이에 대해 살펴보자.

먼저 제1장 서두에 소개한 『일본서기』에 나오는 임나의 소노가시치 설화를 돌이켜보자. 그는 원래 의부가라의 왕자로 일본에 왔는데 3년 뒤 귀국할 때 일왕이 그의 나라 이름을 임나(미마나)로 고쳐주었다. 이 의부가라(임나)는 열도 내에 있던 나라인데, 그 이름으로 보아 한반도의 가야(즉 가라)의 분국이었을 것이다. 의부가라 왕자 소노가시치는 조상이 가야에서 열도로 이주하였을 것이며 그 신분으로 보아 원래 가야의 왕족이나 귀족이었을 것으로 추정해 볼 수 있다. 『일본서기』에 비슷한 시기의 일로 스이닌 3년에 기록된 다른 한반도의 이주민이 있으니 바로 신라의 왕자 천일창이다.

> 신라 고니키시(왕)의 아들 아메노 히보코(天日槍)가 와서 귀의하였다. 가지고 온 물건은 우태옥(羽太玉) 1개, 족고옥(足高玉) 1개, 제녹녹적석옥(鵜鹿鹿赤石玉) 1개, 출석소도(出石小刀) 1자루, 출석모(出石桙) 1자루, 거울 1개, 웅신리(熊神籬) 1벌 등 모두 7가지 물건으로, 다지마(但馬)국에 보관하여 신물(神物)로 삼았다.
>
> _ 『일본서기』, 스이닌 3년조

신라의 왕자 천일창이 3가지 옥과 칼(출석소도)·창(출석모) 및 거울 등 보물과 무기를 가지고 왜에 오니 그 물건들을 신물(神物)로 받들었다는 것이다. 이어 『일본서기』에는 천일창에 대해 달리 전하는 말을 이렇게 실어놓았다. 즉 일왕이 신하를 천일창에게 보내 살고 싶은 곳에 머물도록 하니, 그는 우지강을 거슬러 북으로 오미국에 잠시 살다가 다시 와카사국을 거쳐 서쪽의 다지마국에 정착했다고 한다. 그리고 그곳의 여인과 결혼하여 자손을 낳았는데 4대손이 다지마 모리(田道間守)라는 것이다.

한편 『고사기』에도 천일창(天日槍)의 이야기가 실려 있는데, 이름을 천지일모(天之日矛)라 달리 표기하고 있다. 그러나 둘 다 천일(天日)의 창(槍)이라는 뜻이다. 하나는 '창 모(矛)' 자를 쓰고 다른 하나는 '창 창(槍)' 자를 썼을 뿐이다. 천지일모나 천일창이나 같은 뜻이며 일본어 발음도 '아메노 히보코'로 똑같다. 『고사기』 이야기는 『일본서기』와는 많이 다르지만 그가 보물을 가지고 일본에 건너가 결혼하여 자손들을 낳아 유력 씨족의 선조가 되었다는 줄거리는 같다. 일본 역사서에 이와 같이 가라나 신라 왕자 이야기가 실린 것은 그들이 선진문물을 가지고 일본 열도로 건너가서 큰 세력을 이루었기 때문이다. 『일본서기』는 여러 장치로 가야계 및 백제계를 비롯해서 신라, 고구려 계통이 일본 열도로 건너가서 많은 나라를 세운 사실을 교묘하게 감춰놓았지만 이 천일창 이야기처럼 자세히 분석해보면 알아낼 수 있는 구조다.

이 천일창 설화와 그 이전 신대(神代)의 천손강림(天孫降臨) 신화 및 이즈모 신화 등을 연구한 북한의 학자 김석형은 가야, 신라로부터 집단적으로 이주민이 왜에 진출했다면서 이렇게 말했다.

> 한국으로부터 이주민 집단이 야요이(彌生)시대 그 어느 시기에는
> 계통적으로 일본 열도에 진출하여 그곳에 정착하였다는 것과, 그
> 들의 문화는 그곳에서 오랫동안 그대로 그 고국의 문화였음은
> 유적·유물들이 증명하며 일본의 고문헌 자료들이 또한 이를 거
> 듭 증명하고 있다고 말할 수 있다. 일본 고문헌들에 실린 황당하
> 기 짝이 없고 후세의 역사 위조자들의 혹심한 윤색이 가해질 대
> 로 가해진 신화·전설의 자료들도 고고학적인 자료들과 결부되어
> 해석될 때 그 안에도 진실한 사실의 줄거리가 들어 있음을 알 수
> 있다.
>
> _ 김석형, 「고대한일관계사」, 한마당, 1988, 187~188쪽.

일본의 야요이시대(서기전 3세기~서기 3세기)에 고대 한국으로부
터 이주민이 집단적으로 왜 열도에 진출한 사실이 문헌과 고고학
적 유물·유적으로 증명된다고 했다. 김석형은 그 이주민들 중에서
"니니기노미코토(천손)나 스사노오노미코토는 보통 사람이 아니라
마침내 천황가의 선조로 조작되거나 천황가 선조의 동생으로도 조
작될 만큼 '존귀한' 인물들이었다."고 강조했다.

한편 북한 학자 조희승은 인류학적 징표로 볼 때 일본의 토착
원주민은 까무잡잡하여 남양군도나 동남아인과 유사하여 한국인과
는 다른 점이 많은데, 야요이시대 이후 북규슈를 비롯한 서부 일본
에 한국인의 인종적 특성이 많이 나타난다고 했다. 그리고 현재의

교토, 오사카, 나라 등이 속해 있는 긴키(近畿) 지방은 특히 한국 주민들이 어느 지방보다 많이 정착한 지역이었다고 하면서 그중 가와치(오사카부)와 야마토(나라현) 지방에 현저하다고 지적하고 이렇게 말했다.

> 이제까지 일본의 인류학계는 야마토중심사관에 기초하여 야마토(나라현)를 중심으로 한 일본 주민들이야말로 일본 고유의 주민들이라고 말해왔다. 하지만 치밀한 과학적 연구의 결과는 가와치(오사카부)와 야마토를 중심으로 한 주민들 즉 긴키 주민들의 인류학적 징표는 일본 고유의 특징을 가진 것이 아니라 오히려 토착 원주민의 입장에서 보면 이방 사람들이라는 것이 확정되었다. 긴키인이야말로 머리와 얼굴의 길이, 너비 그리고 키에 있어서 일본 토착 주민들과는 현저한 차이가 나고 그것은 한국 특히 남부 한국의 그것과 똑같다는 사실이다.
>
> _ 조희승, 『초기 조일관계사 (상)』, 사회과학출판사, 1988, 107쪽.

야마토왜의 본거지인 긴키 지역의 주민들이 남부 한국의 인종과 같다는 사실은 매우 시사하는 바가 크다. 『일본서기』 오진 14년에 보면 백제의 궁월군(弓月君)이 120현의 백성들을 데리고 대규모로 야마토에 이주한 사실이 있으며, 일왕 유랴쿠 때를 비롯한 여러 기록에 백제에서 많은 사람들이 왜에 건너간 일이 기록되어 있다. 이런 결과로 인용문에 보인 인종적 특징이 나타난 것이다.

한편 백제가 망한 7세기 말 경부터는 신라인의 집단 이주가 시

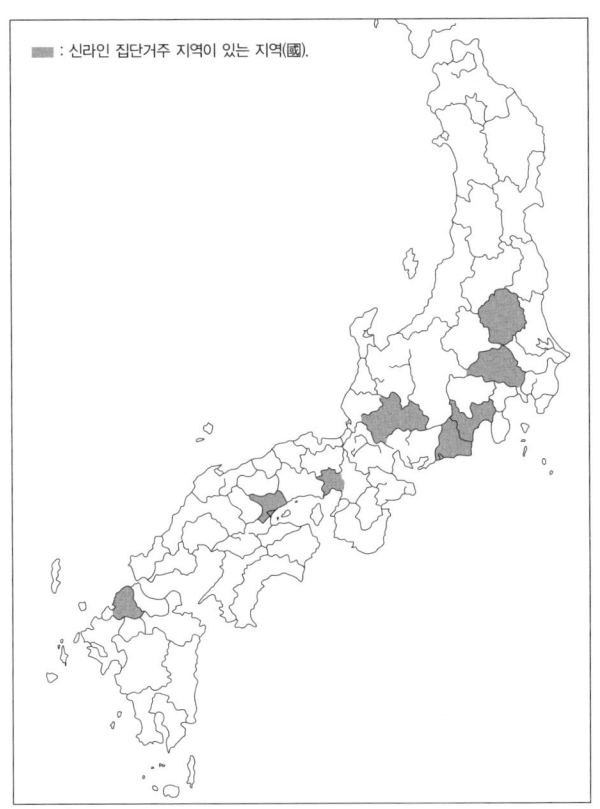

: 신라인 집단거주 지역이 있는 지역(國).

지도1 7~9세기 신라인의 집단거주 지역.

작되어 9세기 말까지 끊임없이 지속되었는데 이 또한 위의 결과
에 큰 영향을 미쳤다. 그리하여 일본 열도 곳곳에 그들의 집단 거
주 지역인 신라방(新羅坊)이 있었는데(〈지도1〉 참조), 이는 당나라에
있던 신라방과 같은 것이었다. 최재석은 라이샤워(Reischauer)가 지
적한 것처럼 신라방이 단순한 신라인의 거주지가 아니라 신라인의
일종의 조계(租界, colony)였으며, 신라의 강력한 국력과 동아시아 지
역 해상권의 장악에 의해서만 해외에서의 신라인의 집단거주지의

형성과 유지가 가능하다고 했다.

최재석은 고대일본에서 원주민과 이주민의 구성에 대해서는 이렇게 말했다.

> 일본의 인류학자 하니하라(埴原和郎) 교수는 서기 700년 현재 일본 원주민과 이주민과의 인구 구성은 대략 10대 90이라고 발표했다. 그는 일본 열도에 온 이주민을 한국인이 아니라 '한반도를 경유한 아시아대륙인'이라 주장했다. 그러나 일본의 고분에서 출토된 유물은 예외 없이 한국에서 출토된 것과 유사할 뿐만 아니라 백제·신라·고구려·가야 등 한국 고대 국명을 본뜬 지명이 일본 전역을 뒤덮고 있는 사실 등으로 미루어 보아, 그가 말한 '한반도를 경유한 아시아대륙인'은 바로 고대한국인임을 알 수 있다.
>
> _ 최재석, 『고대한국과 일본 열도』, 일지사, 2000, 46쪽.

일본인들은 고대한국에서 사람이나 문물이 건너갔을 경우 '한반도를 경유한 대륙인, 대륙 문물'이라는 식으로 표기한다. 그러나 이는 말장난이고 대부분 고대한국인들이나 고대한국 문물이라고 보면 정확하다. 윗글은 서기 700년 당시 일본 원주민의 비율이 10% 밖에 되지 않고 나머지 90%가 한국의 이주민이라고 한 것이다. 이와 같은 상황을 보여주는 것은 바로 『속일본기(續日本記)』772년 4월조 기사로, 야마토의 중심지인 다카이치군(高市郡)은 백제에서 온 사람들로 가득 차 있으며 백제 이외의 사람은 10명 중에 한두 명에 불과하다고 했다.

고대일본이 이와 같이 한반도의 이주민에 의해 개척되고 발전하게 되었으므로 『일본서기』 편자들은 이러한 흔적을 지우기 위해 이주민들을 대부분 '귀화인'으로 기록하였다. 또 메이지 이후 일본의 식민사학자들도 모두 한반도로부터의 집단이주민에 대한 진실을 감추기 위해 눈물겨운 노력을 전개했는데 이에 대해 최재석은 이렇게 지적했다.

『일본서기』는 사실이 크게 윤색되고 개변되었지만 그럼에도 불구하고 백제의 대규모 집단이주민이 야마토 지역에 이주, 정착한 사실을 분명히 전해주고 있다. 그러나 일본 사학자들은 『일본서기』에서 윤색되고 개변된 것보다 훨씬 더 집요하게, 그리고 훨씬 더 엄청나게 이 기사를 왜곡 해석하여 백제의 집단이주민이 대규모로 정착하였다는 사실을 결코 인정하려 하지 않는다. 백제의 집단이주민에 관한 기사에 대해 언급한 일본 사학자는 거의 한 사람도 예외 없이 그 기사를 왜곡 해석하고 있다.

예를 들어 쓰다 소키치는 때와 장소에 따라 여러 가지 해석을 한다. 즉 그는 어떤 때는 "그 기사는 『일본서기』의 계보 작성자가 조작한 것이다."라고 주장하고, 또 어떤 때는 "그 이주민이 중국계 사람이라는 것을 나타내기 위해 후세에 만든 것이다."라고 주장한다. 그리고 또 어떤 때는 "그 기사는 전혀 근거가 없으며 역사적 사실이 아니다."라고 주장한다.

미시나 쇼에이(三品彰英)는 백제인의 야마토왜 이주 기사는 4·5세기의 일본이 한반도를 경영한 결과 한반도에서 '귀화인'이 도래한 것을 나타낸다고 했다가, 오진 시대의 하타와 아야라는 두 씨족의 가문에서 전해온 이야기로 꾸며진 전설의 이야기라고 주장하기도 하였다. 그래도 마음이 놓이지 않았는지 일본이 임나 경영을 추진할 때 그쪽에서 온 기술자라고 주장하고, 또 어떤 때는 백제인의 일본 도래 전설은 『일본서기』 편찬자의 추정에 불과하다고 주장한다.

한편 히라노 구니오(平野邦雄)는 백제에서의 집단이주에 관한 기사는 하나의 씨족에 관한 이야기라고 하다가, 진한이 망한 뒤 살아남은 백성이 일본에 온 것에 대한 기사라고 주장한다. 그는 또 『일본서기』의 '백제'라는 용어는 조작된 것이며, 그 이주민은 한국인이 아니라 중국인이며 인부를 거느리고 '귀화'한 것을 나타낸다고 주장하는가 하면, 진한의 백성이 아니라 옛 낙랑, 대방계의 유민(중국인)이라고 하였다. 그리고는 다시 5세기 후반(유랴쿠시대)에 한 씨족의 조상이 건너온 전설을 400년 경(오진시대)으로 소급하여 삽입한 데 불과하다고 주장하기도 한다.

_ 최재석, 『일본고대사의 진실』, 경인문화사, 2010, 278~279쪽.

쓰다 소키치, 미시나 쇼에이, 히라노 구니오라는 3명의 일본인 학자들의 논리가 '횡설수설'한다는 사실을 쉽게 알아차릴 수 있을 것이다. 이마니시 류의 역사학만 '횡설수설학'이 아니라 거의 모든 일본인 식민사학자들의 역사학 역시 '횡설수설학'이라는 사실을 알 수 있다. 실제 전개되었던 역사적 사실과는 다른 고정관념을 합리화하려고 하니 앞에서 한 말과 뒤에서 한 말이 다른 '횡설수설학'

이 될 수밖에 없는 것이다. 김현구의 『임나일본부설은 허구인가』도 이 범주에 든다. 세 일본인 학자라는 사람들이 구구절절한 논리로 '백제의 집단이주'라는 엄연한 사실을 감추고 호도하려는 행태를 보면 처절하기까지 하다는 생각이 든다. 가여운 생각까지 들지만 그들이 지배자였고 우리가 피지배자였다는 사실을 망각하면 안 된다.

야마토왜 왕권의 실상

6~7세기 백제와 야마토 정권과의 관계를 이해하려면 백제의 왕권과 야마토 정권의 왕권이 어느 정도로 강했는지에 대한 이해가 선행되어야 한다. 『삼국사기』에 따르면 백제 성(聖)대왕은 고구려 안장대왕과 싸울 때 최소한 3만 명의 군사를 동원할 정도의 왕권을 갖고 있었다. 1만 정도의 군사는 부하들에게 맡겨 지휘하게 했다. 3만 이상의 군사를 직접 이끌고 1만 정도는 부하에게 맡긴 백제 국왕의 권력은 상당했다는 사실을 인정하지 않을 수 없다.

그러면 야먀토 정권의 왕권은 어느 정도였을까? 최재석은 일본 고대사나 고대 한일관계사의 서술에 있어 가장 중요한 것은 고대 일본의 정치 상황에 대한 구체적인 파악이라고 말한다.

종래 일본 고대사나 고대 한일관계사의 서술은 고대일본의 정치 상황에 대한 구체적인 언급 없이 이루어져 왔는데 지금까지 고대사를 왜곡한 사람들은 거의 대부분이 이러한 태도를 취했다. 고대 일본의 정치 상황을 구체적으로 파악하는 일은 일본이 당시 고대 국가로 성장하였는가, 또는 당시 일본이 한국에 건너와서 고대한 국(일부 또는 전부)을 속국 내지 식민지로 삼을 수 있었는가의 여부를 판가름해줄 수 있는 중요한 근거의 하나가 된다.

_ 최재석, 『고대 한일관계사 연구』, 경인문화사, 2010, 25쪽.

최재석의 분석법은 역사학이나 사회학의 일반 분석 방법론과 정확히 일치한다. 예를 들어 1천여 년 후에 지금의 아프리카나 남미 어느 나라가 미국을 속국으로 삼았다고 주장한다고 가정하겠다. 이런 주장이 사실인지 아닌지를 살펴보려면 아프리카나 남미 국가와 미국의 국력, 즉 정치, 경제력과 군사력 등 국내 정치 상황과 국제 정치학적 상황을 비교해보는 것이 가장 좋은 방법일 것이다. 최재석은 바로 이런 방법으로 고대 한일관계사의 진실을 캐는 방법론을 택했다. 그래서 그는 "고대일본의 정치 상황을 파악하기 위해서는 일본 천황의 왕권 정도와 일본의 관위(官位) 시행 시기, 조선·항해 수준, 강역 및 일본 열도의 각 지역명에 대한 연구가 필요하다."고 말한다.

최재석의 방법론에 따라 먼저 5세기 후반에서 6세기 중반까지 일본의 정치 상황을 찾아보자. 닌토쿠(仁德) 원년(413)조 기사는 이렇게 되어 있다.

닌토쿠가 즉위하였다. 황후를 높여 황태후로 삼았다. 궁전을 나니와(難波, 오늘날 오사카)에 지었는데 이를 고진궁이라고 했다. 궁의 담장과 건물에는 칠을 하지 않았으며, 나무나 기둥에 장식도 하지 않았다. 억새로 지붕을 이을 때도 끝을 가지런히 하지 않았다.

_ 『일본서기』, 닌토쿠 원년조

궁전에 칠도, 장식도 하지 못하고 지붕은 억새로 이었다고 했다. 『일본서기』는 이에 대해 "사사로운 이유로 백성들이 밭을 갈고 베를 짤 시간을 빼앗지 않기 위해서였다."고 덧붙이고 있지만, 이는 훗날 『일본서기』를 편찬할 때 유교적 인정(仁政)의 관념으로 사관의 촌평을 덧붙인 것에 불과하다. 당시 일왕의 궁궐은 초라하기 그지 없었다는 이야기이다. 과연 궁궐이라고 말할 수준이나 되었는지 의심스럽다.

이보다 2세기 후인 사이메이 여왕 원년(655)조 기사는 이런 상태가 계속되고 있었음을 말해준다.

오하리다(小墾田, 오늘날 나라현 다카이치군 아스카)에 궁궐을 짓고 지붕을 기와로 덮으려고 하였다. 또 심산유곡에서 궁전에 쓸 목재를 구했으나 썩은 것이 많아 결국 중지하고 짓지 않았다.

_ 『일본서기』, 사이메이 원년 10월조

7세기 중반 아스카에 궁궐을 지으면서 기와로 덮으려 했다는 것은 그때까지도 억새로 지붕을 덮었다는 뜻이다. 궁전 만들 재목이 썩었다는 것은 목재의 보관 능력이 없고 건축기술이 그만큼 발달

하지 못했다는 뜻이다. 최재석이 간파한 대로 『일본서기』에 간간이 비치는 이런 기사들은 과연 이 시기에 "일본에 국왕이 실제로 존재하고 있기는 했는가?"라는 의문을 낳게 한다.

다음으로 유랴쿠 14년(470)조 기사를 보자.

> 오네노미(小根使主)가 누워서 사람에게 말하기를, "천황의 성은 견고하지 않고 우리 아버지의 성은 견고하다."고 했다. 천황이 사람을 통해 이 말을 전해 듣고 사람을 보내 네노미(根使主, 오네노미의 아버지)의 집을 보게 했더니 실로 그 말과 같았다.
>
> _ 『일본서기』, 유랴쿠 14년 4월조

호칭은 천황이라고 썼지만 천황이 거처하는 성은 일개 호족인 네노미의 성보다도 견고하지 못하다고 했다. 『일본서기』는 성이라고 표현했지만 실제로 성이라고 표현할 정도의 건축물이었는지도 의문이다.

이 기사의 바로 앞에는 네노미가 오(吳)나라 사신을 접대하면서 머리에 옥으로 만든 장식을 한 이야기가 나온다. 네노미는 이 머리장식을 전에도 사신을 만날 때 썼는데, 이 옥 장식은 일왕 유랴쿠(雄略)의 왕후가 시집올 때 그 오라비가 일왕에게 바친 보물이라는 것이다. 그런데 왕후의 외가에서 보낸 혼수 예물을 네노미가 중간에서 빼돌려 사용한 것이다. 그런데도 네노미는 이 머리장식을 왕을 만날 때 그대로 쓰고 왔다. 그래서 『일본서기』는 "황후가 하늘을 우러러 탄식하고 울며 슬퍼했다."고 전하고 있다. 왕후는 자신의

친정에서 보낸 혼수를 네노미가 중간에 가로채고도 당당히 나타났
는데도 그를 처벌하지 못해서 울면서 슬퍼할 뿐이다.

다음 사례는 안칸(安閑) 원년(534)의 일로, 왕후의 궁을 세우려는
데 땅이 없어 칙사를 보냈다는 이야기다.

> 곧 칙사를 보내 좋은 땅을 선택하게 했다. 칙사가 명을 받들어 오
> 시카후치노 아타히아지하리(大河內 直味張)에게 "지금 그대의 기름
> 진 땅인 자치(雌雉)의 밭을 바치시오."라고 말했다. 아지하리가 갑
> 자기 아까운 생각이 들어 칙사를 속여, "이 땅은 가뭄에 물대기
> 힘들고 수해 때는 침수되기 쉽습니다. 공을 들이는 것은 많지만
> 수확은 매우 적습니다."라고 말했다. 칙사는 그 말을 숨기지 않고
> 그대로 복명했다.
>
> _ 『일본서기』, 안칸 원년조

6세기 중반 안칸 왕이 왕후의 궁을 짓기 위해 미장에게 땅을 바
치라고 하니 대놓고 거부했다는 이야기다. 이 시기 일왕이 설사 존
재했다 하더라도 명목상의 국왕에 불과할 뿐만 아니라 거처는 일
반 호족들의 집만도 못하고, 왕후궁을 지을 땅도 없어 호족에게 희
사해달라고 요청하는 형편이다. 더욱이 이를 거절당해도 일왕이 별
다른 힘을 못 쓰는 상태인 것이다.

다음에는 고대국가의 체제를 갖추게 되는 관위(官位), 즉 벼슬의
높고 낮음의 구분을 일본에서 언제부터 시행했는지 보기로 하겠다.
『일본서기』는 스이코 11년(603) 12월에 "처음으로 관위를 시행하였

다."고 전한다. 이때 비로소 벼슬의 높고 낮음을 정했다는 것으로 고대국가식의 관료제도가 생겼다는 뜻이다. 『일본서기』는 이때 대덕·소덕·대인·소인·대례·소례·대신·소신·대의·소의·대지·소지의 12계급의 관직을 만들고 그에 해당하는 색의 비단을 달았다고 한다. 이 관직 이름은 모두 유교식인데 당시 야마토왜는 유교가 지배하던 시절이 아니었으므로, 이 기록의 사실 여부도 더 검토해봐야 할 것이다.

여기서 일본의 경우와 우리 삼국의 경우를 비교해보자. 먼저 신라의 경우 『삼국사기』「신라본기」〈유리 이사금 9년(서기 32)〉조를 보면, "관제를 설정하여 17관등을 마련하였는데"라고 하여, 이벌찬 이하 조위에 이르기까지의 17관등의 이름을 써놓았다. 이것은 위의 야마토왜와 비교할 때 무려 571년이 빠른 것이다. 백제의 경우도 『삼국사기』「백제본기」〈온조왕 2년(서기전 17)〉조에 재종숙부 을음을 우보(右輔)로 임명했으며, 다루왕 21년(서기 48)에는 좌보 흘우가 사망하자 왕이 슬프게 울었다는 기록이 있어서 서기전부터 이미 우보와 좌보라는 관직이 있었음을 알 수 있다. 또한 백제 고이대왕 27년(260)에 16관등을 두었는데 제1품은 좌평으로 오늘날 장관에 해당한다. 맡은 분야에 따라 6명의 좌평을 두었으니 내신좌평(왕명 출납), 내두좌평(재정), 내법좌평(예의), 위사좌평(군사), 조정좌평(사법), 병관좌평(지방 병마)이 그것이다. 이와 같이 잘 정비된 백제의 관등제는 야마토왜보다 343년이나 빠르다.

고구려는 관제를 정비한 기사는 따로 없으나 대무신대왕 때인 1세기 초에 좌보·우보의 재상직과 대신 3명, 비류부의 부장 등 지방관직의 이름이 보이고, 6대 태조대왕 때 우태·거수 등 지방 책임자의 관직이 보여 2세기 초에 어느 정도 관제가 정비되어 있었다고 보겠다.

이와 같이 삼국은 왜국보다 적어도 수백 년 이상 이른 시기에 국가적 체제를 완비했다. 따라서 고대국가 체제와는 거리가 멀었던 야마토왜가 4세기에 바다 건너 신라나 가야를 정벌했다는 것은 공상소설이요 훗날 일본인의 희망 사항을 그린 것에 불과하다.

그러나 메이지시대 일본인 식민사학자들은 이를 한국 침략의 도구로 삼았다. 즉 '임나＝가야'라고 주장하면서 일제의 한국 침략은 단순한 침략이 아니라 과거 강역의 회복이라고 주장했던 것이다. 야마토왜가 '임나＝가야'를 직접 지배하고 삼국도 간접 지배했다고 강변했다. 이에 가장 큰 걸림돌이 바로 다름 아닌 위에 본 『삼국사기』의 명확한 기록들이다. 그러므로 식민사학자들은 『삼국사기』의 수백 년 동안의 기록은 조작된 것이어서 믿을 수 없다는 이른바 '『삼국사기』 불신론'을 만들어 퍼뜨렸는데, 한국 내의 매국사학자들이 이를 고스란히 따르며 삼국의 건국 시기를 수백 년 이상 늦춰보고 있는 것이다. 『삼국사기』 조작설에 대해서는 뒤에서 다시 비판할 것이다.

식민사학에서 말하는 대로 야마토 정권이 대한해협을 건너 가야와 백제 강역을 마음대로 경유해서 고구려와 맞붙고, 백제에 수시로 구원군을 보내려면 항해술은 물론 조선술도 뛰어나야 한다. 그러나 이런 사실은 다름 아닌 그들 식민사학자들이 신봉해 마지않는 『일본서기』 자체의 기록을 통해 부인할 수 있다. 『일본서기』 사이메이 3년(657)조에는 야마토 정권에서 사신을 신라에 보내 신라의 배편을 이용해서 야마토의 승려들을 당에 보내려고 했지만, 신라에서 거절하여 그냥 돌아왔다는 기사가 있다. 이는 7세기 중반에도 야마토 정권이 독자적으로 당으로 갈 선박을 만들 수 없었다는 사실을 말해준다. 백번 양보해서 철을 생산할 수 없었지만 군사강국이라고 쳐준다 해도, 이런 조선술과 항해술로 어떻게 해외 정벌이며 군사 지원이 마음대로 되겠는가?

최재석은 그러므로 "이러한 천황으로서는 타국에 대한 침략은 고사하고 자기 나라인 일본도 제대로 통치할 수 없음을 알게 된다."고 갈파한 것이다. 그런데 김현구는 이 시기에 한반도의 삼국이 모두 야마토 정권에 군사 원조를 요청하는 입장이었기 때문에 그 선택권은 야마토왜에 있었다고 엉뚱한 논리를 편다. 철도 생산하지 못하는 나라가 군사강국이고, 그런 야마토에 고구려, 백제, 신라가 모두 군사 원조를 요청했다는 것은 역사 전문가는 고사하고 일반 상식만 가져도 상상조차 할 수 없는 내용이다. 타국에 원조 보낼 군사가 있었으면 왕후궁을 지을 땅조차 내놓기를 거부하는 호족들 정벌에 동원했을 것이다. 아니 그 전에 왕후궁 지을 땅조차 없는 처량한 허수아비 국왕 신세가 되지도 않았을 것이다.

다음으로 당시 일본의 강역은 어느 정도였는지 알아보자. 이에 관해서는 『일본서기』 고교쿠(皇極) 4년(645) 왕자 나카노오에(中大兄)가 왕실을 좌지우지하던 백제계 소가(蘇我) 씨를 제거하고 난 후의 기록들을 바탕으로 해석할 수 있다. 소가 씨를 제거한 것을 메이지 시대의 학자들은 다이카개신(大化改新)이라고 높게 평가했다. 이른바 근대의 메이지유신처럼 막부 같은 소가 씨를 타도하고 군주의 친정을 이룩했다고 비교했던 것이다. 『일본서기』 다이카(大化) 2년 (646)조에 이런 구절이 있다.

> 처음으로 경사(京師)를 만들고 기나이(畿內)에 국사(國司), 군사(郡司), 관새(關塞), 척후(斥候), 방인(防人), 역마(驛馬), 전마(傳馬)를 두어 영계(鈴契, 공무 출장 때의 기구나 문서)를 만들고 산하(山河)를 정하다. …… 무릇 기나이(畿內)는 동쪽으로는 나바리(名墾)의 요코가와(橫河)까지, 남쪽으로는 기이(紀伊)의 세야마(兄山)까지, 서쪽으로는 아카시(明石)의 구시부치(櫛淵)까지, 북쪽으로는 오미(近江)의 사자나미(狹狹波)까지를 기나이국으로 삼는다.
>
> _ 『일본서기』 다이카 2년 1월조

이 기록의 기나이가 당시 야마토왜국의 실질적인 강역을 나타내는 것이다. 동쪽의 나바리(名墾)는 이가국(伊賀國) 나바리군(名張郡)으로서 오늘날 미에현(三重縣) 나바리시이고, 요코가와는 이가국 나바리군의 나바리가와(名張川)를 뜻하며, 서쪽의 아카시는 하리마노국(播磨國) 아카시군으로 보면, 북쪽의 오미의 사자나미는 오늘날 오쓰시(大津市) 오사카야마(逢坂山)이다. 즉 야마토(大和 : 倭), 가와치(河內), 셋쓰(攝津), 야마시로(山城)와 오미(近江) 일부를 포함하는 지역으로서 오늘날 교토, 오사카, 나라 정도에 걸쳐 있는 지역이다(172쪽 〈지도2〉 참조). 아직도 이 지역을 긴키(近畿)라고 부르는 데서 그 상황을 알 수 있다.

지도2 7세기 말의 일본의 강역.

　최재석은 이 강역도 백제가 패망한 후인 7세기 말의 상황으로
보고 있다. 『일본서기』를 그대로 인정한다고 해도 이 당시 왜의 강
역은 오늘날 나라와 그 부근의 긴키 지역에 불과했다. 당시 야마토
왜의 실력으로는 힘이 있다면 주변 지역으로 뻗어나갈 일이지 굳
이 바다 건너 출병해 한반도 남부에 임나일본부를 세울 일이 아니
었다. 바로 근처에 정복하지 못한 땅이 수두룩한데 왜 험한 바다
건너 멀리 한반도 남부까지 오겠는가? 이런 수준으로 또 고구려와
맞섰다는 것은 공상에 불과하다. 이 정도 강역을 가진 소국에게 대
륙의 강국 고구려, 해양강국 백제와 신라가 군사 원조를 요청했다

는 것은 더욱 어불성설이다.

　그런데 이런 어불성설이 통하는 나라가 우리나라다. 삼국이 모두 야마토에 군사 원조를 요청했다고 주장하는 김현구가 동북아역사 재단 이사였고, 한일역사공동연구위원회 한국 측 위원이 되는 나라 인 것이다. 한국 고대사에 관한 한 조선총독부의 지배는 계속되고 있다.

신라와 왜의 관계

　고대에 있어 한국과 일본의 관계를 기록한 역사서로는 우리의 『삼국사기』가 있고 일본에는 『일본서기』가 있다. 그런데 두 역사서 에는 같은 내용이 거의 없고 전혀 다른 입장의 기록들만 보이기 때 문에 이를 분석하는 일이 매우 중요한 과제이다. 그러므로 두 역사 서의 기록을 각각 분석하여 비교하는 방법으로 검토할 것이며, 우 선 『삼국사기』부터 보겠다. 『삼국사기』「고구려본기」에는 왜에 관 한 기사가 없고, 「백제본기」에는 아신대왕 6년(397)부터 전지대왕을 거쳐 비유대왕 2년(428)까지 왜와의 수호, 사신 교환 등 7건의 기사 가 있는데 대부분 우호적인 내용이다.

　한편 『삼국사기』「신라본기」에는 왜와의 관계가 가장 많아 혁거 세 거서간 8년(서기전 50)부터 소지 마립간 22년(500)까지 49건의 기 록이 있다. 그러나 이 서기 500년의 기사 이후 문무대왕 10년(670) 에 왜가 국호를 일본으로 고쳤다는 기록이 있기까지 170년 동안은 왜에 대한 기록이 없다. 49건의 내용을 보면 수호를 맺고 사신이 왔다는 내용이 5건, 왜가 청혼한 것이 2건이고 그 외에는 거의 전부가 왜인이 변경을 침략한 것이고 더러는 도성을 비롯한 일부 성을 포위·공격한 것으로 되어 있다. 『삼국사기』「백제본기」의 왜 관련 기사가 비교적 우호적인 것이라면 「신라본기」의 왜 관련 기사는 비교적 적대적인 것임을 알 수 있다.

왜인이 빈번하게 신라를 공격한 것은 물자나 인력을 획득하기 위한 해적 행위로 보아야 할 것이다. 국가 차원의 전쟁으로는 볼 수 없다는 뜻이다. 왜가 몇 차례 도성이나 다른 성을 공격한 일도 있지만, 주로 동쪽이나 남쪽의 변경을 침략한 것이다. 이는 왜의 침략 공격 목적이 영토의 획득이나 인민의 지배 등을 위한 것이 아니라는 사실을 알 수 있게 한다. 또 왜군의 규모에 대해 거의 기록되지 않았지만 단 한 번 병선 100여 척을 동원한 것이 가장 큰 규모라는 점에서 크기를 추정할 수 있다.

한편 신라의 대응을 보더라도 두 성을 쌓거나(463년) 두 곳에 진(鎭)을 설치하여 대비한(493년) 것이 고작인데, 이는 늘 있는 노략질의 피해를 줄이기 위한 최소한의 조치로 보인다. 왜인의 침략을 국가적인 큰 전쟁으로 생각했다면 좀 더 근본적인 대책을 세우거나, 나아가 왜의 본거지에 대한 공격 등으로 대응했을 텐데 신라는 한 번도 이렇게 하지 않았다. 그러나 가장 결정적인 단서는 『일본서기』가 제공해주고 있다. 즉 『삼국사기』에서 왜가 신라를 공격한 기사가 『일본서기』에는 나타나 있지 않은 것이다. 만약 『삼국사기』에 기록된 왜가 야마토왜라면, 그래서 야마토 조정 차원에서 신라를 공격했다면 『일본서기』에도 같은 기록이 나타나야 할 것인데도, 단한 번도 신라 공격 기사를 싣지 않았다는 것 자체가 『삼국사기』에 기록된 왜가 야마토왜가 아니라는 사실을 증거한다. 그래서 이때의 왜는 한반도에 훨씬 가까운 대마도나 규슈 왜라고 보는 관점들이 등장한 것이다.

『일본서기』에 보인 최초의 신라 관계 기록은 『삼국사기』에 왜가 기록된 지 370년이나 지나서야 나타나는데, 주아이 9년(320)이다. 이 해에 주아이가 신의 명령을 거부했다가 갑자기 죽고 대신 왕권을 장악한 진구 왕후가 느닷없이 신라를 정벌했다는 기록으로, 앞에서도 잠깐 언급했다. 이 기록은 상당히 길지만 중요한 부분만 옮기면 이렇다.

겨울 10월에 (황후가) 화이진에서 출발했는데 풍신이 바람을 일으키고 해신이 파도를 일으켰다. 큰 물고기들이 떠올라 배를 떠받쳤다. 순풍이 불어 범선이 파도를 타니 노를 젓지 않고 곧 신라에 이르렀다. 그때 배를 따라온 파도가 멀리 나라 안에까지 미쳤다. …… 신라왕은…… 두려워 전의를 상실하고…… 백기를 들어 항복했다. …… 신라왕 파사매금(波沙寐錦)은 즉시 미질기지파진간기(微叱己知波珍干岐)를 인질로 삼아 금은 채색 및 능라겸견을 80척의 배에 실어 관군을 따라가게 했다. …… 이에 고구려와 백제 두 나라 왕은…… 스스로 나와 머리를 조아리며 "지금부터 길이 서번(西蕃)이라 일컫고 조공을 그치지 않겠습니다."라고 하였다.

_ 『일본서기』 주아이 9년 10월조

풍신, 해신과 물고기의 도움 등으로 신라까지 단숨에 왔다는 전설적 이야기다. 게다가 파도가 신라의 땅, 즉 경주까지 미쳤다는 것이다. 또한 신라왕은 싸워보지도 않고 항복했을 뿐만 아니라 고구려와 백제왕까지 쫓아와 머리를 조아렸다니 공상소설 같은 내용이다. 그러므로 이 기록은 쓰다 소키치와 미시나 쇼에이(三品彰英)·이케우치 히로시(池內宏) 등 대표적인 식민사학자들조차 후대의 조작으로 보았을 정도이다.

내용 중 2가지만 언급하자면 신라왕 파사매금은 파사 이사금을 말한 것으로 보이나, 그는 재위 기간이 서기 80~112년이기 때문에 이때(320년)와는 200년 이상 차이가 난다. 믿을 수 없는 것은 물론이다. 인질로 삼았다는 미질기지파진간기에 대해 일본인들의 관점으로 해석한 동북아역사재단의 『역주 일본서기』는 "신라 15대 내물왕의 아들 미사흔(?~433)으로 보인다."고 주석을 붙여놓았다. 주아이 9년은 원래 서기로 환산하면 200년인데, 2주갑 120년을 인상해서 320년으로 인상해서 해석하는 것이다. 따라서 원래 서기대로 계산하면 미질기지파진간기와 미사흔은 230년 이상 차이가 난다. 2주갑 인상해서 320년으로 계산해도 110년 이상 차이가 난다. 그런데도 『역주 일본서기』는 "미사흔으로 보인다."고 버젓이 써놓고 있다. 이제 이 주석자들의 국적을 묻는 것조차 귀찮을 지경이다. 결론적으로 이 기록은 조작된 것이지만, 일단의 실재한 역사를 말하는 것이라면 대마도에 있던 신라·백제·고구려의 분국을 말한 것으로밖에 볼 수 없다.

위 신라 정벌에 관하여 『일본서기』는 비슷한 다른 2가지 기사를 전하고 있는데 그 하나는 어떤 책에 이렇게 전한다고 했다.

> (진구) 황후는 남장하고 신라를 쳤다. 그때 신이 인도하였다. 배에
> 따라온 큰 파도가 멀리 신라국 안까지 미쳤다. 그러자 신라왕 우
> 류조부리지간(宇流助富利知干)이 마중 나와 무릎을 꿇고 황후의 배
> 를 잡고 땅에 닿도록 머리를 숙이고, "신은 앞으로 내관가(內官家)
> 가 되어 일본국에 계시는 신의 아들에게 끊임없이 조공하겠습니
> 다."라고 말했다.
>
> _『일본서기』 주아이 9년조

  위에서는 신라왕이 파사매금이라고 하였으나 여기서는 신라의
이름과는 거리가 먼 우류조부리지간이라고 달리 기록하고 있다. 믿
을 수 없는 일이다. 그런데 여기 나오는 신라왕 우류조부리지간에
대해 동북아역사재단의 『역주 일본서기』는 "『삼국사기』「신라본기」
와 열전에 보이는 우로(于老)를 가리킨다."는 주석을 달아놓고 있다.
"가리킨다고 해석할 수 있다."고 여지를 둔 것도 아니고 "가리킨
다."고 단정짓고 있는 것이다.
  『삼국사기』「신라본기」〈조분 이사금 2년(231)〉조에 따르면 우로
는 대장군으로서 감문국을 정벌해서 신라의 군(郡)으로 삼은 인물
이다. 『역주 일본서기』에서 우류조부리지간을 우로라고 우기는 것
은 『삼국사기』〈첨해 이사금 3년(249)〉조에 "왜인이 서불한(舒弗邯)
우로를 죽이다."라는 구절이 있기 때문이다. 우리에게 불리한 기사
만 나오면 무릎치면서 기뻐하는 한국 식민사학계가 이 구절을 그

냥 넘길 수 없어서 『일본서기』에 나오는 우류조부리지간을 『삼국사기』의 우로라고 우기면서 이 구절을 사실이라고 강변하는 것이다. 『일본서기』의 위 기사의 연대를 서기로 환산하면 200년이고, 120년 이상하면 320년으로 우로와는 맞지 않음에도 불구하고 『일본서기』를 사실로 만들기 위해서 이런 억지를 부리는 것이다. 『일본서기』는 또 다른 책에는 이렇게 전한다고 소개했다.

> 신라왕을 포로로 잡아 해변으로 가서 왕의 무릎뼈를 뽑고 돌 위에서 기도록 하고 곧 베어서 모래 속에 묻었다. 그리고 한 사람을 남겨 신라의 재(宰)로 삼고 돌아왔다. 그 후 신라왕의 부인은 남편의 시신이 묻혀 있는 곳을 몰라 신라에 남아 있는 재(宰)를 꾀었다. …… 그 후 왕의 부인과 국인들이 공모하여 재(宰)를 죽였다. …… 천황이 이를 듣고 심히 노하여 군사를 크게 일으켜 신라를 멸망시키려고 하였다. 그리하여 군선이 바다 가득히 떠서 신라에 이르렀다. 신라 사람이 모두 두려워 어쩔 줄을 모르다가 서로 공모하여 왕의 부인을 죽이고 사죄하였다.
>
> _『일본서기』 주아이 9년조

여기서는 신라왕을 죽였는데 왕의 부인이 복수로 재(宰), 즉 왜의 신하를 꾀어 죽이자, 천황이 노하여 다시 신라를 치기 위해 신라에 이르니 신라에서 왕의 부인을 죽이고 사죄하였다 한다. 『삼국사기』에 따르면 왜인에게 죽은 왕도 없었으며 더구나 그 왕후가 복수하려다가 신라인들에게 죽었다는 허황한 기사도 없다. 대마도에 있던 신라의 분국에서도 과연 이런 일이 있었을까 의심스러울 정도의 기록이다.

이와 같이 『일본서기』의 신라에 대한 첫 기록 자체가 허위다. 이후 『일본서기』는 신라가 조공을 빠뜨려서 야마토에서 정벌하러 가면 바로 항복해서 충성을 맹세하면서 영원히 조공을 바치겠다고 맹세했다는 기사가 반복적으로 나타난다. 신라는 조공을 거르다가 야마토에서 정벌하겠다고 하면 싸우기도 전에 다시 조공을 바치겠다고 맹세하는 양상이 거듭된다. 『일본서기』의 신라 정벌 기사가 모두 조작이란 뜻이다.

반면 『삼국사기』 「신라본기」는 왜와 관련해서 49회나 되는 많은 기록이 있는데 이를 부정할 만한 특별한 이유가 없다. 그런데도 「신라본기」의 왜 관계 기사를 연구한 일인들은 한결같이 『삼국사기』를 부정한다. 최재석은 이러한 주장을 한 5인[이노우에 히데오(井上秀雄)·다나카 도시아키(田中俊明)·기노시타 레이지(木下礼二)·고관민(高寬敏)·스즈키 히데오(鈴木英夫)]에 대해 이렇게 지적했다.

일본 학계에서는 『삼국사기』 기사가 조작되었다고 하는 주장이 19세기 말부터의 전통이었는데, 그 대표적인 학자는 나카 미치요, 쓰다 소키치, 오타 아키라, 이마니시 류, 미시나 쇼에이, 이케우치 히로시, 스에마쓰 야스카즈, 이노우에 히데오 등이다. 이러한 전통은 『삼국사기』 「신라본기」에 나타난 왜를 연구하는 사람에도 이어져 있음을 보게 된다.

_ 최재석, 『고대한국과 일본 열도』, 경인문화사, 2010, 476쪽.

식민사학자들이 『삼국사기』를 조작으로 몬 근거 중의 하나는 『삼국사기』가 12세기에 이루어져 8세기에 이루어진 『일본서기』보다 400년 이상 늦다는 것이다. 시기의 선후가 중요하지 않은 것은 아니지만 『삼국사기』는 그때까지 전해지던 『구삼국사』를 비롯해서 고대의 자료를 가지고 편찬한 것이다. 고려인 이규보(李奎報, 1168~1241)도 자신의 장편서사시 『동명왕편』에서 『구삼국사』를 보았다고 서술하고 있다. 13세기까지도 『구삼국사』가 남아 있었다는 이야기다.

김부식은 이런 고대 사료들을 보고 『삼국사기』를 편찬한 것이다. 그가 신라를 정통으로 삼았으므로 「신라본기」가 「고구려본기」나 「백제본기」보다 자세하다고 평가할 수는 있겠지만, 조작이라는 증거는 지금까지 전혀 발견되지 않고 있다. 김부식은 뒤에 선 왕조가 앞에 섰던 왕조의 역사를 서술하는 동양 유학 사회의 역사서술 전통에 따라 『삼국사기』를 편찬한 것이다. 일본인들의 논리대로라면 조선시대에 편찬한 『고려사』도 모두 조작이라는 것이 된다.

이런 억지 논리대로라면 전 왕조의 역사서를 편찬한 중국의 25사 전부가 조작이어야 할 것이다. 그런데도 『일본서기』는 옳고 『삼국사기』는 조작으로 모는 일인들의 의도는 분명하다. 한 세기 전 『일본서기』의 임나일본부설을 이용해서 대한제국 점령을 당연하게 여겼던 것처럼, 앞으로 국제 정세와 한국 내 사정의 변화에 따라서 여차하면 다시 한국을 침략할 목적으로 『삼국사기』 조작설을 끈질기게 주장하고 있는 것이다. 그리고 국내의 매국사학자들이 이에 동조하고 있는 것이다.

최재석은 「신라본기」의 왜 관련 기록을 부정한 5인의 일본 학자를 비판하면서 그들과는 달리 신라를 자주 침범한 왜가 계절적 해적 집단임을 밝힌 하타다 다카시(旗田巍)의 견해를 소개했다. 도쿄도립대학 교수였던 하타다 다카시는 일본인으로서는 드물게 일제의 식민 지배를 부정하는 견지에서 연구한 양심적인 학자이므로 사료를 있는 그대로 해석할 수 있었던 것이다. 정치선전의 목적이 아니라 학문적 관점에서 바라보면 '『삼국사기』 불신론' 따위는 설 자리가 없음을 하타다 다카시가 보여주고 있다.

백제와 왜의 관계

다음으로 백제와 왜의 관계를 살펴보자. 우선 『삼국사기』 「백제본기」에 보이는 7건의 왜 관계 기사 중 전지대왕에 관한 내용을 중심으로 보기로 하겠다. 『삼국사기』 「백제본기」에 왜와의 관계가 기록된 최초의 사료는 아신대왕 6년(397)에 "왜국과 수호를 맺고 태자 전지를 질(質)로 삼았다."는 내용이다. 그런데 『일본서기』 오진 8년조에는 『백제기』를 인용해 이런 내용을 적어 놓았다.

> 『백제기』에 "아화왕이 즉위하여 귀국(貴國)에 무례하였다. 그래서 우리의 침미다례 및 현남·지침·곡나·동한의 땅을 빼앗았다. 이에 왕자 직지를 천조(天朝)에 보내 선왕의 우호를 닦도록 하였다."고 한다.

『일본서기』에는 귀국(貴國)이란 용어가 많이 나온다. 야마토왜를 뜻하는 것인데, 자신들을 귀국이라고 스스로 높여서 쓴 희한한 사례다. 오진 8년은 서기로 환산하면 277년인데, 120년을 더해서 397년으로 해석하기도 한다. 397년 무렵의 백제왕은 제17대 아신대왕(재위 392~405)이기 때문에 『일본서기』의 아화왕을 아신대왕으로 해석하기도 한다. 아화왕을 아신대왕으로 해석하니 그 왕자 직지는 자연히 18대 전지대왕(재위 405~420)으로 해석하게 된다. 그런데 아화왕이 귀국, 즉 야마토에 무례했기 때문에 야마토에서 침미다례를 비롯한 네 곳의 백제 땅을 빼앗았다는 것이다. 그러자 다급해진 백제의 아화왕이 직지를 왜에 보내 선왕의 우호를 닦게 했다는 내용이다. 그런데 여기 나오는 침미다례는 28년 전 진구 왕후 49년(369)조에 신라를 공격해서 가라 7국을 평정했다는 기사 다음에 나오는 지명이다. 이 기사를 가지고 임나일본부설의 요체를 만들었으므로 다시 한 번 살펴보자.

(야마토에서 온 군사들이) 모두 탁순(卓淳)에 집결해서 신라를 공격해서 깨뜨리고, 이로 인해 비자발(比自㶱) · 남가라(南加羅) · 탁국(喙國) · 안라(安羅) · 다라(多羅) · 탁순(卓淳) · 가라(加羅) 7국을 평정했다. 군사를 서쪽으로 옮겨 돌아서 고해진(古奚津)에 이르러 남만(南蠻) 침미다례를 도륙해서 백제에게 주었다.

_ 『일본서기』 진구 49년조

『일본서기』의 이 기사에 나오는 지명들은 '가라'를 제외하고는 한국사에 전혀 나오지 않는 지명들이다. 이제 이쯤 되면 독자들도 일본과 한국 사학자들이 이 지명들을 국내에 비정하려 애쓰겠구나 하는 사실을 짐작할 수 있을 것이다. 고해진은 전남 강진이나 전남 해남 일대라고 비정한다. 근거는? 물론 없다. 침미다례는 어디로 비정할까? 제주도라는 설도 있고 강진, 또는 영산강 유역 등으로 비정하기도 한다. 근거는? 물론 없다. 마음대로 골라 찍는 것이다. 비자발, 탁순 등을 경상도에 비정해놓고, 그것을 근거로 서쪽이라고 했으니 전라도일 것이라고 비정하는 것이다. 그렇게 비정할 만한 근거가 최소한 하나라도 있어야 하는데, 『삼국사기』「지리지」에 전혀 나오지 않는 지명들이니 찍을 수밖에 없는 것이다.

　문제는 침미다례를 도륙하고 백제에게 주었다는 것이다. 야마토에서 군대를 보내 점령하고는 아무런 이유 없이 백제에게 주었다고 한다. 그랬다가 아화왕이 즉위하자 기껏 주었던 것을 무례하다 해서 다시 빼앗았다는 것이다. 군사를 보내 기껏 점령한 땅을 다른 나라에 주었다는 이야기도 믿기 어렵고, 28년 후에 백제가 무례해서 다시 빼앗았다는 이야기도 믿기 어렵다. 마음대로 주었다 빼앗았다 하다니, 나라 강역이 무슨 애들 알사탕인가? 앞뒤가 전혀 맞지 않는 이야기다.

　오진 9년(397) 야마토왜에서 빼앗았다는 현남(峴南)·지침(支侵)·곡나(谷那)·동한(東韓) 등 네 지역은 왜가 차지했었다는 기록 자체가 없다. 다만 『일본서기』 진구조에 백제의 근초고대왕이 곡나(谷那) 철산에서 나는 철을 야마토에 바쳤다는 허황된 기사가 있다. 현남 등 네 곳에 대해서 또 기발한 위치 비정이 이루어졌으리라는 사실은 이제 짐작할 것이다. 현남은 전북 함열, 지침은 충남 대홍이나 홍성이라는 것이다. 근거는? 물론 없다. 자기들 생각뿐이다. 곡나는 널뛰기한다. 황해도 곡산군과 전남 곡성, 또는 충청도 충주로 보는 견해까지 있다. 동한에 대해서는 충북 괴산, 진천, 음성 등지로 본다. 야마토는 신의 나라이기 때문에 백제 땅 어느 곳이나 찍어서 "내 놔." 하면 백제는 꼼짝없이 내놓고 왕자를 사죄사로 보내서 빌어야 한다는 것이다.

그런데 『일본서기』 진구 49년(369)조에는 야마토왜군들이 침미다례 등을 백제에 주고, 백제의 초고왕과 왕자 귀수가 합류하자 비리(比利)·벽중(辟中)·포미지(布彌支)·반고(半古)의 4읍이 스스로 항복했다는 기사가 있다. 그래서 차라리 『일본서기』 오진 9년(397)조에서 현남 등 네 곳이 아니라 이 비리, 벽중, 포미지, 반고 4읍을 빼앗았다고 했다면 최소한의 논리의 일관성은 있었을 것이다. 『일본서기』 진구 49년조에서는 비리, 벽중, 포미지, 반고의 4읍이 항복했다고 해놓고는 여기서는 느닷없이 현남, 지침, 곡나, 동한을 빼앗았다니 『일본서기』 편찬자들도 혼란스러울 것이다.

이 비리, 벽중, 포미지, 반고를 한국 고대사학계에서는 '임나 4현'이라고 하는데, 그 위치에 대해서 전라남도설, 전라북도 및 충청도설 등이 난무하고 있다. 근거가 전혀 없다는 말은 더 이상 덧붙일 필요조차 없을 것이다. 한국 고대사에 관한 한 일본 극우파들과 그 추종자들이 완전히 장악한 상황이다. 이 지명들이 한국 내에 있던 지명이라면 『삼국사기』 「지리지」나 『고려사』 「지리지」 등에 비슷한 이름이라도 나와야 한다. 그러나 일본 열도 내에 있는 지명들이니

『삼국사기』나 『고려사』에 나올 리가 없다.

『일본서기』는 야마토왜에서 침미다례와 현남 등을 빼앗자 백제
는 "왕자 직지를 천조(왜)에 보내 선왕의 우호를 닦도록 하였다."고
서술했다. 야마토왜가 백제의 상국이라는 것이다. 그러나 왜와 백
제의 관계가 실제로 그랬다면 백제에서 침미다례와 현남 등을 차
지했을 가능성이 없다. 그리고 이런 백제의 배신적 행위에 대해
"직지를 왜에 보내 선왕의 우호를 닦게 했다."는 매우 부드러운 표
현을 한 것을 보면, 오히려 왜가 백제를 상국으로 받들었다는 것을
짐작하게 한다. 야마토의 군사가 한 번 출동하기만 하면 고구려, 백
제, 신라 삼국이 싸우기도 전에 항복하는데도, 직지를 보내 '선왕의
우호를 닦게 했다'는 정도로 표현한 것을 보면 백제가 주도했다는
생각이 든다.

『삼국사기』 「백제본기」에는 또 전지태자가 일본에 간 8년 후(405)
에 아신대왕이 돌아가시자 태자가 귀국하여 즉위하는 과정이 이렇
게 기록되어 있다.

> 왕이 돌아가시자 왕의 아우 훈해가 섭정하며 태자의 환국을 기
> 다렸는데 왕의 막내아우 설례가 훈해를 죽이고 스스로 왕이 되었
> 다. 전지태자는 왜국에서 부음을 듣고 울며 귀국을 청하니 왜왕은
> 군사 100명으로 호송했다. 태자가 국경에 이르니 한성 사람 해충
> 이 와서 알리기를, "대왕께서 세상을 떠나자 왕제 설례가 형을 죽
> 이고 자립하였으니, 원컨대 태자는 가벼이 들어가지 마소서." 하
> 므로, 태자는 그대로 머물러 왜인에게 자신을 지키게 하며 해도에

의거하여 때를 기다렸는데, 나라사람들은 설례를 죽이고 전지태
자를 맞아들여 즉위하게 하였다.

_ 『삼국사기』「백제본기」〈전지왕 원년〉조

태자 전지가 귀국하자 왜왕이 100명의 호송병을 같이 보냈다는
것이다. 그런데 아신대왕 사후의 왕위계승 다툼에서 왜병 100명은
변수가 되지 못했다. 전지를 지키는 호위병 정도의 역할에 머물러
있었고, 백제 내부에서 백제 사람들이 막내 설례를 죽이고 태자 전
지를 영입해 들였던 것이다.

한편 이때의 일에 대해 『일본서기』 오진 16년조는 이렇게 썼다.

이 해에 백제 아화왕이 죽었다. 천황이 직지왕을 불러 "그대는 나
라로 돌아가서 왕위를 이으라."고 말하고 동한의 땅을 돌려주며
보냈다[동한이란 감라성 · 고난성 · 이림성이 그것이다].

일왕이 백제의 직지를 불러서 백제 왕위를 계승하게 허락한 것
처럼 기술했다. 『일본서기』 편자들이 백제를 속국이라고 주장하기
위한 의도로 조작한 기사라는 사실을 쉽게 알 수 있다. 그런데 앞
의 오진 8년(397)조에 직지가 가서 선왕의 우호를 닦아서 땅 문제
가 해결된 것처럼 써놓고는, 8년 후인 16년(405)조에는 다시 동한
의 땅을 돌려주었다고 기록하고 있다. 그런데 이 기사에서는 동한
[세 성(城)이라 했다]을 백제에 돌려주었다는 기사만 있고, 『삼국사기』
처럼 100명의 호위병을 딸려 보냈다는 기사는 없다. 100명의 호위

병은 일왕의 군사가 아니라 백제 태자가 명령을 내릴 수 있는 백제의 군사라는 사실을 시사하는 것이다.

직지태자가 왜에 질로 간 것이 사실이라면 이는 어떻게 해석해야 할까? 최재석은 후일 의자대왕의 왕자 풍이 왜에 간 것처럼, 간 것은 사실이지만 인질로서가 아니라 왜를 감독하기 위해서였다면서 이렇게 말했다.

백제 의자왕의 왕자 풍을 조메이(舒明) 3년(631) 의자왕이 야마토 왜로 보내 질을 삼았다고 『일본서기』는 기록하고 있으나, 660년 의자왕이 나당연합군에 항복하자 백제부흥군은 장기간 왜에 체류하고 있던 풍을 귀국시켜 백제왕으로 삼았으며, 663년의 백강구 전쟁 때는 백제왕 풍이 왜군을 거느리고 참전하였고 풍의 군대인 왜군이 패하자 왕자이며 풍의 아들인 충승·충지가 왜군을 거느리고 항복하였다. 이렇게 볼 때 의자왕이 풍을 질로 삼았다는 것은 '인질'이 아니라 지도자 내지 감독자로 임명했다는 뜻임을 알 수 있다. …… (전지태자가 질로 갔다는) 기사도 풍의 경우와 유사한 것으로 보인다. 왕자 풍은 631년 왜에 질로 파견되었다가 661년에 귀국하여 왕이 되었는데, 태자 전지는 397년에 왜에 질로 파견되어 그곳을 통치하다가 405년에 귀국하여 왕이 되었다. 태자가 귀국할 때 많은 군사를 거느리고 귀국한 것도 왕자 풍의 경우와 유사하다.

_ 최재석, 『고대 한일관계사연구』, 경인문화사, 2010, 221쪽.

최재석은 『일본서기』에서 백제를 속국으로 취급한 것과는 반대로 왜가 백제의 속국이었음을 밝히고 있다. 이러한 사실은 위 전지대왕 및 풍왕의 경우 이외에도 백제와 왜의 많은 관계에서 드러나고 있으므로 계속 논하게 될 것이다.

위 인용문에 『일본서기』에 631년 "백제 의자왕이 왕자 풍을 질로 들여보냈다[百濟義慈入王子豊爲質]."고 했으나, 이 해는 무대왕 때이며 의자는 그다음 해에야 태자가 되어 그로부터 9년 뒤(641)에야 대왕이 되었다. 그러나 왕자 풍을 왜에 질로 보냈다는 기록은 없기 때문에 최재석의 지적대로 풍이 왜에 갔다면 감독자로 갔을 것이라는 주장을 뒷받침한다고 보겠다. 그런데 의자왕 13년(653)조에 왜국과 수호를 통했다는 기록이 있는 것으로 미루어 풍이 이때에야 왜에 파견되었을 가능성이 있다고 본다.

전지대왕에 대해 끝으로 한 가지 더 언급하고 싶은 것은 대왕의 왕후에 관한 것이다. 『삼국사기』에 대왕 원년(405)조에 그 왕후에 대해 "팔수(八須)부인으로 아들 구이신(久尓辛)을 낳았다."고 했다. 그런데 이에 대해 김현구는 『임나일본부설은 허구인가』에서 이렇게 말했다.

> 그런데 일본에서 8년 만에 귀국한 직지왕의 부인 이름이 팔수부인으로 씌어 있다. 고대일본에서는 사람 이름에 '팔(八)'이라는 글자가 흔히 들어간다. 그러나 한국에서는 사람 이름에 '팔' 자를 사용하는 예가 거의 없다. 따라서 직지왕의 부인은 일본 여인이었을 가능성이 높다. …… 야마토 정권은 직지가 귀국하기에 앞서 그를

일본 여인과 혼인을 맺게 했을 가능성이 높다. 그렇다면 동성왕이나 무령왕의 부인도 일본 여인이었을 가능성이 높다. 그들도 일본에서 성장하여 혼기가 지나 귀국했기 때문이다. 만약 일본이 백제의 왕자들을 정책적으로 혼인시켜 돌려보냈다면 그 상대는 황가의 여인들이었을 가능성이 높다. 백제의 왕자들이 혼인한 상대가 천황가의 여자들이었다면 백제 왕가에도 일본 천황가의 피가 수혈되기 시작한 셈이다.

_ 김현구, 『임나일본부설은 허구인가』, 창비, 2010, 187쪽.

왕후 이름에 '팔' 자 하나가 들어갔다는 이유만으로 일본인으로 볼 수 있을까? 모두 견강부회다. 『삼국사기』 전지대왕 즉위년(405) 조에서, "비는 팔수부인으로 아들 구이신을 낳았다."라고 한 것이 혼인 기사의 전부다. 이 짧막한 기사를 가지고 장편소설을 써대는 것이다. 먼저 팔수부인을 일본 여인이라고 본 것이 소설이다. 나아가 동성왕이나 무령왕의 부인도 일본 여인이라고 본 것도 소설이다. 이런 소설을 토대로 "백제 왕가에도 일본 천황가의 피가 수혈되기 시작한 셈"이라는 어마어마한 결론을 내리고 있다.

김현구는 야마토왜 자체가 백제인들이 세운 것이라는 사실을 부인한다. 야마토왜는 원래부터 고대 군사강국으로 존재했다는 것이다. 여기에 백제가 왕자들을 인질로 보냈고, 그 인질들에게 일본 황실에서 여인들을 시집보내 백제 왕실에도 일본 천황가의 피가 섞이게 되었다는 것이다. 일본인들도 차마 하기 힘든 주장을 버젓이 하고 있다. 위의 인용문에서 알 수 있는 것처럼 김현구는 백제는 언제나 '왕가'라고 제후국으로 쓰고 야마토왜는 '일본 천황가'라고 황제국으로 쓴다. 한일 고대사를 바라보는 그의 시각을 그대로 반영하는 용어들이다.

『삼국사기』에 나오는 팔수부인을 일본 여인이라고 주장하려면 그런 근거를 대야 한다. 팔(八) 자 하나를 자의적으로 해석해서 국적을 정할 수는 없는 노릇이다. 침류대왕의 어머니는 아이(阿爾)부인인데, 아이라는 말은 중국에서 더 자주 사용하는 말이니 침류대왕의 아버지 근구수대왕의 왕비는 중국인이라고 해야 할 것인가?

그럼 전지대왕의 왕후인 팔수부인의 국적을 추적해보자. 먼저 『삼국사기』 전지대왕 3년(407)조의 기사를 보자.

> 서제(庶弟) 여신(餘信)을 내신좌평으로 삼고, 해수(解須)를 내법좌평으로 삼고, 해구를 병관좌평으로 삼았는데, 모두 왕의 인척[王戚]이다.
>
> _『삼국사기』 「백제본기」 〈전지왕 3년〉조.

왕의 인척[王戚]이라는 말은 왕후의 집안이라는 뜻이다. 서제라는 내신좌평 여신은 백제의 왕성인 부여씨이다. 해수·해구는 왕후의 성이 해씨이자 백제인이라는 사실을 말해준다. 김현구는 "자신은 『삼국사기』·「삼국유사」는 모른다."고 말한 것처럼 『일본서기』만 믿고 『삼국사기』는 잘 알지도 못하고 믿지도 않으므로 왕후를 일본인이라고 소설을 써낸 것이다. 그래서 "야마토 정권은 직지(김현구는 결코 『삼국사기』에서 표현하는 '전지'로 쓰지 않는다)가 귀국하기에 앞서 그

를 일본 여인과 혼인을 맺게 했을”것이라고 했는데 이는 혼인의
결정권이 야마토 측에 있다는 말이다.

어떻게 하든 백제를 일본의 속국으로 만들어야 하는 것이 김현
구의 가장 중요한 과제다. 그 이유는 다음 장에서 상세히 보겠지만
임나를 야마토가 아니라 백제에서 지배했다고 주장함과 동시에, 그
백제가 야마토에 예속되어 있어서 사실상 야마토가 임나를 지배했
다는 억지 논리체계를 만들기 위한 것이다. 스에마쓰 야스카즈의
임나일본부설을 부정하는 척하면서 결국 그의 설을 지지하고 추종
하는 것이다. 그러므로 위 인용문에서 또 동성대왕이나 무령대왕의
부인(김현구는 결코 ‘왕후’ 또는 ‘왕비’라고 쓰지 않고 ‘부인’이라고 쓴다)도 일
본인으로 만들려고 하는데, 두 대왕이 왕자 시절 일본에 있었다는
이야기도 『일본서기』에만 있을 뿐, 『삼국사기』에는 없다.

여기서도 그는 “만약 일본이 백제의 왕자들을 정책적으로 혼인
시켜 돌려보냈다면”이라는 가정법을 사용했는데, 그 속내는 모든
결정권이 야마토 조정에 달려 있다고 보는 것이다. 그야말로 황국
사관이라고 비판받아도 할 말이 없을 것이다. 최재석은 자서전 『역
경의 행운』(2015)에서 같은 고려대 교수로 재직했지만 역사관이 정
반대였기 때문에 후배 김현구에게 수모를 겪었다고 밝혔다. 이에
대해서도 다음 장에서 보겠다.

다시 동성대왕과 무령대왕으로 돌아와보면 김현구는 위 인용문
에서 두 대왕이 일본에서 성장했다고 했는데, 다른 부분에서는 같
은 취지로 조금 더 자세하게 이렇게 썼다.

5세기 후반에서 6세기에 걸쳐 백제 왕가와 일본 천황가 사이에는 혈연관계가 생겼고, 백제에서는 일본에서 성장해서 귀국한 인물들이 왕으로 등극했으며, 일본에서는 동성왕과 무령왕의 동생이거나 무령왕이 '남동생 왕'이라고 부르는 인물이 천황으로 등극한 것이다.

_ 김현구, 『임나일본부설은 허구인가』, 창비, 2010, 191쪽.

두 대왕이 일본에서 성장했다는 것은 『삼국사기』에는 없다. 그럼에도 불구하고 김현구는 또 "일본에서 성장해서 귀국한 인물들이 왕으로 등극했으며"라고 말하는 것도 모자라 동성대왕과 무령대왕이 동생인 게이타이왕과 형제로서 함께 일본에서 지낸 것으로 묘사하고 있다. 『일본서기』를 분석하여 이것이 사실인지 밝혀보자. 내용이 좀 복잡하지만 먼저 백제왕의 아우로 등장하는 곤지라는 인물의 정체를 밝히는 것에서 시작해야 한다. 『일본서기』유랴쿠 5년 (461) 4월에서 7월에 걸쳐 곤지에 관한 기사가 장황하게 실려 있는데 처음 4월조에는 이렇게 썼다.

백제의 가수리군(君)[개로왕이다]은 지진원[적계여랑이다]을 불태워 죽였다는 소문을 듣고, "과거에 여인을 채녀(采女)로 삼았다. 그런데 이미 예의를 잃어서 나라의 이름을 실추시켰다. 앞으로는 여인을 바치지 말라."고 하였다. 이에 그 아우 군군(軍君)[곤지이다]에게, "너는 마땅히 일본으로 가서 천황을 섬기도록 하라."고 명하였다. 군군은 "왕의 명은 거스를 수 없습니다. 원컨대 왕의 부인을 내려주신다면 명을 받들겠습니다."라고 대답하였다. 가수리군은 임신한 부인을 군군에게 주면서 "내 부인은 이미 산달이 되었다. 만일 가는 길에 출산하면 어디에 있든지 배에 실어 속히 본국으로 보내도록 하라."고 말하였다. 이윽고 작별하여 왜의 조정으로 갔다.

_ 『일본서기』 유랴쿠 5년 4월조

이 기사의 백제는 한반도의 백제로 볼 수 없다. 이 기사가 어느 정도의 사실을 반영한 것이라면 대마도나 다른 일본 열도의 분국인 백제로 볼 수밖에 없다. 이 기사에서 말하는 상황은 백제가 어떠한 굴욕을 참고서라도 일본을 섬기지 않으면 나라의 존망이 걸릴 만큼 중차대한 일로 보이기 때문이다. 5세기 중반에 백제는 고구려와 쟁패하던 나라였다. 위 기록을 『삼국사기』의 백제라고 믿을 수 없는 다른 3가지 근거가 있다.

첫째, '가수리군'이라는 왕은 백제에 없었다. 주석에 개로대왕이라고 했으나 이는 근거도 밝히지 않았기 때문에 뒤에 써넣었을 가능성을 배제하기 어렵다. 『일본서기』는 일본 열도 내의 분국에 대해서 서술하면서 마치 『삼국사기』의 백제인 것처럼 덧씌우는 방법을 자주 사용했는데, 이 기사도 그렇게 해석된다. 또 『일본서기』에 많은 백제왕의 기록이 있지만 '왕'이라고 하지 않고 '군'이라고 한 것은 이 기사뿐이다.

둘째, 아우가 군군이라면서 역시 주석에 곤지라고 했으나 『삼국사기』에는 곤지가 보이기는 하지만 개로대왕의 아우가 아니라 개로대왕의 아들인 문주대왕의 아우라고 했다. 이와 같이 틀린 주석을 근거로 반도의 백제로 보는 것은 잘못이다. 본문을 우선하면 이 백제 역시 일본 열도 내의 백제 분국으로 보아야 타당하다.

셋째, 왕의 아우가 왕에게 출산이 임박한 형수를 달라고 했다는데 이는 아무리 1,500년 전의 기사라고 해도 우리의 풍습과 예의에 비추어 도저히 있을 수 없는 일이다. 『삼국사기』 「고구려본기」 〈산상왕〉조에 보면 서기 197년 고국천대왕이 세상을 떠나자 왕후 우씨가 밤에 왕제 발기의 집으로 찾아와 왕위를 계승하라고 권유했다. 발기는 "부인으로서 밤에 찾아왔으니 어찌 예절이라 하겠습니까?"라고 질책하자 왕후가 부끄러워했다는 기사가 나온다. 백제는 고구려와 같은 뿌리에서 나왔으므로, 고구려의 경우 왕후가 밤에 찾아왔다고 형수를 꾸짖었다는 것을 보면 백제의 풍습 또한 충분히 짐작할 수 있다. 그런데 『일본서기』는 동생이 출산이 임박한 형수를 달라고 말했다는 것이니 사실이라고 보기 힘들다.

결론을 내리면 『일본서기』의 곤지는 『삼국사기』에서 말하는 문주대왕의 아우 곤지가 아니라는 것이다. 그래서 『삼국사기』에는 곤지가 왜에 갔다는 기록도 없다. 『일본서기』 기록대로 야마토왕이 백제의 지진원을 불태워 죽였다든가, 왕이 만삭인 왕후를 아우에게 주었다든가, 태어날 태자를 호위도 없이 배에 실어 보내라고 요청했다는 등의 기막힌 일이 있었다면 『삼국사기』에서 신지 않았을 리 없다. 이는 『일본서기』가 한반도의 백제와 일본 열도 내의 백제를 기록하면서 때로는 고의로 때로는 찬자들마저 헷갈려서 구분하지 못하고 혼동되게 쓴 것이라고 필자는 본다.

다음에 곤지에 대한 『일본서기』 유랴쿠 5년 6월조 기사를 보자.

임신한 부인이 가수리군의 말처럼 쓰쿠시에서 아이를 낳았다. 그
래서 아이 이름을 도군(嶋君)이라 하였다. 이에 군군이 곧 배에 태
워 도군을 본국으로 돌려보냈다. 이가 무령왕이다. 백제 사람들은
이 섬을 주도(主島)라 불렀다.

_ 『일본서기』 유랴쿠 5년 6월조

　개로대왕이라 한 가수리군의 아들을 쓰쿠시에서 낳아 배로 본국
에 보냈는데 이가 무령대왕이라는 것이다. 그러나 『삼국사기』에는
개로대왕의 아들은 문주대왕이지 무령대왕이 아니다. 『삼국사기』와
『일본서기』가 충돌할 경우 객관적으로 『삼국사기』가 맞다고 앞에서
이미 말했다. 『삼국사기』는 무령대왕을 모대왕, 즉 동성대왕의 둘째
아들로서 동성대왕의 뒤를 이어 임금이 되었다고 기록했다.
　『일본서기』의 가수리군을 『삼국사기』의 문주대왕(곤지의 형)으로
본다 해도 그 아들은 삼근대왕이지 무령대왕이 될 수 없다. 『삼국
사기』에는 삼근대왕의 아들이 동성대왕이고 또 그 아들이 무령대
왕이라고 계통을 정리하고 있다. 개로대왕으로부터 따지면 고손자
가 무령대왕이다. 이와 같이 『일본서기』의 백제 대왕들의 기사는
도무지 믿을 수가 없다. 마지막으로 7월의 기록을 보면, "군군이 도
읍으로 들어왔다. 이윽고 다섯 아들을 두었다."고 했다. 즉 곤지가
일본에서 아들 다섯을 낳았다는 것이다.
　이로부터 18년 후인 유랴쿠 23년(479)에 곤지는 『일본서기』에 다
시 나타난다.

4월, 백제 문근왕(文斤王)이 사망했다. 천황은 곤지왕의 다섯 아들 중 둘째인 말다왕이 어린데도 총명하므로 거처로 불러 친히 머리와 얼굴을 어루만지며 은근하게 훈계하고, 그 나라의 왕으로 삼았다. 이에 병기를 주고 쓰쿠시국의 군사 500명을 함께 보내 나라까지 호송하게 하였다. 이가 동성왕이 되었다.

_『일본서기』 유랴쿠 23년 4월조

4월에 문근대왕이 사망했다고 했는데 『삼국사기』에는 삼근왕(三斤王)이 11월에 돌아가셨다고 했다. 『일본서기』의 문근왕을 삼근왕이라고 보지만 사망 월이 다르다. 그런데 일왕이 곤지의 둘째 아들을 문근왕의 후임으로 삼아 백제로 보내니 이가 동성대왕이라는 것이다.

『삼국사기』는 동성대왕을 문주대왕의 아우 곤지의 아들이라고 설명하고 있다. 돌아간 삼근대왕의 아들이 아니라 곤지(문주왕의 아우)의 아들이라는 것이다. 그렇지만 『삼국사기』에 따르면 곤지는 일본에 간 적이 없다. 따라서 『일본서기』의 곤지는 대마도나 다른 일본 열도에서 왔던 곤지인데, 배를 타고 갔으므로 대마도일 가능성이 가장 높다. 그러기 때문에 천황이 곤지의 아들을 마음대로 결정하여 대마도로 보낸 것이다.

무령대왕의 죽음에 대해서 백제인들이 기록한 지석은 황제의 죽음을 뜻하는 '붕(崩)'으로 표기했는데, 이런 황제국 백제의 임금을 왜에서 임명해서 보낸다는 것은 있을 수 없는 일이기 때문이다. 그리고 『삼국사기』에도 그런 기사가 없으므로 지극히 당연하다. 만약 일본의 호송병이 동성대왕을 모셔왔다면 예전에 전지대왕이 왜로부터 100명의 호송병과 함께 귀국했을 때처럼 『삼국사기』에 반드시 기록했을 것이다.

곤지의 아들에 관한 『일본서기』의 마지막 기사는 이로부터 23년 뒤인 부레쓰(武烈) 4년(502)에 이렇게 보인다.

이 해에 백제의 말다왕이 무도하여 백성에게 포악한 짓을 하였다. 국인(國人)이 드디어 제거하고 도왕(嶋王)을 세웠다. 이를 무령왕이라고 한다.

_ 『일본서기』 부레쓰 4년조

『일본서기』의 말다왕이라는 명칭도 『삼국사기』에는 없다. 말다왕은 위 유랴쿠 23년에 보인 곤지의 둘째 아들로 천황이 왕으로 세워 23년 전에 대마도의 백제로 보냈다는 인물이다. 그가 포악하자 국인이 제거하고 도왕(위 쓰쿠시 섬에서 낳았다는 곤지의 형왕의 아들)을 세웠다는 것이다. 위에서 논한 대로 이 일은 대마도에서 있었던 일이다. 그런데도 도왕을 무령왕이라고 한 것은 위 유랴쿠 5년(461)의 기록과 같게 기록했을 뿐 사실이 아니다. 『삼국사기』에 의하면 26대 무령대왕은 25대 동성대왕의 둘째 아들인 반면, 도왕은 『일본서기』를 따른다고 하더라도 21대 개로대왕 또는 22대 문주대왕의 아들로 밖에 볼 수 없어 무려 3~4대 전의 사람이므로 26대 무령대왕으로 볼 수 없다.

지금까지 다소 길게 살펴본 바에 의하면 동성대왕과 무령대왕이 일본에서 성장했다는 김현구의 주장이 얼마나 황당한 거짓인지가 명백하게 드러난다. 왜가 백제를 좌지우지했다는 허위 사실을 실제로 조작하기 위하여 만들어낸 허황된 논리들이다. 『삼국사기』에는 이런 기사가 전혀 나오지 않으니 "자신은 『삼국사기』·『삼국유사』는 모른다."고 내팽개치고 『일본서기』만 신봉하면서 한국사를 깎아내리는 데 혈안이 되어 있는 것이 아닌가?

말이 난 김에 『삼국사기』가 정확한 기록이라는 증거를 무령왕의 경우에서 보기로 하겠다. 『삼국사기』 「백제본기」 〈무령왕 23년〉조에는 "재위 23년(523) 여름 5월에 돌아가시니 시호를 무령이라고 했다."고 기록하고 있다. 그런데 지난 1971년에 충남 공주 송산리에서 우연히 무령대왕의 지석이 발견되어 세상을 떠들썩하게 만든 적이 있었다. 그 지석에는 무령대왕이 돌아가신 날짜가 기록되어 있었는데, '계묘년 5월 병술 삭7일' 즉 523년 5월 7일에 돌아가셨다고 날짜까지 아주 정확하게 새겨져 있다. 『삼국사기』는 달까지만 기록하기 때문에 7일이라는 날짜는 없지만 연, 월까지 정확하게 지석과 일치했기 때문에 전 세계가 놀랐다.

무령대왕의 사망 연대에 대해서도 김현구는 『삼국사기』와 무령대왕 지석에 새겨진 523년보다 1년 빠른 522년으로 쓴다. 김현구가 그렇게 쓰는 이유는 『일본서기』 부레쓰 4년(502) 기사에 있는 무령대왕의 즉위를 기준으로 그의 사망 연대를 산정하기 때문이다. 무령대왕의 재위연대처럼 『삼국사기』와 『삼국유사』는 물론 심지어 지석까지 나와 그 누구도 부인할 수 없는 사실까지도 김현구는 『일본서기』가 맞다고 우긴다. 그러니 그가 실제로 생각하는 조국이 어디인가 궁금해지는 것이다.

무령대왕 때 왜와 임나에 관한 몇 가지 일이 『일본서기』 게이타이 6~10년조에 걸쳐 나오는데 이를 검토해보겠다. 먼저 『일본서기』 게이타이 6년(512)조는 백제에서 사신을 왜에 보내 임나의 상다리(上哆唎), 하다리(下哆唎), 사타(娑陀), 모루(牟婁) 4현을 달라고 요청하자 야마토에서 이를 백제에 주었다고 기록했다. 스에마쓰 야스카즈는 이 현들을 야마토에서 백제에 '할양'한 것이라고 말했으며 그 위치도 전라북도 고창과 전라남도의 서부 영암으로부터 동부 구례에 이르는 광대한 지역으로 설정했다. 이 지명들도 앞에서 스에마쓰가 임나 7국이나 임나 4읍이 한반도에 있었다는 전제로 비정한 것으로 아무런 근거가 없다. 국내 고대사 학계도 마찬가지로 상다리는 전라도 영산강 동안, 또는 섬진강 서안 등으로 비정하고, 하다리는 여수 돌산현, 사타는 전라도 구례, 또는 전라도 순천 등으로 비정하는 식이다.

스에마쓰가 비정한 4현은 전라도 전반에 걸치는 넓은 지역이다. 하지만 위 『일본서기』 기사에 이어지는 내용을 보면 그 4현은 매우 좁은 지역이다.

> 다리국수(國守) 호즈미노오미 오시야마(穗積臣押山)가 상주하기를, "이 4현은 백제와는 가깝지만 일본과는 멀리 떨어져 있습니다. (백제와 4현은) 아침저녁으로 교통하기 쉽고 닭과 개의 소리도 어느 쪽의 것인지 구별하기 어렵습니다……"라고 하였다.
>
> _ 『일본서기』 게이타이 6년 12월조

상다리 등의 이 4현은 '백제에 근접해 있고', 백제와 4현의 거리는 '아침저녁으로 교통하기 쉽고 닭과 개의 소리도 어느 쪽의 것인지 구별하기 어렵다'는 것이다. 닭이나 개가 울면 임나의 닭이나 개가 운 것인지 백제의 닭이나 개가 운 것인지 알 수 없을 정도로 임나와 백제는 서로 가깝다는 것이다. 그런데 식민사학을 하는 사람들은 한 사료를 봐도 마음에 드는 것만 취사선택해서 앞의 '상다리, 하다리, 사타, 모루'라는 이름만 가지고 이를 전북에서 전남에 이르는 큰 지역에 비정할 뿐 '닭과 개의 소리도 어느 쪽의 것인지 구별하기 어렵다'는 뒤의 기사는 모르는 척, 외면하고 있는 것이다. 전북에서 닭이 울면 전남에서 그것이 백제의 닭인지 임나의 닭인지 헷갈린다는 말인가? 이러한 표현은 대마도에 있던 아주 작은 마을들에 딱 맞는 상황이며 그곳에 백제와 임나가 이웃해 있었음을 말한다.

이 4현과 관련해서 코미디 같은 지명 비정을 한 학자가 김태식이다. 임나의 현 중에 곧이어 볼 기문(己汶)도 있다. 앞의 상다리, 하다리, 모루와 이 기문의 위치에 대해 김태식은 『삼국사기』「잡지」에 나오는 우륵이 지은 12곡과 연결시킨다. 『삼국사기』「잡지」에는 우륵이 지은 12곡의 이름이 나열되어 있는데, 그중 상기물(上奇物), 하기물(下奇物), 달이(達己), 물혜(勿慧)라는 곡명이 나온다. 이것을 김태식은 상다리, 하다리, 모루, 기문과 음이 비슷하다면서 이 지역 소국들이 후기 가야연맹에 속한다고 주장했다. '상·하'의 위치를 나타내는 방위 이외에는 유사한 음도 하나 없는데도 이렇게 비정한 것이다. 그야말로 비상하다고 평가할 수밖에 없는데 이런 식의 위치 비정으로 스에마쓰 야스카즈가 임나 강역이 전라도까지 확장되었다고 주장하니, 학문이라고 이름 붙이기에도 아까울 뿐이다.

위 4현 기사 다음 해인 게이타이 7년(513) 6월조에는 백제에서 5경박사 단양이(段楊爾)를 야마토왜에 보냈다는 기사가 나온다. 이때 백제는 단양이를 야마토에 바치면서, "반파국이 신의 나라 기문이라는 땅을 약탈했다."고 말하고 이 기문 땅을 원래 속한 곳에 되돌려달라고 요청했다고 기록하고 있다. 그리고 같은 해 11월조에는 이런 내용이 있다.

> (야마토) 조정에 백제의 저미문귀(姐彌文貴) 장군, 사라(斯羅)의 문득지(汶得至), 안라(安羅)의 신이해(辛已奚) 및 분파위좌(賁巴委佐), 반파(伴跛)의 기전해(旣殿奚) 및 죽문지(竹汶至) 등을 불러 천황의 은혜로운 칙령을 받들도록 해서 기문(己汶), 대사(帶沙)를 백제에 주게 했다.
>
> _『일본서기』 게이타이 7년 11월조

백제에서 반파국이 기문이라는 땅을 빼앗았다고 보고하자 야마토 조정에서 백제와 반파 인사 및 안라, 사라 인사들을 불러서 일왕의 은혜로운 칙명을 알렸는데, 그것은 바로 반파에서 빼앗은 기문과 대사를 백제에 돌려주라고 했다는 것이다. 이 반파국에 대해서 동북아역사재단의 『역주 일본서기』는 "경상북도 고령에 있던 소국의 이름이다."라면서 "후에 대가야로 개칭한 것으로 보인다."고 설명하고 있다. 근거는? 물론 없다. 일본인 식민사학자들이 당초 김해에 있었다던 임나일본부를 경북 고령으로 확장시킨 것을 받아들인 것에 불과하다. 기문에 대해서는 어디라고 쓰고 있을까? 동북아역사재단의 『역주 일본서기』는 "전라북도 남원·임실 지역에 있던 소국의 이름이다."라고 비정하고 있다. 그런데 "기문을 장수로 비정하는 견해도 있다."고 해서 이 역시 근거가 없음을 스스로 자인하고 있다. 임나일본부가 있었다는 경북 고령의 반파국이 전라도까지 진출했다고 주장하기 위해 만든 억지 논리들이다.

『일본서기』에 따르면 야마토왜는 지금의 팍스아메리카나보다 더한 강국이라서 문제가 생기면 관련 당사자들을 불러 모은다. 이 경우는 백제와 반파뿐만 아니라 사건과 관련이 없는 사라와 안라까지 불러 모았다. 그리고 '반파와 대사를 백제에 줘라'고 한마디 하면 모든 문제는 해결된다. 『일본서기』 게이타이조에 의하면 백제에서 반파국이 기문을 빼앗았다고 야먀토왜에 보고했다는 시기가 6월이다. 그런데 5개월 후인 음력 11월에 야마토에 4개국을 모아서 사건을 처리했다는 것이다. 지금도 대한해협의 물길이 험해서 겨울에는 배가 결항하기 일쑤인데, 6세기 초에 음력 11월, 가장 춥고 물살이 험할 때 한반도의 여러 나라들을 불러 모은다는 것은 소설에 가깝다.

또한 기문이 얼마나 넓은 땅이며 얼마나 중요한 땅이기에 네 나라 관련자를 불러서 직접 일왕의 조칙을 듣게 했다는 것인지 필자의 상식으로는 도무지 이해하기 어렵다. 뿐만 아니라 백제는 빼앗긴 기문을 돌려달라고 했을 뿐인데, 대사까지 덤으로 더 주는 은혜를 베풀었다는 것인데, 인류 역사상 나라의 땅을 저렇게 덤으로 준

예가 있을까 의문투성이다.

그다음 해인 게이타이 8년(514)에 『일본서기』는 더 수수께끼 같은 기사를 버젓이 싣고 있다.

> 반파가 자탄(子呑)·대사에 성을 쌓고 만해(滿奚)와 연합해서 봉수와 저각(邸閣)을 설치해서 일본(日本)에 대비했다. 다시 이열비(爾列比), 마수비(麻須比)에 성을 쌓고 마차해(麻且奚), 추봉(推封)과 연합해서 군사와 병기를 모아서 신라를 핍박했다.
>
> _ 『일본서기』 게이타이 8년 3월조

야마토왜의 한마디에 빼앗은 기문 땅을 돌려주었던 반파가 갑자기 일본, 즉 야마토에 대항하고 나섰다는 것이다. 그것도 백제에 주라고 했던 대사에 성을 쌓았다고 하고 있으니 도무지 무슨 뜻인지 알 수 없다. 팍스아메리카나보다 강국인 야마토왜에 맞섰으니 여기에 전력을 집중해도 부족할 판에 신라까지 핍박했다는 것이니 이해할 수 없는 일의 중첩이다.

그런데 이듬해인 게이타이 9년(515)에 일왕 게이타이는 모노노베 노무라지(物部連)에게 수군 500명을 주어 대사강으로 보냈으나 반파에게 되려 공격을 당해 "옷을 빼앗기고 가진 것을 약탈당하고 막사는 모두 불탄" 상황에서 퇴각했다고 기록하고 있다. 반파는 임나의 여러 소국 중 하나의 소국에 불과한데 여기에서는 백제에 돌려주라고 한 대사에 성을 쌓고, 신라를 노략질하며, 야마토의 수군까지 물리치는 등 삼국과 충돌하면서 승승장구하고 있는 것이다. 임나 소국의 하나라는 반파는 감히 일왕의 지시를 무시하면서 만해, 마차해, 추봉과 연합하고 또 자탄, 대사, 이열비, 마수비에 성을 쌓았다는 것이다. 일본과 한국의 식민사학자들은 이 많은 지명들을 모두 경상남도와 전라남도의 해안 지역으로 비정하고 있지만 전혀 근거가 없다. 당연히 『삼국사기』에는 이런 내용이 하나도 나오지 않는다.

『삼국사기』에 따르면 사건이 발생한 서기 513년부터 515년까지 신라 국왕은 지증대왕과 법흥대왕이고, 백제는 무령대왕이다. 신라의 두 임금은 모두 유명한 중흥군주들이고 백제의 무령대왕도 고구려와의 싸움에서 한 치도 물러나지 않았던 중흥군주였다. 이런 중흥군주가 반파 같은 소국에 땅을 빼앗기고 야마토에 달려가서 호소하였다는 것은 삼류 공상소설 속에서는 가능할지 모르지만 당시 백제의 국력으로는 있을 수 없는 일이었다. 만약 반파가 한반도에 있었다면 대국인 백제와 신라를 상대로 이런 무모한 행동을 할 수 없을 뿐만 아니라 설사 했다고 하더라도 백제나 신라에 즉각 점령당했을 것이다. 무엇보다 『삼국사기』에 이런 내용이 고스란히 기록되었을 것이다. 따라서 『일본서기』의 반파와 백제 및 신라는 한반도 내 나라들이 아니라 대마도의 소국들로 보아야 할 것이다. 야마토왜 또한 군사력이 미약하여 반파조차 정벌하지 못하는 실정이었음을 보여주는 것이다.

최재석의 설명대로 『일본서기』는 수많은 창작과 왜곡들이 많지만 자세히 살펴보면 당시의 국제 정세를 알 수 있다. 백제, 반파, 사라, 안라의 네 나라 사신을 불러서 "기문과 대사를 백제에 주라."

고 일왕 게이타이가 직접 칙령으로 말했는데도 반파가 반기를 들자 그런 소국 하나 정벌하지 못했던 것이 야마토왜의 실제 수준이었던 것이다. 그래서 이 시기 야마토왜에 한반도에 출병할 군사가 있었으면 이런 반파 같은 소국을 먼저 점령해서 왕권을 강화시켰을 것이었다.

칠지도로 본 백제와 왜의 관계

백제와 왜와의 관계를 보여주는 또 하나의 주요한 사례는 바로 칠지도(七枝刀)다. 몸체에 6개로 갈라진 칼날이 있기 때문에 몸신을 포함해 칠지도라 불린다. 『일본서기』 진구 왕후의 임나 정벌 3년 뒤인 섭정 52년(372) 9월조에는 백제의 사신 구저가 칠지도 1자루와 칠자경(七子鏡) 1개 등 여러 가지 보물을 바쳤다고 기록되어 있다. 이때는 백제 근초고대왕 27년에 해당한다. 그런데 1874년에 일본 나라현 덴리(天理)시의 이소노카미(石上)신궁에서 칠지도가 발견되었다. 그래서 백제에서 보냈다는 사실 자체는 인정할 수 있는데, 문제는 그 의미다.

칠지도에는 앞뒷면에 각각 글자를 새겨놓았는데 그 뜻은 이렇게 해석된다.

(앞면) 태○ 4년 5월 16일 병오 정양(正陽)에 백련강철의 칠지도를 만들었다. 이는 나아가 100병(兵)을 물리칠 수 있는 것

이므로, 마땅히 제후왕들에게 공급할 만하다. ○○○가 만
들다.

〈泰○四年五月十六日丙午正陽造百練鍊七支刀出辟百兵
宜供供侯王○○○作〉

(뒷면) 선세 이래로 아직 이 칼이 없었던 바 백제 왕세○ 기생성
음(奇生聖音)이 짐짓 왜왕 지(旨)를 위하여 만들었으니, 후
세에 전하여 보일지어다.

〈先世以來未有此刀百濟王世○奇生聖音故爲倭王旨造傳
示後世〉

앞면의 내용은 100번이나 단련한 강철로 칠지도를 만들었는데
100명의 병사를 물리칠 만큼 성능이 뛰어나므로 제후왕들에게 내
릴 만하다는 뜻이다. 제후왕들에게 공급할 만하다供侯王고 쓴 것은
백제가 중국의 황제들처럼 아래에 제후왕들을 거느렸음을 말해준
다. 태○(泰○)는 연호인데, 일제 식민사학자들은 이를 중국의 연호
로 단정 짓고 태시(泰始)·태화(太和)·태초(泰初) 등이라고 주장했다.
그러나 이는 중국의 연호가 아니라 황제국 백제의 연호다. 백제의
대왕이 제후왕에게 공급한다고 써놓고 중국 왕조의 연호를 쓴다는
것은 말이 되지 않는다.
　이 문제와 관련해 뜻밖인 인물은 이병도다. 그의 역사관을 보면
당연히 중국의 연호라고 주장해야 하는데 이 문제에 있어서만큼은
백제의 연호라고 주장한 것이다. 그의 말을 들어보자.

······ 무엇이든지 중국에 붙이려는 일본 역사학자들의 선입견이 여기서도 드러나고 있다. ······ 이 물건이 문헌상으로 보나 실물로 보나 어디로 보든지 백제의 것이 분명한 이상, 기년에 관한 삼국의 관례를 고려할 필요가 있지 아니한가? 우리 삼국시대의 금석문에 있어 중국의 연호를 사용한 예는 아직 하나도 발견하지 못하였다. 대개 자국의 연호나 그렇지 않으면 간지로 표시하는 것이 예로 되어 있다. ······ 자연 백제의 그것(연호)에 틀림없는 것이 아닌가? 저 고구려 광개토왕릉비의 '영락' 연호는 물론이고, 연전에 발굴된 백제 무령왕릉의 지석문 중에는 '붕(崩, 황제의 죽음에 씀)' 자가 보이고, 신라 진흥왕 순수비 중에도 '태창' 연호와 '짐(朕, 황제가 자신을 일컫는 말)' 자가 들어 있고, 또 고구려의 연호인 듯한 '연가 7년' 명(銘)이 새겨진 금동불도 있거니와, 이것은 다 그들대로의 독자성과 주체의식을 드러내고 있는 것이 아니고 무엇이랴?

_ 이병도, 『한국고대사 연구』, 한국학술정보, 2012, 581~583쪽.

마치 두계 이병도가 아니라 단재 신채호가 쓴 것 같은 글이다. 구구절절 옳은 말이고 논리도 정확하며 박학다식하다. 그가 한국사의 모든 부분에서 이런 학문적 태도를 견지했더라면 글자 그대로 국사학계의 태두로 존경받았을 텐데, 오히려 매국사학의 우두머리가 되었으니 그 자신이나 우리 국민 모두에게 참으로 안타까운 일이다.

뒷면 내용은 예전에 없던 칼을 백제 왕세자 기생성음(호칭이나 이름으로 보임)이 왜왕 지(이름으로 보임)를 위해 만들었으니 길이 후세에 전하라고 했다. 백제의 대왕도 아닌 왕세자의 자격으로 왜왕에게 하사하는 식으로 표현한 것에서 당시 백제와 왜의 관계는 따로 설명할 필요도 없음을 깨닫게 된다. 이병도의 말을 또 인용한다.

다음에 또 하나의 이채 있는 설을 들면 우에다 마사아키(上田正昭) 씨의 해설이라 하겠다. 위의 어떤 이구리하라(栗原) 씨가 '지(旨)'를 오진 천황의 이름으로 보았는데, 우에다 씨도 이를 왜왕 이름으로 해독해야 한다 하면서도 그와는 입장을 달리하여 글의 형식이 상위자가 하위자에게 내리는 것으로 되어 있다고 하였다. 즉 이 칼은 왜왕인 지를 위하여 만든 것으로, 백제왕이 제후왕인 왜왕에게 준 것이라 하고, 5세기 경의 백제에는 (『남제서』에 보임과 같이) 왕 이외에 '불사후', '불중후', '면중후', '팔중후', '도한왕', '아착왕', '매로왕', '벽중왕' 등의 왕후제가 있었음을 말하였다. 이 우에다 씨의 견해는 종래 일본학자들의 '귀화사관', '정복사관'에 대한 정문일침(頂門一鍼)이라고 할 만한 통쾌한 설이라 아니할 수 없다.

_ 앞과 같은 책, 586~587쪽.

이병도가 일본 식민사학자들을 이렇게 비판한 다른 글을 본 적이 없는 필자로서는 마음 한편으로는 통쾌하지만 다른 한편으로는 매우 씁쓸하다. 그가 칠지도에서 펼쳤던 탁월한 견해를 다른 분야에서도 펼쳤다면 필자나 다른 여러 학자들이 이렇게 고생하지 않아도 되었을 것이란 생각이 든다.

우에다 마사아키는 교토대학 명예교수인데, 그가 1965년에 출간한 『귀화인, 고대국가의 성립을 둘러싸고(帰化人‐古代国家の成立をめぐって)』를 두고 큰 소동이 벌어지기도 했다. 지금의 일왕이 2001년 "간무 천황의 생모가 백제 무령왕의 자손이라고 『속일본기(續日本記)』에 기록되어 있는 데서 한국과의 인연을 느낍니다."라고 말해서 큰 화제가 된 적이 있다. 그런데 우에다는 이미 1965년에 낸 저서에서 이런 가능성을 지적했으며, 일본의 우익단체들이 "천벌을 가하겠다.", 또는 "국적(國賊)을 교토대에서 쫓아내라."면서 소동을 피웠던 것이다.

일본인 학자들도 사료를 객관적으로만 해석하면 백제와 야마토, 두 나라 관계의 본질을 쉽게 파악할 수 있는 것이다. 칠지도는 4세기 후반 왜가 백제의 일개 제후국에 불과한 상황을 여실히 증언하는 물증이다. 그런데도 일부 매국사학자들이 임나일본부를 이 땅에 부활시키고 있으니 할 말을 잃게 된다.

이병도는 칠지도 문제만은 올바로 접근했지만 그가 이 땅에 뿌린 그릇된 사학의 씨앗은 지난 70년 동안 깊게 뿌리를 내렸다. 심지어 그 후학들은 이병도의 학설조차도 따르지 않고 일본인 식민사학자를 따르는 경우까지 있다. 칠지도에 관한 김현구의 말을 들어보자.

일본 나라현에 있는 이소노카미신궁에는 칼날 양쪽에 작은 칼날이 각각 3개씩 더 붙어 있는 철제의 소위 칠지도가 전해 내려온다. 이 칠지도 몸체 안팎에 상감되어 있는 명문 내용의 해석에 대

해서도 한국 학계에서는 당시 백제가 일본보다 우위에 있었음을
보여준다고 해석하는가 하면, 일본 학계에서는 그와는 반대로 해
석한다.

_ 김현구, 『임나일본부설은 허구인가』, 창비, 2010, 157~158쪽.

김현구는 딱 여기까지만 써놓았다. 칠지도에 대해 한국 학계와
일본 학계가 반대로 해석한다는 식으로 써서 자기는 중립적인 입
장인 것처럼 위장했다. 이런 글을 볼 경우 칠지도에 대해서 뚜렷
한 관점을 갖고 있지 못한 사람들은 '야마토 정권을 백제의 속국으
로 보는 한국의 시각과 일본 학계의 시각은 그와는 반대구나'라고
느낄 것이다. 김현구가 노리는 것이 바로 이 점이다. 일제 강점기
에 대해서 한국인이 '조선총독부에 대해 일본에서는 한국을 도와준
기관이었다고 주장하는 반면 한국에서는 침략기관이었다고 주장한
다.'라고 쓴다면 과연 중립적인 것일까?

김현구가 칠지도를 백제의 하사품으로 보았다면 이병도나 우에
다 마사아키의 입을 빌려서라도 말을 했을 것이다. 그러나 그의 생
각은 이병도나 우에다 마사아키의 생각과 다르기 때문에 이병도나
우에다의 연구에 대해서 모르는 척 함구하는 것이 아닐까? 백제와
야마토왜와 어느 쪽이 우위에 있었는가 하는 종속관계는 고대 한
일관계의 초점이라 할 만큼 중요한 사항이다. 특히 임나일본부 문
제와 관련하여 반드시 명확히 하지 않으면 안 된다. 칠지도는 특히
당시 백제가 왜를 제후국으로 다스렸다는 중요한 물증이다. 그러나
김현구는 이런 해석은 써놓지 않는다. 다만 근초고대왕에 대해서

자신의 저서에서 이렇게 써놓았다.

> 진구 황후 372년 기록에도 "구저 등 지쿠마노 나가히코(千熊長彦)
> 를 따라가서 7지도 1구, 7자경(子鏡) 1면 및 여러 가지 보물을 바
> 쳤다. 이에 아뢰기를 신의 나라 서쪽에 강이 있는데 곡나철산(谷
> 那鐵山)에서 발원합니다. …… 이 산의 철을 취해서 영원히 성조에
> 바치겠습니다."(52년조)라고 되어 있어 백제가 철을 가지고 왜를
> 유혹했음을 알 수 있다.
>
> _ 앞과 같은 책, 166쪽.

김현구의 윗글을 보면 무슨 이야기를 하는 것인지 알 수가 없다.
그래서 김현구의 글은 전문가의 해석이 필요하다. 김현구의 글은
주어와 목적어가 생략되어 있는 경우가 많다. 이 글에서 주어는 근
초고대왕이다. 즉 "이에 아뢰기를 신의 나라"에서 '신(臣)'은 백제의
근초고대왕이고, '신의 나라'는 백제다. "7지도 1구, 7자경 1면 및
여러 가지 보물을 바쳤다."는 문장에서 바친 대상 역시 근초고대왕
이고 받은 대상은 진구 왕후다. 백제는 신하의 나라고, 성조(聖朝),
즉 성스러운 조정은 야마토다. 야마토는 상국이고 백제는 신하의
나라, 식민지란 이야기다. 그에게 칠지도는 백제의 근초고대왕이
황제인 진구 황후에게 바친 물건이다. 그래서 '바쳤다'라고 쓴 것이
다. 이처럼 백제의 근초고대왕이 '7지도 1구'를 '바쳤다'고 자신의
저서에서 쓴 사람이니 칠지도에 대한 이병도나 우에다 마사아키의
분석을 쓰지 않는 것은 지극히 당연하다.

이소노카미신궁의 칠지도를 가장 먼저 조사한 사람은 간 마사토모(菅政友)인데, 그는 『대일본사』 편찬에 참여했던 식민사학자이며 1874년에 이소노카미신궁의 대궁사가 되고 이때 칠지도의 글자를 발견했다는 인물이다. 그에 대해 최재석은 이런 글을 남겼다.

> (간 마사토모는) 1893년, 한국의 사료는 믿을 수 없다고 전제한 다음 임나, 백제, 신라는 모두 일본 식민지였으며 일본왕이 백제왕을 임명하였다고 주장하고 있다. 또 그는 일본 군대가 고구려 수도인 평양을 공격해서 이를 함락시켰다는 주장을 하였으며, 백제로부터 대규모 집단이주 기사인 오진 14년과 동 20년 9월 기사는 백제 반란자들이 일본에 귀순한 기사라고 주장하고 있다.
>
> _ 최재석, 『고대한일관계사 연구』, 경인문화사, 2010, 138쪽.

일본군이 평양을 함락했다고까지 정신 나간 주장을 하는 간 마사토모가 칠지도에 대해 어떤 해석을 했을지는 불문가지라 하겠다. 이런 간 마사토모의 메모를 바탕으로 칠지도를 연구한 자가 도쿄제국대학 교수였던 호시노 히사시(星野恒)이다. 제국학사원 회원과 사학회 평의원장을 역임한 인물인데 그 악명 높은 일선동조론(日鮮同祖論, 일본과 조선이 같은 조상이라는 설)의 주창자이기도 하다. 그는 "진구 49년 야마토왜에서 가야 7국을 정벌해 백제에 주니 백제에서 3년 후 사례의 뜻으로 칠지도 등을 헌상했다."고 주장했다. 칼 하나 넘기고 광대한 땅을 얻을 수 있으면 장사 중에서도 크게 남는 장사지만 국가 간에 이런 일이 있을 리가 만무하다. 어렵게 얻은 땅을 남의 나라에 주었다는 상식에도 미달되는 주장을 하는 자들이 황국사관에 눈먼 식민사학자들이다.

칠지도에 '제후왕들에게 공급할 만하다(供侯王)'라고 뚜렷이 쓰여 있음에도 "(근초고왕이) 7지도 1구, 7자경(子鏡) 1면 및 여러 가지 보물을 바쳤다."라고 쓴 김현구가 "한국 학계에서는 당시 백제가 일본보다 우위에 있었음을 보여준다고 해석하는가 하면 일본 학계에서는 그와는 반대로 해석한다."라고만 써놓았을 때, 어느 나라 학설에 동조하는지는 굳이 머리 쓰지 않아도 알 수 있다.

백제의 대왕을 왜왕이 꾸짖는다는 『일본서기』

523년 무령대왕이 돌아가시고 성대왕(聖大王)이 즉위했다. 『일본서기』에는 성대왕을 성명왕(聖明王)으로 기록하는데, 성명왕이 마치 왜왕의 신하인 것처럼 기록한 몇 가지 사례를 찾아볼 수 있다. 이는 『일본서기』 찬자의 왜곡된 시각을 알 수 있게 하는 중요한 부분이므로 몇 가지 사례를 살펴보자. 그 첫 기사는 긴메이 2년(541) 4월조이다.

안라(安羅)의 차한기 이탄해, 대불손, 구취유리 등과 가라(加羅)의 상수위 고전해, 졸마(卒麻) 한기, 산반해(散半奚) 한기의 자식, 다라(多羅)의 하한기 이타, 사이기(斯二岐) 한기의 자식, 자타(子他) 한기와 임나일본부의 기비노오미(吉備臣)가 백제에 가서 함께 (천황의)

조서를 들었다. 백제의 성명왕이 임나의 한기들에게 "일본 천황께서 조서를 내린 바는 오로지 임나를 재건하라는 것이다. 이제 어떤 책략으로 임나를 재건할 수 있겠는가? 모두 각자 충성을 다하여 천황의 뜻이 펼쳐지도록 도와야 할 것이다."라고 말했다.

임나 14국 중 안라·가라·졸마·산반해·다라·사이기·자타의 7국 수장들이 백제로 가서 성왕에게 일본 천황의 조서를 들었다는 것이다. '일본'이라는 국호는 7세기 후반에나 처음 등장하는데, 여기에 이미 '일본 천황'이 등장한다. 백제 성왕을 제후로 만들어 일왕의 뜻을 받드는 신하로 만들려는 의도적 조작이다. 『삼국사기』에는 물론 이런 내용이 없다. 그런데 이런 내용을 가지고 김현구는 이렇게 말한다.

> 임나 문제에 대해서 야마토 정권이 임나에 직접 의사를 전달한 예는 전혀 발견되지 않는다. 그런데 야마토 정권이 백제를 통해서 의사를 표시하는 예는 4회나 확인된다.
>
> _ 김현구, 『고대 한일교섭사의 제문제』, 일지사, 2009, 226쪽.

성대왕이 왜왕이 내린 조서에 따라 움직인다는 『일본서기』의 조작된 기록을 토대로, 김현구는 '야마토 정권이 백제를 통해서 의사를 표시하는' 것으로 설명하고 있다. 백제를 일본의 속국이라고 말하는 것이다. 이런 예가 한 번도 아니고 4회나 '확인된다'고 강조한다. 그 자신이 직접 "자신은 『삼국사기』·『삼국유사』는 모른다."고 말하는 인물이 『일본서기』에만 나오는 이런 조작된 내용에 대해서는 '확인된다'는 단정어를 쓰는 것이다.

위 『일본서기』 기록을 포함한 4회의 장황한 기록 내용을 김현구는 『임나일본부설은 허구인가』에 그대로 실어 백제가 일본의 속국이었다는 사실을 독자들에게 각인시킨다. 나머지 세 기록의 내용도 모두 백제 성대왕은 일왕 긴메이의 신하라는 것인데, 그중 하나는 긴메이가 성대왕을 이렇게 꾸짖는다는 내용이다.

> 너[爾]는 누차 상표를 올려 마땅히 임나를 세우겠다고 칭한 지 10여 년이 되었다. 상표는 그렇지만 아직도 이루지 못하였다. 무릇 임나는 네 나라[爾國]의 동량이다. 만일 동량이 부러지면 어떻게 집을 지을 것인가? 짐이 생각하는바 바로 여기에 있다. 너[爾] 빨리 세우라.
>
> _ 『일본서기』 긴메이 4년 11월조

『일본서기』는 백제 성대왕이 야마토왜에 황제에게 바치는 문서인 표(表)를 올렸다고 말하고 있다. 왜왕 긴메이는 백제 성대왕이 임나를 세운다고 한 지 10년이 넘었는데도 아직 이루지 못했다고 질책하고 있다. 이 기록은 긴메이가 세 번이나 성대왕을 '너[爾]'라는 비칭으로 불렀는데, 김현구는 이 기사를 그대로 믿으면서 한국에서 출판되는 내용이기에 '그대'라고 다소 완화해서 쓰고 있을 뿐이다.

백제 왕세자가 일왕을 제후왕이라고 칭하며 칠지도를 하사한 것은 두 나라 관계를 단적으로 보여주는 물증이다. 백제가 상국이고 야마토는 제후국이다. 그런데『일본서기』는 거꾸로 야마토의 긴메이가 백제 성명왕을 '너'라고 부르며 꾸짖었다고 묘사하고 있다. 『일본서기』에서 말하는 백제 성명왕이『삼국사기』에서 말하는 성대왕을 뜻하는 것이라면 이 기사는 100% 조작이다.『일본서기』의 시각으로 보면 백제 대왕은 야마토왜왕이 '너'라고 비칭하는 존재, 사실 제후라고 하기도 그렇고 노비라고 보면 맞는 관계다. 그런데도 김현구는 이 기사를 사실로 믿고, "그런데 야마토 정권이 백제를 통해서 의사를 표시하는 예는 4회나 확인된다."고 쓰고 있다.

웃기는 것은 긴메이가『삼국사기』의 백제 성대왕을 '너'라고 부를 정도의 정치권력을 갖고 있다면 그냥 바다 건너와서 임나를 되찾으면 될 것을 왜 10년씩이나 되찾지 못해 속을 썩는단 말인가? 긴메이가 이끄는 무적의 야마토왜군이 바다를 건너오면 앞서 인용한『일본서기』진구조의 묘사 같은 일이 반복될 것 아닌가?

> 신라왕은…… "내가 듣기에 동쪽에 신국(神國)이 있으니 일본이라고 한다. 또한 성왕(聖王)이 계시는데 천황(天皇)이라고 한다. 반드시 그 나라의 신병(神兵)일 것이다. 어찌 감히 군사를 일으켜 막겠는가?"라고 하였다. 즉시 흰 기를 들고 항복했다.
>
> _『일본서기』주아이 9년조

진구 때나 긴메이 때나 야마토왜군이 바다를 건너기만 하면 신라는 당장 백기를 들고 항복할 텐데 왜 '일본 천황'이신 긴메이는 백제 성명왕을 질책하기만 할 뿐 직접 군사를 일으키지는 못할까? 김현구의 시각처럼 야마토왜가 원래부터 군사대국이어서 고구려, 백제, 신라가 모두 군사를 지원해달라고 애걸했다면 10년씩 기다릴 것도 없이 당장 출정 명령을 내리면 될 것이 아닌가? 『일본서기』 긴메이조 기사의 백제 성명왕을 백제 성대왕으로 보면 100% 조작이다. 혹 대마도나 일본 열도 내의 임나 백제를 말하는 것이라면 사실의 반영일 수도 있다. 『삼국사기』에는 보이지도 않는 성명왕이라는 이름은 대마도나 일본 열도 내의 백제 분국 왕의 이름이거나 백제의 성대왕으로 혼동하게 만들기 위한 『일본서기』 편자들의 붓장난이 틀림없다.

백제와 왜의 관계에 대한 『삼국사기』 기록은 매우 적으며 간략한데 비해 『일본서기』에는 백제에 관한 기사가 흘러넘칠 정도이다. 이 사실은 무엇을 뜻할까? 이 한 가지 사실만으로도 일본에 수많은 백제인이 가서 정착했으며 또한 야마토 정권이 백제의 강력한 영향력 아래 있는 속국이라는 점을 부인하기 어렵다.

그럼에도 불구하고 『일본서기』 찬자들은 오히려 왜가 백제(및 신라, 고구려)를 간접 지배한 것으로 윤색, 조작해놓았는데, "『삼국사기』, 『삼국유사』는 모른다."면서 『일본서기』만 신봉하는 김현구는 "야마토 정권이 백제를 통해서 의사를 표시하는 예는 4회나 확인된다."고 써놓았다.

『일본서기』에는 진구 47년(367)부터 긴메이 17년(556)까지 약 200년 간 백제와 왜의 관계를 기록하면서 이른바 '백제 3서'를 인용한 20여 건의 기록이 있다. '백제 3서'란 『백제기』·『백제신찬』·『백제본기』를 뜻하는데, 그 내용을 보면 백제 왕자의 야마토왜 파견과 그 귀국에 관한 것이 4건으로 가장 많고, 야마토왜 경영에 참여한 것으로 보이는 백제 관리나 장군 등의 파견이나 귀국에 관한 것도 4건에 이른다. 이 백제 3서에 대해 최재석은 이렇게 말했다.

> …… 진구 47년과 62년의 『백제기』 기사는 조작이므로 『백제기』 는 오진 전후부터 유랴쿠 이전까지, 『백제신찬』은 유랴쿠에서 게 이타이 이전까지, 그리고 『백제본기』는 게이타이에서 긴메이까지 의 역사서임을 알 수 있다. …… 이른바 백제 3서는 백제가 경영 한 야마토왜의 역사서인 것이다. 요컨대 백제 3서는 야마토왜의 역사이며, 『백제기』는 오진시대의 역사이고 『백제신찬』은 유랴쿠 에서 부레쓰시대, 그리고 『백제본기』는 게이타이에서 긴메이까지 의 역사서인 것이다.
>
> _ 최재석, 『고대한국과 일본 열도』, 경인문화사, 2010, 44 · 46쪽.

최재석은 『일본서기』 진구조에서 인용한 『백제기』는 조작으로 본다. 그리고 '백제 3서'는 시기별로 구분하면 『백제기』는 "오진 전 후부터 유랴쿠 이전까지"의 기록이고, 『백제신찬』은 "유랴쿠에서 게이타이 이전까지"의 기록이다. 그리고 『백제본기』는 "게이타이에 서 긴메이까지의 역사서"라는 것이다. 이 '백제 3서'에 대해 최재석 은 백제의 집단이주민이 일본 기나이(畿內)에 야마토 왕국을 세우고 는 그 경영 상황을 기록한 서적이라는 것이다. 이러한 주장의 논거 에 대해 최재석은 『일본서기』 곳곳에 등장하는 '백제'가 들어간 지

역명, 사물명이 그 증거라 하고, 야마토도 원래 이름은 백제였을 것
으로 보고 있다.

야마토와 그 근처의 지역을 살펴보더라도 '야마토'라는 지명을 제
외하고는 모두 '백제'라는 이름을 붙여 호칭하였다. 왕의 거처는
'백제궁', 야마토의 사찰은 '백제대사', 왕의 관을 안치한 곳은 '백
제대빈', 하천 이름은 '백제천', 선박명은 '백제선'이라 불렀다. 그
리고 손님이 유숙하는 객관은 '백제객관', 음악은 '백제악'이라 칭
하였으며, 마을 이름도 '백제대정' 및 '석천백제촌'이라 하였다. 이
러한 점에 비추어볼 때 마을보다 넓은 지역명만이 '백제'라는 이
름을 붙이지 않은 '대화(야마토)'임을 알게 된다. 이 지역도 원래는
'백제'라는 지명이었을 것이다. 그러나 언제부터인가 '백제' 대신
'대화'로 대체했을 것이다. 백제 3서라는 이름은 바로 대화 지역의
본래의 지역명을 나타내는 것이라 하겠다.

_ 앞과 같은 책, 49~50쪽.

최재석의 견해는 탁월하다. 고대 백제와 야마토와의 관계에 대
해서 한일 양국을 통틀어 가장 많은 논문과 저서를 지닌 학자답다.
최재석의 말대로 『일본서기』에는 '백제궁', '백제대사', '백제대빈',
'백제천' 등 백제 관련 지명이 남아 있다. 특히 왕궁의 이름이 '백
제궁'이었고, 일왕의 시신을 '백제대빈'이라고 불렀다는 의미는 무
엇이겠는가? 백제인들이 세운 왕국 그 자체였다는 뜻이다.

야마토왜의 주체가 백제인이었다면 그들이 쓴 원래의 '백제 3서'

는 백제를 상국으로 삼고, 야마토를 제후국으로 삼아서 관계를 서술했을 것이다. 그러나 본국인 백제 수도가 660년에 함락되고, 백제의 장군들이 야마토로 밀려와서 군사를 훈련시키고 배를 건조해서 싸운 663년의 백강구전투의 패배로 백제는 완전히 멸망했다. 그래서 야마토왜는 자립할 수밖에 없었다. 8세기 초인 720년에 『일본서기』를 편찬하면서 야마토왜를 주인으로 역사를 왜곡했던 이유가 여기에 있었다. 백제가 중심이었던 역사를 야마토왜 중심의 역사로 조작한 것이다. 그래서 '백제 3서'에 있는 내용도 왜가 백제를 간접 지배한 것처럼 바꾸어놓은 것이다.

임나와 삼국의 관계

지금까지 신라, 백제와 왜와의 관계를 살펴보았다. 이제부터는 『일본서기』에 기록된 임나와 신라, 백제, 고구려의 관계를 중심으로 검토하여, 이 4국이 『삼국사기』의 가야와 삼국이 아니라 일본 열도에 있었던 한반도의 분국들이었음을 보기로 하겠다. 먼저 임나와 신라의 관계를 보면, 『일본서기』에는 529~646년 사이에 15건의 기사가 있다. 이를 『삼국사기』와 비교하기 위해 「신라본기」에 기록된 가야와 신라의 관계를 보면 77~562년 사이 15건의 기사가 있다. 두 책의 기록을 연대순으로 비교한 것이 222~223쪽 〈표2〉이다.
〈표2〉를 보면 임나는 가야와는 전혀 다른 실체임을 한눈에 알 수 있다. 또한 임나와 관계된 신라 또한 반도의 신라와는 별개의

실체임을 쉽게 알게 된다. 다시 말하면『일본서기』의 임나와 신라(그리고 백제와 고구려도)는 대마도에 있던 3국의 분국임이 분명하다. 임나는 가야의 분국으로 볼 수 있는데 그 이름이 가야가 아니고 임나인 것은, 가야연맹의 나라 중 임나인이 주로 대마도로 건너갔기 때문이 아닌가 추정해본다.

〈표2〉에서 보듯이『삼국사기』의 가야는 신라와 서기 77~115년 사이 7차례나 서로 충돌하였으나, 3세기 초에 신라가 가야를 구원해준 데 대해 가야 왕자가 신라에 볼모로 감으로써 화친관계가 유지되었다. 그리하여 가야왕이 신라 관인의 딸과 혼인하는 522년까지 300년 동안은 가야에 관한 기록이 없다.『삼국사기』에 가야는 주로 전쟁이나 국혼을 할 경우 등에 서술하는데, 이 기간 중에는 기록할 만한 이와 같은 사건이 없었던 것이다. 그러나 신라에 중흥 군주 법흥대왕(재위 514~540)과 진흥대왕(재위 540~576)이 등장해 팽창정책에 나서면서 상황은 급변했다. 가야는 나라를 신라 법흥대왕에게 바치고 신라에 흡수되었으나 진흥대왕 때인 562년 다시 군사를 일으켰지만 이사부와 사다함에 의해 평정되고 말았다. 그 후 가야는 역사에서 사라져버렸다. 그래서『삼국사기』에는 더 이상 가야가 등장하지 않는다.

『삼국사기』에 가야와 신라는 서기 77년에 처음 등장하는 반면『일본서기』에는 임나와 신라의 관계가 529년에야 비로소 등장한다. 무려 452년의 차이가 난다.『일본서기』에 529년에 처음 등장하는 임나와 신라가『삼국사기』에 77년에 처음 등장하는 가야와 신라와 다른 정치세력이라는 것은 말할 것도 없다.『일본서기』등장 이전

표2 『일본서기』의 임나·신라, 『삼국사기』의 가야·신라의 관계 비교

연대 (서기)	『삼국사기』	『일본서기』
77	아찬 길문이 가야 군사와 황산진 어귀에서 싸워 1,000여 명을 참획하였으므로……	
94	가야적들이 마두성으로 쳐들어와서 포위하므로 왕은 아찬 길원을 파견하니……	
96	가야 사람이 남쪽 변방을 공격하므로 왕은 가성주 장세를 보내 막게 하였는데……	
97	왕은 군사를 일으켜 가야를 정벌하고자 하였으나 그 국왕이 사신을 보내 사과하므로 이를 중지하였다.	
102	왕은 6부에 명하여 모이게 하고 (금관국) 수로왕을 위하여 잔치를 베풀었다.	
106	왕은 마두성주에게 명하여 가야를 정벌하게 했다.	
115	가야가 남쪽 변방을 침범하였다. …… 왕은 친히 가야를 정벌하기 위하여 군사를 거느리고……	
116	왕은 장병을 보내 가야를 치게 하고, 이어 왕은 정병 1만을 거느리고 따라가니……	
201	가야국이 화친을 요청하였다.	
209	포상8국이 가라를 침략하려 하므로 가라 왕자가 와서 구원을 청하였다.……	
212	가야에서 왕자를 보내 볼모로 삼았다.	
496	가야국에서 흰 꿩을 보내왔는데……	
522	가야국왕이 사신을 보내 혼인을 청하므로, 왕은 이찬 비조부의 여동생을 보내주었다.	
529		신라가 (가라국에서) 가는 길에 도가·고피·포나모라의 3성과 북쪽 경계의 5성을 빼앗았다. 신라 상신이 임나의 네 마을을 약탈하였다.
530		아리사등(임나왕)이 게누노오미를 치려고 신라와 백제에 사람을 보내 군사를 청하였다.

연대 (서기)	『삼국사기』	『일본서기』
532	금관국왕 김구해가…… 나라를 내어주므로 왕은 예의로써 대우하고 제일 높은 상등의 벼슬을 주고……	
541		탁기탄은 가라와 신라의 경계에 있어 매년 침공을 받아 패하였다. 남가라·탁순도 신라에 빼앗겼다.
544		일본부의 신과 임나의 집사는 신라에 가서 천황의 칙언을 들으라고 조(詔)하였다. 신라가 봄에 탁순을 빼앗고 구례산의 수비병을 쫓고 이를 점령하였다. 좌노마도는 신라의 나마의 예관을 쓰고 신라에 복종하고 있다. 탁국과 탁순국의 왕이 신라에 내통하여 망하였다. 마도 등이 신라 등과 마음이 맞아 신라옷을 입고 조석으로 신라와 왕래하여……
562	가야가 모반하므로 왕은 이사부에게 명하여 토평하게 하고 사다함을 부장으로 삼았다. 이때 사다함은 기병 5,000을 거느리고 먼저 진격하여…… 이사부가 군사를 이끌고 와서 공격하니 (성 안에서) 모두 항복하였다.	신라가 긴 창과 강한 활로 임나를 공격하여 백성을 살상하였다.
575		신라가 다다라·수내라·화타·발귀 4촌의 조공을 받았다.
600		신라와 임나가 서로 공격하였다. 천황은 임나를 도우려고 하였다. …… 신라와 임나 두 나라가 사신을 보내 조공했다.
610		신라 사신과 임나 사신 탁부대사 수지매가 쓰쿠시에 갔다.
623		신라가 임나를 쳤다. 임나가 신라에 복종하였다.
646		(야마토왜에서) 사인을 신라에 보내 임나의 사인 대행을 중지하게 했다.

452년 동안 『삼국사기』에 기록된 가야가 임나라는 식민사학의 주장이 학문이 아니라 의도된 조작이자 한반도 점령을 합리화하려는 정치선전임은 문외한이라도 알 수 있는 명명백백한 사실이다. 한국 내 식민사학자들이 이런 명백한 사실을 몰라서 '가야＝임나'를 주장하고 있는 것일까?

임나와 가야국왕들의 호칭만 봐도 임나가 가야와 다른 정치세력이라는 사실은 쉽게 알 수 있다. 『일본서기』 530년 기사에는 임나왕의 이름을 아리사등(阿利斯等)이라고 했으나 『삼국사기』에는 2년 뒤인 532년에 금관국(본가야)의 왕 김구해(金仇亥)라고 하고 있다. 아리사등과 김구해가 같은 인물일 리는 만무하다. 임나는 가야와 다른 곳에 있던 다른 나라임이 분명하다.

식민사학자들은 임나가 한반도의 가야라는 근거의 하나로 「진경대사탑비(眞鏡大師塔碑)」를 전가의 보도처럼 내세우고 있는데, 그 비에 의하면 임나 왕족의 후예인 진경대사는 김씨다. 그렇다면 『삼국사기』에 기록된 김구해 왕의 금관국연맹 안에 임나가 있었을 가능성은 인정할 수 있다. 그러나 『삼국사기』나 『삼국유사』의 6가야는 금관가야, 대가야, 소가야, 아라가야, 고령가야, 성산가야라고 했으므로 임나가야가 한반도에 있다가 어느 시기에 대마도로 옮겨가버렸기 때문에 6가야에서는 그 이름이 빠졌을 가능성이 있다.

최재석의 주장처럼 일본 열도가 가야와 신라, 백제, 고구려의 지명으로 뒤덮여 있었다는 사실을 감안할 때, 신라, 백제, 고구려의 분국이 열도에 같은 이름으로 있는 데 비해 가야의 어떤 분국은 임나라는 이름으로 있었던 것으로 추정된다. 임나왕의 이름이 아리사

등이라고 했는데 그가 김씨였는지는 알 수 없지만, 이름이 한국식이라기보다는 일본식으로 생각되므로 이 임나는 열도에 있었던 것으로 보는 것이 자연스럽다.

앞의 표에서 양쪽에 유일하게 같은 해에 사건이 기록된 것은 562년이다. 두 기사 모두 신라가 임나 또는 가야를 공격했다는 것이지만 둘을 같은 사건으로 보는 것은 무리한 발상이 아닐 수 없다. 『일본서기』는 "신라가 긴 창과 강한 활로 임나를 공격하여 백성을 살상했다."는 모호한 내용만 있을 뿐, 양측의 장수 이름도 기록하고 있지 않다. 그리 큰 전투가 아니었다는 뜻이다. 반면에 『삼국사기』의 562년 기록은 이사부, 사다함 등의 장수 이름이 등장하고 5,000명 이상의 신라군이 동원된 상당한 규모의 전쟁이다. 신라에 이미 흡수된 가야의 재건운동이므로 비중 있는 장군들이 출전한 것이다.

또한 『삼국사기』의 가야는 532년 신라에 항복했다가 562년 재건운동을 일으켰으나 정복당해 사라진 데 비해, 『일본서기』의 임나는 그로부터 61년 후인 623년에도 "신라가 임나를 쳤다. 임나가 신라에 복종하였다."라고 되어 있어 562년 이후에도 버젓이 존재하고 있다. 따라서 『일본서기』의 임나는 『삼국사기』의 가야가 아니다. 그리고 임나의 가라, 탁순, 탁기탄 등의 나라 이름은 앞 장에서도 살펴보았듯이 가야의 나라 이름들과는 다를 뿐 아니라, 규모도 마을 수준에 불과하다. 임나는 마을들로 이루어진 작은 나라로서 한반도의 고대국가인 가야와는 완전히 다르다는 것을 다시 한 번 확인하게 된다.

다음으로『삼국사기』와『일본서기』기사를 통해 임나와 백제의 관계를 살펴보자.『일본서기』의 대표적인 기록을 보면 10건에 이른 다. 이에 비해『삼국사기』「백제본기」에는 임나는 물론 가야에 대 한 기록도 단 한 번도 보이지 않는다. 이 역시 임나는 가야가 아니 며 한반도에 있지 않았다는 사실이 자명해지는 증거라고 하겠다. 임나와 백제의 관계도 5세기 후반에 와서야 처음 기록되기 시작했 으며,『일본서기』기사 중에는 특이하게 임나의 일부 영토를 백제 에 주었다는 내용이 있는데 아래와 같다.

512 백제가 달라고 하여 임나의 4현(상다리, 하다리, 사타, 모루)을 백제에게 주었다.
513 백제의 장군이 왜에 가서 신라, 안라, 반파의 대표와 협의하 여 기문, 대사를 백제 영토로 하였다.
529 백제왕이 요청하여 가라국의 다사진을 백제왕에게 주었다.

위 기록 중 백제가 임나의 땅을 갖게 된 것으로 상다리, 하다리 등 4현과 가라의 다사진, 그리고 기문, 대사가 있다. 그런데 이 중 4현과 다사진은 백제가 달라고 하여 왜에서 그냥 주었다고 기록했 다. 백제와 왜의 관계를 모른다고 가정하더라도 왜가 임나를 정벌 해서는 일본부를 두고 다스릴 만큼 중요한 땅임에도 불구하고 백 제가 달라고 하니 냉큼 떼어주었다는 기사를 어떻게 해석해야 하 는가? 왜가 백제를 상국으로 떠받드는 입장이 아니라면 도저히 있 을 수 없는 일이다. 그런데도『일본서기』에는 그 반대로 왜가 백제의 상국인 것처럼 기록하였으니 이렇게 모순된 결과가 나오는 것이다.

한편 『일본서기』에는 백제가 자력으로 임나의 땅을 차지한 기록도 있다. 다음 두 기록을 보자.

> 487 백제왕이 크게 노하여 영군(領軍) 고이해, 내두 막고해를 보내 군사를 거느리고 대산을 쳤다. 이에 오이와노 스쿠네(生磐宿禰)가 진격하여 요격하였으나…… 군사는 다하고 힘이 빠져 일이 안 될 것을 알고 임나에서 돌아왔다.

> 530 아리사등(임나왕)이 게누노오미를 치려고 신라와 백제에 사람을 보내 군사를 청하였다. …… 백제는 임나왕이 보낸 사람을 붙잡아 수갑을 채우고 목에 큰 칼을 씌우고, 신라와 함께 성을 포위하였다. …… 백제는 돌아가는 길에 등리지모라(騰利枳牟羅) 등 5성을 빼앗았다.

이런 내용은 『삼국사기』에는 물론 나오지 않는다. 두 기록 가운데 위의 기록은 백제가 대산을 치고 왜의 오이와노 스쿠네를 물리쳤다는 내용이다. 그리고 아래 기록은 임나왕 아리사등이 게누노오미를 치려고 신라와 백제에 사람을 보내 군사를 청했다는 내용이다. 그런데 백제는 오히려 임나왕이 보낸 사람을 체포하고 신라군과 함께 성을 포위하고, 돌아가는 길에 5성을 빼앗았다는 내용이다. 이 내용은 『삼국사기』의 백제, 신라, 가야라고 가정하면 있을 수 없는 일이다. 이 기록들 역시 대마도에서 일어난 일로 보는 것이 타당하다.

『일본서기』에는 또 백제가 임나 여러 나라들과 일본부의 지도자들을 수시로 불러 모은다는 내용의 기사도 있다.

541 안라·가라·졸마·산반해·다라·사이기·자타 등의 한기(수장의 칭호)와 임나일본부 책임자 기비노오미(吉備臣)가 백제로 가서 함께 (천황의) 조서를 들었다. …… (임나 대표들은 백제 성명왕에게 말하기를) "무릇 임나를 재건하는 것은 대왕의 뜻에 달려 있습니다."라고 하였다. …… 백제는 안라의 일본부가 신라와 통모했다는 말을 듣고 신라에 간 임나집사를 소환하여 임나를 세울 것을 도모하였다.

543 임나의 하한(下韓)에 백제의 군령(郡令)·성주(城主)가 있다. …… 백제는 임나의 집사와 일본부의 집사를 소집하였다.

544 백제국이 임나의 집사와 일본부의 집사를 불렀다. …… 백제의 성명왕은 임나를 세우려고 자세한 것까지 지시하였다. …… 백제는 군사를 보내 임나 수호를 게을리 하지 않았다. 빠른 군사를 자주 보내 때에 맞게 구원을 하고 있다. …… 백제가 사인을 보내 일본부의 신과 임나의 집사를 불렀다. …… 일본의 기비노오미와 안라·가라·졸마·사이기·산반해·다라·자타·구차 등의 한기들이 백제로 갔다. …… 기비

노오미와 임나의 한기들이 임나를 세우는 것은 백제왕에게 달렸다고 말했다.

그 명칭이 '임나'가 되었든, '임나일본부'가 되었든 임나 논쟁에서 중요한 것은 임나 등의 위치다. 541년부터 544년까지 불과 3년 사이에 거의 매년 백제가 임나 7~8국의 수장인 한기들과 일본부 관원을 소집한 것을 보면 임나를 백제가 지배한 것이 틀림없다. 그러므로 임나의 한기들도 한결같이 임나 재건은 백제왕에게 달렸다고 입을 모아 말한다. 물론 이는 8국의 대표들을 언제든지 불러 모을 수 있는 좁은 대마도에서의 일이다. 『일본서기』의 주요한 왜곡 중의 하나가 대마도 및 일본 열도 내의 임나 및 삼국의 일을 대륙과 한반도의 고구려, 백제, 신라의 일인 양 혼동시킨 것이다. 긴메이조의 위 기록들도 마찬가지다. 『일본서기』 찬자들이 천황의 조칙 운운하며 한반도의 백제대왕이 마치 신하인 것처럼 조작했음이 쉽게 드러난다.

마지막으로 임나와 주변 삼국이 모두 인접해 있는 마을 규모의 나라였음을 보여주는 기록들을 검토하기로 하겠다. 여기에는 고구려에 관한 것도 있는데 이 역시 5세기 후반에 와서야 보인다.

『일본서기』 겐조(顯宗) 3년(487)조에 "기노 오이와노 스쿠네(紀生磐宿禰)가 임나를 걸쳐 넘어 고구려에 왕래했다."고 기록했다. 일제 식민사학의 위치 비정을 그대로 따른다고 해도 한반도 남부의 임나는 고구려에 가기 위해서는 백제나 신라를 통과해야 한다. 그러나 이 기록은 백제나 신라를 거쳐 갔다는 말이 전혀 없어서 고구려가 임나와 붙어 있는 것처럼 묘사하고 있다. 신라나 백제를 거치지 않고 기노 오이와노 스쿠네가 고구려를 자유롭게 왕래할 수 없다. 이 역시 고구려와 임나가 근접해 있었던 대마도 등지에 있었기에 가능한 일이다.

임나와 주변국과의 충돌 원인을 보자. 경작지를 쟁탈하기 위한 싸움의 사례가 보이는데 긴메이 5년(544) 3월조의 다음 기사가 대표적이다.

신라가 봄에 탁순을 뺏고 구례산의 우리 수비병을 쫓고 점령하였다. 안라에 가까운 곳은 안라가 경작하고 구례산에 가까운 곳은 신라가 경작하고 있다. 각각 경작하여 서로 침탈하지 않았으나 이 나사, 마도가 경계를 넘어 경작하고 6월에 도망갔다.

옛적 인지미와 아로한기가 있을 때 신라에 핍박당해 백성들은 경작할 수 없었다. …… 신라가 해마다 많은 무기를 모으고 안라와 하산을 습격하려 한다고 들었다. …… 군사를 보내 임나 수호를 게을리 하지 않았다. 빠른 군사를 자주 보내 때에 맞게 구원하고 있다. 그러므로 임나는 사철에 따라 경작하고 있다. 신라가 감히 침범하지 못한다.

위 기사는 마치 인접한 몇 개의 마을들 사이에서 벌어진 경작지 분쟁 같은 사례로 해석된다. 여기 나오는 신라, 안라, 임나 등이 국가 체제를 갖춘 나라들이라면 남의 나라에 들어가서 경작을 하고 도망을 치는 일이 가능하겠는가? 또한 약간의 경작지를 더 확보하기 위해 국가 간에 서로 물리적으로 충돌한다는 것이 상식적으로 말이 되는가? 말이 나라지 그 실상은 작은 마을 단위에 불과하기 때문에 다른 나라에 쉽게 들어가기도 하고, 경작지를 지키기도 하는 것이다.

『삼국사기』의 나라들은 이렇지 않았다. 수천, 수만의 대규모 군대를 동원해서 성 자체를 공격하는 것이 상례이다. 성을 함락시키면 그 성이 관장하는 지역은 자연히 따라오는 것이다. 경작지를 지키기 위해서 "빠른 군사를 자주 보내 때에 맞게 구원"하는 일 따위는 발생할 수 없었다. 위 기사는 경작지 분쟁 중에 있는 두 마을에서 각각 건장한 청년 몇이나 몇 십 명 정도가 몽둥이를 들고 지키는 모습이지 수천에서 수만의 군사를 동원해 다투는 국경 분쟁이 아니다.

이 4국 사이는 물론 야마토를 포함해 서로 간에 짧은 기간 내에 변화무쌍한 상호 연대와 상호 공격이 이루어지고 있는 것도 마찬가지 상황이기 때문에 가능한 것이다. 최재석은 이를 아래와 같이 정리했다.

464 신라의 고구려 공격

487 임나의 백제 공격

529, 537, 623 신라의 임나 공격

530 왜인이 임나인을 괴롭혀 임나가 신라, 백제에 도움 요청
　　신라, 백제의 협력

548 고구려의 임나 공격

551 백제가 백제, 신라, 임나의 군사 거느림

552, 554 고구려, 신라의 연합

600 신라, 임나 상호 공격

_ 최재석, 『고대한국과 일본 열도』, 일지사, 2000, 432쪽.

『일본서기』에 나오는 이런 사례들은 우리가 알고 있는 고구려, 백제, 신라, 가야 사이에서는 벌어질 수 없는 사건들이다. 서기 427년 고구려 장수대왕의 남하정책에 위협을 느낀 신라와 백제는 433년부터 신백동맹(나제동맹)을 맺고 고구려에 대항했다. 그로부터 120년 후인 553년에 신라 진흥대왕이 백제 강역인 한강 하류 지역을 점령하고 신주(新州)를 설치하면서 신백동맹은 깨졌다. 그리고 이때부터 세 나라는 서로 죽고 죽이는 무한경쟁의 시대로 돌입하게 되었다.

그런데 그 1년 전인 552년에 고구려와 신라가 연합하고, 이듬해인 554년에도 고구려와 신라가 연합한다는 것은 불가능한 일이다. 529년에는 신라가 임나를 공격했는데, 이듬해에는 임나가 신라, 백제에 도움을 요청했다는 것도 있을 수 없는 일이다. 또한 548년에 고구려가 임나를 공격했다는데 그러려면 백제나 신라 강역을 통과해야 한다. 이 역시 있을 수 없는 일이다.

결론적으로 이런 일은 넓은 강역을 가진 고대국가 사이에서는 일어날 수 없는 것이다. 특히 백제가 신라와 임나의 군사까지 거느렸다는 것이나, 가야가 망한 뒤 서기 600년에도 신라와 임나가 공격했다는 것은 한반도의 나라들에서는 불가능한 일이다. 그러므로 『삼국사기』에는 위와 같은 기록이 없으며, 이 나라들이 대마도에 있던 마을나라들이었음을 알게 한다.

제3장

스에마쓰 야스카즈와
김현구 비판

임나일본부가 한반도의 지배기구라는 망령

제1장에서 말했듯이 스에마쓰 야스카즈(1904~1992)는 4세기 말부터 6세기 말까지 임나일본부가 한반도 남부를 200년 동안 지배했다고 주장한 가장 극단적인 식민사학자다. 후쿠오카(福岡) 태생인 그는 1927년 도쿄제국대학 문학부 국사학과를 졸업하고 조선총독부 직속의 조선사편수회 수사관(修史官)으로 한국으로 건너왔다. 세칭 전공은 조선고대사, 고대 조일(朝日)관계사, 고려사, 조선사라고 하니 세밀한 전공을 따지는 조선총독부 학술시스템 및 오늘날 한국 대학의 사학과 시스템식으로 따지면 이것저것 모두 손댄 인물이다. 그는 조선사편수회에서 방대한 『조선사』 편찬사업을 주관하면서 1933년부터 경성제국대학(서울대의 전신) 법문학부 조교수로 있다가 1939년에는 교수로 승진했다.

스에마쓰 야스카즈가 신라사를 보는 관점은 조금 독특하다. 일본인이든 한국인이든 '임나 = 가야'를 주장하는 학자들은 모두 '『삼국사기』 불신론'을 갖고 있다. 다만 어느 시기까지 불신하느냐의 시기가 문제이다. 스에마쓰 야스카즈는 『조선사 5』(『조선행정』 2권, 2호, 1938)에서 "내외의 증거사료에 의하면", "내물왕(356~402) 때부터 법흥왕 즉위년(514)까지가 신라의 건국기가 된다."고 주장했다. 쓰다 소키치처럼 내물대왕 때 건국했다는 것이 아니라 그때부터 시작해서 150년 뒤인 법흥대왕 즉위년에 비로소 나라꼴을 갖추게 되었다는 것이다. 신라는 6세기 때 실질적으로 건국되었다는 뜻이다. 일본인 식민사학자들이 '증거'가 있다는 식으로 말하면 반드시 그 증거가 무엇인지 살펴보아야 한다. 예상대로 '내외의 증거사료'는 하나도 제시하지 않았다. 이는 마치 검사나 판사가 "내외의 증거에 따르면 너는 살인범이다."라고 사형을 구형하고 선고하지만 실제로는 아무 증거도 제시하지 않는 것과 같다.

스에마쓰는 내물대왕부터 법흥대왕까지의 150년 동안을 '반(半)전설적, 반(半)역사적 시대'라고 주장했다. 반은 전설에 불과하고 나머지 반만 역사라는 것이다. 4세기 후반부터 6세기 초까지도 신라는 반은 전설시대라는 것이다. 신라사를 조금이라도 아는 사람이라면 이는 학자의 주장이라기보다는 정신병자의 헛소리라는 것을 쉽게 알 수 있다. 그러면 스에마쓰는 왜 이런 황당한 주장을 펼쳤을까? 그래야만 임나일본부가 한반도 남부에 존재할 수 있기 때문이다. 신라가 강력한 고대국가라면 고대 야마토의 식민지 임나는 존속할 수 없다.

그러니 스에마쓰는 백제의 건국기도 부정해야 한다. 그는 백제의 건국을 근초고대왕(346~375) 때라고 주장한다. 그러면 백제 건국과 신라 건국 사이에 150여 년의 차이가 난다. 이 역시 스에마쓰의 『삼국사기』 불신론이 아무런 근거 없이 제멋대로 지어낸 것임을 말해준다. 백제가 근초고대왕 때 건국되었다고 본다면 인근의 신라도 그 비슷한 시기에 건국되었다고 보는 것이 상식적이다. 그렇지 않고 신라가 백제 건국 후에도 150년 동안 반전설적 시대로서 부족국가 단계에 머물렀다면 얼마 가지도 못하고 백제에 망했을 것이다. 그러나 『삼국사기』는 근초고대왕이 재위 21년(366) 신라에 사신을 보내 수교했다고 기록했다. 이는 고구려와 나라의 운명을 건 대격돌을 앞두고 후방의 안전을 먼저 확보하기 위한 것이었다. 스에마쓰의 말대로 당시 신라가 반전설시대에 불과했다면 굳이 신라를 신경 쓸 필요가 없었을 것이다. 백제는 신라와 우호관계를 맺고 나서야 고구려와 사생결단의 대전쟁에 나설 수 있었을 정도로 신라도 중요한 국가였다.

『일본서기』 진구 왕후기를 가지고 임나일본부를 비롯한 삼한정벌론을 주창하던 일본 제국주의는 1945년 패망했다. 전 세계를 지배할 수 있다는 허상이 무너지자 일본의 역사학자들은 역사를 침략의 도구로 이용한 것에 대해 반성하는 기운이 일었다. 그래서 『일본서기』 진구 왕후기 자체를 조작된 기사로 인정하고 각급 학교의 역사 교과서에 모두 실렸던 진구 왕후의 삼한정벌론도 삭제했다. 이제 겨우 일본은 정상적인 국가로 발돋움하는 초입에 들어서려 하는 것이었다.

그러나 스에마쓰는 달랐다. 그는 한국 재점령의 꿈을 결코 포기하지 않았다. 일제 패전 후 일본으로 쫓겨 간 스에마쓰는 패전으로 낙심한 일본인들에게 일본이 다시 한국을 점령할 수 있다는 희망과 확신을 주기 위해서 1949년에 『임나흥망사』를 출간했다. 이러한 스에마쓰에 대해 김현구는 『임나일본부설은 허구인가』(2010)의 서두에서 "임나일본부설에 대해 고전적인 정의를 내린 사람은 일제시대 경성제국대학에서 교편을 잡았던 스에마쓰 야스카즈였다."고 칭찬하면서 그를 "고전적 정의를 내린 학자"로 높게 평가했다. 김현구는 스에마쓰에 대해서 칭찬도 하고 비판도 하는 척한다. 왜 스에마쓰설을 추종하느냐고 비판하면, 자신이 비판하는 척한 내용을 갖다 대며 반박한다.

물론 김현구는 스에마쓰와 달리 임나를 직접 지배한 것이 야마토왜가 아니라 백제였다고 서술했다. 문제는 그가 야마토왜와 백제를 보는 시각이다. 앞서 본 것처럼 김현구는 "야마토 정권이 백제를 통해서 의사를 표시하는 예는 4회나 확인된다."라고 썼다. 물론 『일본서기』를 통해서만 확인된다는 것이다. 그런데 그 확인된다는 『일본서기』의 실제 내용은 일왕 긴메이가 백제의 성명왕을 '너[爾]'라고 부르며 꾸짖는다는 내용이다.

백제 근초고대왕은 자신을 신(臣)으로 부르면서 야마토왜를 성스런 조정이란 뜻의 성조(聖朝)라고 높였다고 서술했다. 일왕은 백제 대왕을 너라고 호칭하면서 마치 노비를 꾸짖듯이 꾸짖고, 백제 대왕은 자신을 신이라고 부르면서 야마토 조정을 성조라고 높인다면 두 나라 관계는 무엇인가? 종주국과 속국, 식민지 외에 무엇으로 볼 수 있을 것인가? 그가 말한 백제에 의한 임나 지배는 사실상 왜에 의한 지배라는 주장이나 마찬가지인 것이다.

김현구의 책 제목은 『임나일본부설은 허구인가』이다. 반어적인 책 제목은 저자가 주장하고 싶어 하는 내용을 담고 있다. '허구인가'라는 제목은 사실이라는 내용이다. 내용을 읽어보지 않은 사람도 이 제목을 보면 '임나일본부가 사실이라는 뜻이구나'라고 생각할 것이다. 김현구의 또 다른 책의 제목은 『백제는 일본의 기원인가』이다. 이 또한 책을 보기도 전에 '백제가 일본의 기원이 아니라는 뜻이구나'라고 생각할 것이다. 바로 이것이 그가 노리는 것이며 실제로 하고 싶은 말도 그것일 것이다.

임나 문제에 있어 가장 중요하고 기본이 되는 것은 말할 필요도 없이 그 위치이다. 제1장에서 임나가 가야가 아니며 일본 열도에 있었음을 간략히 언급했지만 여기서 임나의 여러 지명에 대한 스에마쓰의 비정이 모두 근거가 없는 잘못임을 우선 비판키로 하겠다. 그가 진구 49년에 정벌한 비자발 등 7국을 경상남도를 위주로 하여 경상북도의 대구, 고령까지 가야 지역으로 비정한 것은 앞에서 보았다. 그런데 7국 기사에 이어 "침미다례를 무찔러 백제에 주고" 이때 "비리, 벽중, 포미지, 반고의 4읍이 스스로 항복"했다는 내용이 있다.

스에마쓰는 여기의 침미다례를 일본 발음 도무다례의 '도무' 두 글자만 가지고 옛 무주에 속한 '도무(道武)'군이라 하여 오늘날 전라남도 강진이라고 비정했다. 그리고 4읍 중 '비리(比利)'는 『삼국지』〈한(韓)〉조에 보이는 '비리(卑離)'이며 『삼국사기』「지리지」의 '비사(벌)'이면서 전라북도 전주라고 비정했다. 그런데 명성황후 살해에 가담했던 야쿠자 역사학자 아유카이 후사노신은 비리를 '발라(發羅)'군이라면서 전라남도 나주에 비정했다. 아무런 사료적 근거도 없지만 무조건 한반도 남부에만 비정하면 되기 때문에 서로 비정이 다른 것이다.

다음 '벽중(辟中)'에 대해서 스에마쓰는 '벽비리', '벽성', '벽골'에 의하여 전라북도 김제라고 비정했다. 다음의 '포미지(布彌支)'는 아유카이의 설대로 '벌음지(伐音支)'현이 확실하다고 하여 충청남도 공주군으로 비정했다. 끝으로 '반고(半古)'는 아유카이의 설대로 '반나(半奈)'부리로 전남 나주군 '반남(潘南)'이라고 했으나 확실히 말할 수는 없다고 비정했다(244쪽 〈지도3〉 참조).

다섯 지명을 발음이나 글자 하나 비슷한 곳을 대충 골라잡아 비정했으나 이런 식의 위치 비정이라면 굳이 한반도 남부가 아니라 중국에도 비정할 수 있고, 아프리카 및 미주에도 비정할 수 있다. 발음 하나 비슷한 곳 찾는 것이 무엇이 어렵겠는가? 더구나 이 지명들은 임나 7국의 경상도를 지나 전라남북도는 물론 충청남도 공주에까지 이르러 임나 강역이 대폭 확대되어 백제나 신라보다 영역이 크다.

만약 임나가 가야이고 그 강역이 전라도와 충청도까지 확장되었다면 백제와 충돌 기사가 반드시 있어야 한다. 그러나 『삼국사기』「백제본기」에 백제와 가야의 관계는 전혀 기록되지 않았음에 비해, 「신라본기」에 신라는 경상도의 가야와 많은 충돌이 있었다고 기록되어 있다. 그러므로 임나의 다섯 지명이 전라도와 충청도에 있었다는 것은 결코 사실일 수 없다. 만약 가야가 경상도에서 전라도, 충청도까지 걸친 이런 넓은 지역에 있었다면 전라도와 충청도에서도 가야 유물이 숱하게 쏟아져나와야 할 것이다. 교류의 흔적으로 한두 개 나타나는 것 외에 지배의 흔적으로 유적과 유물이 숱하게 존재해야 하는 것이다. 그러나 그런 흔적은 찾아볼 수 없다. 이 역시 '가야＝임나'가 허구이자 조작된 정치선전이라는 사실을 잘 말해준다.

244쪽 〈지도3〉은 김태식의 『제2기 한일역사공동연구보고서』 (2010)에 실려 있는 것이며 이와 거의 유사한 245쪽 〈지도4〉는 김현구의 『임나일본부설은 허구인가』에 실려 있는 것으로 근소한 차이는 있으나 둘 다 스에마쓰의 지명 비정을 토대로 한 것이다. 『삼국사기』나 『삼국유사』에 보인 가야는 경상남도 일대에 국한되어 있는데 『일본서기』에 보인 정체불명의 이름들을 토대로 임나를 이렇게 확대해놓았으니 대한민국은 그야말로 빼앗기지도 않았던 강역을 역사학자들이 일본에 넘겨준 것이 아닌가?

김현구는 일본 와세다대학에서 「야마토 정권의 대외관계 연구」 (吉川弘文館, 1985)라는 논문으로 박사학위를 받았으며 지도교수는 미즈노 유(水野祐)이다. 미즈노 유는 진구 왕후의 삼한정벌설을 신봉하는 황국사관론자이다. 그는 쓰다 소키치조차 가공인물이라고 주장했던 초대 진무부터 9대 가이카(開化)까지를 선(先)왕조란 미명하에 실존 인물로 둔갑시켰다. 그리고 10대 스진을 그 실체를 확인할 수 있는 실제 왕조를 세운 인물이라고 주장했다. 선왕조니 실제 왕조니 하는 말장난으로 『일본서기』의 조작된 일왕들을 모두 실존

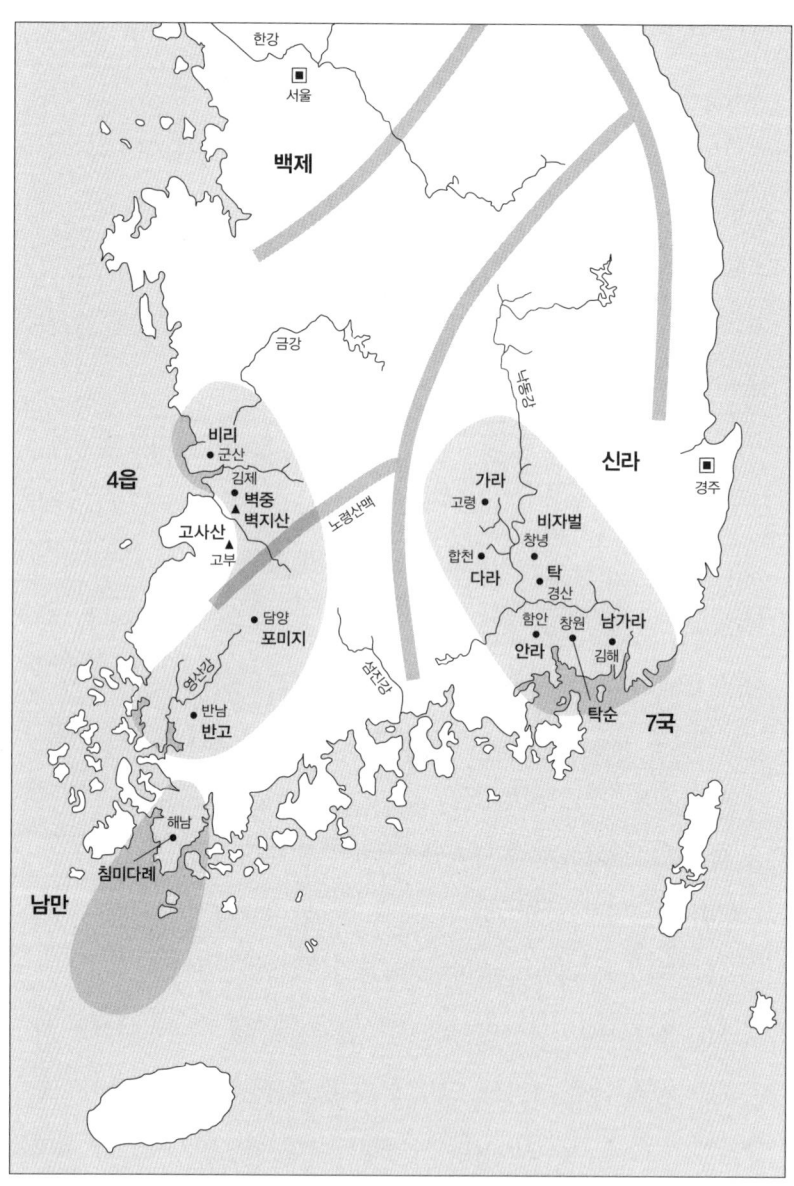

지도3 진구 49년조의 임나 관련 지명(김태식, 『제2기 한일역사공동연구보고서』).

비고 : 원래 지도에는 지명이 한자로 표기되어 있으나 모두 한글로 바꾸었다.

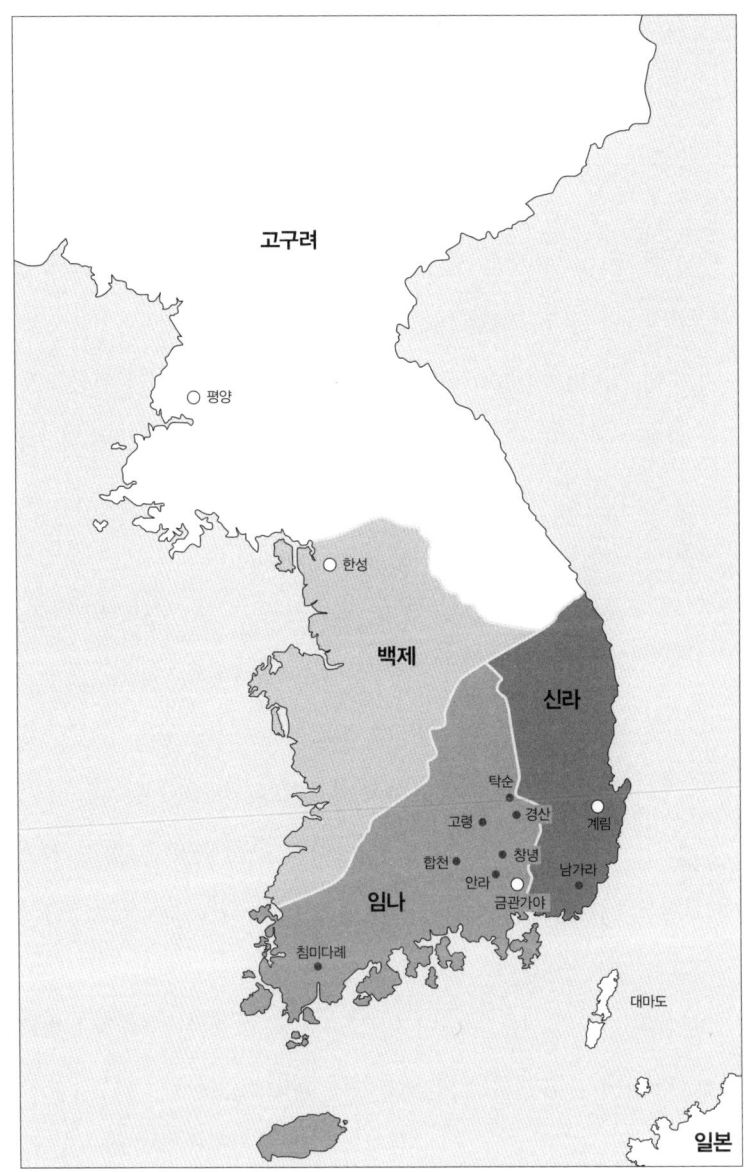

지도4 진구 49년조의 임나 7국과 침미다례(김현구, 『임나일본부설은 허구인가』).

비고 : 『임나일본부설은 허구인가』 17쪽 '삼국과 임나' 지도와 46쪽 '가야 7국과 침미다례' 지도
를 합쳐서 필자가 재구성했다.

인물로 둔갑시킨 것이다.

김현구는『백제는 일본의 기원인가』에서 이런 미즈노를 이렇게 평가했다.

> 기마민족 정복설에 자극받은 와세다대학의 미즈노 유 교수는 1950년 '3왕조 교체설'이라고 불리는 학설을 발표했다. 미즈노 교수에 의하면 적어도 645년 다이카(大化)개신 전에 이미 혈통을 달리하는 왕조가 세 번 바뀌었다는 것이다. …… 미즈노 교수의 3왕조설에 대해 이론이 없지는 않지만 왕조가 세 번 교체됐다는 줄거리는 학계에서 거의 정설로 인정되고 있다.
>
> _ 김현구, 『백제는 일본의 기원인가』, 창비, 2002, 193~194쪽.

일본의 왕조가 세 번 바뀌었다는 미즈노의 3왕조설은 일본 학계에서 거의 정설로 인정되고 있다고 하여 그의 학문적 위치를 높이 칭송했다. 황국사관에서 아직도 헤어나지 못하고 있는 일본 학계에서 확고한 위치라는 것은 우리에게는 아주 위태로운 인물이라고 생각하면 답이 된다.

위 인용문에 생략한 부분이 미즈노가『증정 일본 고대왕조사론 서설』(1954)에서 말한 핵심적 내용인데 대략 설명하면 이런 내용이다. 10대 스진을 실제의 초대 천황으로 보고 33대 스이코까지 고, 중, 신 세 왕조가 교체되었다는 가설을 세우는데, 그 간지를 조사해본 결과 절반 이상이 존재하지 않는 천황이란 결론에 도달한다. 이것만 봐도 일본 천황에 대한 기록이 얼마나 거짓으로 꾸며진 것인지 확연히 드러난다.

미즈노의 골자는 10대 스진, 16대 닌토쿠, 26대 게이타이를 시조로 삼는 세 왕조가 있었는데, 지금의 일본 왕가는 게이타이의 후예라는 것이다. 10대 스진 왕조는 미와(三輪) 왕조라고도 한다. 나라분지 동남쪽의 미와산 산록에 고훈(古墳)시대 전기(3세기~4세기 초)의 고분들이 주로 모여 있는데서 나온 이름이다. 쓰다 소키치가 15대 오진부터 실존 인물이라고 주장한 데 비해 미즈노는 5명의 일왕을 더 끌어올린 것이다. 김현구는 이를 "거의 정설"이라고 주장했지만 10대 스진이나 11대 스이닌을 실존 인물이라는 데에 회의적인 시각이 더 많다. 그리고 미즈노는 9대까지도 존재하지 않았다는 것이 아니라 상세하게 알 수 없다는 뜻에서 '선(先)왕조'라고 부른다. 10대 스진 이전을 의미하는 선왕조 역시 이 왕조가 실존했다는 의미를 함축하고 있다.

미즈노가 3왕조 교체설을 주장한 이유는 에가미 나미오(江上波夫)가 『일본 민족·문화의 원류와 일본국가의 형성』(1948)에서 주창한 기마민족설을 부인하기 위해서였다. 에가미의 요지는 4세기 말~5세기 무렵에 동북아시아의 부여 계통의 기마민족인 진(辰)왕조가 일본으로 건너가 야마토 정권을 세웠다는 것이다. 한때 국내에서는 이 설을 한국 고대국가가 야마토를 세웠다는 이론으로 오해한 적이 있었다.

그러나 에가미의 설은 한반도가 아니라 대륙의 부여계 기마민족이 한반도를 거쳐 남하해서 북규슈로 상륙하여 기나이(畿內)로 이동하여 천황가를 수립했다는 것이다. 또 그 과정에서 한반도 남부에 임나를 설치하고 갔는데 야마토 정권 수립 후에도 계속 지배했다는 식민사학의 변종이다.

에가미의 기마민족설은 백제계가 일본 천황가를 세웠다는 역사적 사실을 부인하고 대륙 세력이 한반도를 경유해 일본 천황가를 건설했다는 이야기다. 대륙인이 천황가의 기원이라고는 봐줄 수 있어도 백제계라고는 할 수 없다는 오기의 소산에 다름 아니다. 그러나 이는 그의 무지함을 폭로하는 자가당착적인 생각이다. 그것은 다름 아닌 바로 백제왕실이 대륙 부여인의 후손으로 성씨부터가 '부여'이며 후일 도읍을 남쪽으로 옮긴 때부터는 국호마저 '남부여'로 고쳤다는 기초적 역사조차 모른 척하는 데서 나오는 것이다. 어쨌든 엉뚱하게도 부여인이 임나를 세웠다는 그의 근거 없는 설은 결과적으로 임나가 아닌 백제가 천황가의 기원임을 더욱 명확하게 해준 셈이 되었다.

한편 미즈노는 이런 함정을 알았던 듯 에가미의 기마민족설마저 받아들일 수 없다는 것이다. 신성한 일본 왕가는 일본 열도에서 자생했지 외국에서 온 것이 아니라고 우기는 것이다. 학문이 우긴다고 되지 않는다는 것은 상식 이전의 문제이지만 유독 식민사학계에서만 우기는 것이 통한다. 식민사학은 학문이 아니기 때문이다. 미즈노는 고대 일본 열도의 인구 중 원주민은 10% 정도 밖에 되지 않았다는 같은 일본인의 연구 결과 같은 것은 안중에도 없다. 일 왕가는 대륙, 그것도 한반도에서 와서는 안 되기 때문이다. 신성한 일 왕가는 반드시 일본 열도 내에서 자생해야지 밖에서 들어와서는 곤란하다는 것이다.

김현구 역시 일본 열도 내에는 원래부터 강력한 군사대국인 야마토가 있었다는 전제를 깔고 논리를 편다. 6세기 중반까지도 야마토왜는 철기 생산 능력이 없었다는 사실 등은 안중에도 없다. 야마토왜는 철기 생산 능력이 없어도 상관없다는 것이다. 백제 근초고대왕이 철정 40개를 바친 것처럼 백제로부터 상납을 받으면 된다는 것이다.

이쯤 되면 미즈노 유의 임나관은 어떤지 궁금해진다. 미즈노는 『일본 고대국가 : 왜노국, 여왕국, 구노국』(1966)에서, "왜노국은 기원전 2세기에 이미 조선반도의 남단을 점유하여 항해의 중간기지로 삼아왔는데, 이것이 기원전 1세기에는 구노한국이란 하나의 나라가 되었다."고 주장하며, 이 구노한국이 "조선반도에 있는 왜국의 식민지가 되고 이후 임나의 기원이 되었다."고 주장한다. 서기전 2세기부터 이미 한반도 남단은 일본의 식민지였다는 것이다. 이는 스에마쓰의 임나일본부설보다 600년이나 앞서 남한을 지배했다는 주장으로 논할 가치조차 없다.

이런 허황된 임나관, 극우 중에서도 극우의 역사관을 가진 미즈노가 김현구에게 박사학위를 주고 책의 출간까지 주선했다는 사실은 범상치 않다. 어느 일본인 학자가 최재석의 책을 출간하기 위해 일본 내 여러 출판사들을 접촉했다. 대부분의 출판사에서 출간하고는 싶지만 이런 책을 출간했을 경우 극우세력의 테러가 우려되기 때문에 출간할 수 없다고 사양했다는 이야기와 극명하게 대비되는 사례다.

임나 경영의 경과

스에마쓰는 『임나흥망사』에서 『일본서기』 진구 왕후 때 가야 7국을 점령하고 임나를 세웠는데, 그 위치가 반도라고 쓰고 있다. 쓰다 소키치마저 허구의 사실이라고 본 『일본서기』 진구 왕후기를 토대로 이후 200년 동안 야마토왜가 가야와 한반도 남부를 지배했다면서 그 기간의 제목을 '임나의 창성'이라고 붙였다. 369년에 임나를 설치했다면서도 임나에 일본부가 있었다는 기사는 100년 뒤인 464년(유랴쿠 8년)에야 보인다. 7국을 평정했다면서 군현으로 삼은 것도 아니요, 일본부 같은 통치조직과 상주하는 군대도 없었다면 그 100년 동안은 무엇으로 임나를 다스렸다는 것인가?

스에마쓰는 임나 평정 초기인 4세기 말에서 5세기 초까지의 상황에 대한 근거로 광개토대왕릉비에 새겨진 왜와 임나가라에 관한 기사를 제시하며 이렇게 말한다.

> 요약하면 391~405년 사이 고구려 호태왕군(광개토대왕군을 가리킴-필자)의 남하 형세는 구체적으로는 백제 공략과 신라 구원으로 나타난다. 그러나 전쟁은 고구려군과 일본군 간에 주로 이루어졌다. ······ 결국 호태왕의 남정(南征)은 남조선에 있어 일본의 세력을 불식하지 못했을 뿐 아니라 오히려 일본의 세력을 굳혀주는 역할을 했다고 말할 수 있다. 따라서 백제와 일본과의 관계도 앞에 수립된 복속관계가 다시 강화되었다.
>
> _ 스에마쓰 야스카즈, 『임나흥망사』, 요시카와코분칸, 1949, 77~78쪽.

서기 400년을 전후하여 광개토대왕의 남하 형세는 백제 공략으로 나타나지만 전쟁은 주로 고구려군과 일본군 사이에 이루어졌다는 것이다. 물론 스에마쓰는 야마토왜에는 원래부터 강력한 군사가 있어서 이 군사가 바다를 건너와서 고구려와 싸웠다는 것이다. 그러나 일본 열도에 이런 대규모 정복전쟁을 수행할 수 있는 정치세력은 7세기 후반에나 존재했다는 것이 일본 내에서도 합리적인 학자들의 시각이다. 정복전쟁을 수행할 세력 자체가 없었는데 어떻게 바다를 건너와서 싸운다는 말인가? 실제로는 고구려의 대부분의 전쟁은 백제와의 사이에 있었다.

광개토대왕의 비문에는 400년 신라성에 침입한 왜적을 패퇴시키고 추격하여 임나가라에 이르러 성을 함락시킨 일과, 그 4년 후 왜가 갑자기 대방계를 침입하자 왜구를 궤멸시켰다는 두 사건이 기록되어 있을 뿐이다. 한편 광개토대왕의 비문에 백제와는 396년 58개의 성을 대거 함락한 일이 기록되었을 뿐이지만(407년에 사구성 등 5~6개 성을 격파한 기록도 백제에 관한 것으로 보이지만 해독할 수 없는 부분이 많아 단정할 수 없다), 『삼국사기』〈광개토대왕〉조에는 대왕이 즉위한 391년부터 394년까지 해마다 백제와 치열한 공방전을 벌였음을 알 수 있다.

광개토대왕 즉위 원년인 391년 겨울, "관미성(關彌城)을 공격하여 함락시켰다."는 기록을 필두로 재위 2년(392) "가을 8월에 백제가 남쪽 변경을 침범하니 장수에게 명하여 이를 막았다."는 기록, 재위 3년(393)의 "가을 7월에 백제가 침략해오니 왕이 정예기병 5,000명을 거느리고 맞받아쳐서 이를 패배시켰다."라는 기록, 재위 4년(394)

의 "가을 8월에 왕이 패수(浿水) 위에서 백제와 싸워 이를 크게 패배시켰다. 사로잡은 포로가 8,000여 급이었다."는 기록 등 매년 고구려와 백제는 죽기살기로 싸웠다. 고구려와 주 전선을 형성한 것은 왜가 아니라 백제였다. 그러므로 스에마쓰가 고구려의 주적이 마치 왜인 것처럼 말한 것은 허위임을 알게 된다.

또 광개토대왕 비문에 기록된 두 번의 싸움에서 왜는 일방적으로 고구려에 패했다. 고구려에서 광개토대왕의 업적을 기리기 위해서 기록한 것이기 때문에 표현상 다소의 과장이 있을 수도 있겠지만 당시 고구려가 백제에 연전연승한 군세를 감안하면 왜는 고구려의 적수가 되지 못함이 당연하다. 게다가 비문에 기록된 두 번의 왜 관계는 대왕의 업적을 기리기 위해 포함되었지만, 『삼국사기』에는 일체 언급이 없다는 것은 국가적 차원에서 중요한 일은 아니었다는 반증이라 하겠다.

끝으로 비문에 보인 임나가라를 스에마쓰는 가야로 보고 그곳을 평정한 왜가 이후 수십 년에 걸쳐 한반도에 상당한 군사적 기반을 갖추어 고구려에 대항했다고 주장했다. 한반도의 임나가 창성했다는 증거를 제시하는 것이지만 이는 사실이 아니다. 광개토대왕이 396년 백제의 58성을 칠 때 직접 수군을 지휘한 것에서 알 수 있듯이, 400년에도 신라성에서 쫓긴 왜군이 해로로 도망할 때 고구려 수군이 추격하여 일본 열도의 임나가라에 이른 것으로 보는 것이 타당할 것이다.

이렇게 보는 근거는 백제가 58성이나 잃은 바로 다음 해에 전지태자를 일본에 보낸 사실에서, 다급해진 백제가 미력이나마 자국의 관리 아래 있던 일본의 지원병을 동원한 것으로 생각되기 때문이다. 스에마쓰는 위에서 광개토대왕의 정벌이 왜의 세력을 불식하기는커녕 굳혀주는 결과가 되었고 백제의 왜에 대한 복속도 강화되었다고 주장했다. 광개토대왕 비문에서도 믿고 싶은 것만 믿는 식민사학의 습성이 그대로 나타난 것이다. 광개토대왕의 비문에 왜군이 일패도지했다고 기록한 것은 도무지 믿고 싶지 않다는 억지에 다름 아니다. 열도에 있던 임나가라까지 함락된 것을 한반도의 가야라면서 임나로 둔갑시키고 또 창성했다고 주장하니 기가 막힐 노릇이다.

한편 김현구는 「광개토대왕릉비문」의 왜에 관해 이렇게 말했다.

> 고구려가 왜를 격퇴하여 임나가라에 이르러 제성(諸城)을 취한 것으로 보아 임나가라가 당시 왜의 대고구려 작전에 중요한 거점이었다고 생각된다. 그런데 임나가라는 목라근자(木羅斤資)가 382년 그 부흥을 도와준 이후 그의 아들 목만치(木滿致)가 475년 도일할 때까지 그와 그의 아들 목만치가 중심이 된 백제의 가라(加羅) 경영과 대고구려 견제의 거점이었다.
>
> _ 김현구, 『임나일본부 연구』, 일조각, 1993, 98쪽.

김현구는 임나가 한반도에 있었다는 스에마쓰의 그릇된 주장을 그대로 이어받아 논리를 전개하고 있으며, 그 임나가 왜의 대고구려 작전에 중요한 거점이었다고 한다. 다만 스에마쓰와 다른 것은 임나를 지배한 것이 야마토왜가 아니라 백제라고 주장한다는 점이다. 김현구가 백제와 왜의 관계를 어떻게 보고 있는가는 일왕 긴메이가 백제 성명왕에게 '너'라고 부르며 꾸짖는 관계라는 『일본서기』를 그대로 믿고 "확인된다."라고 썼다고 앞서 말했다.

김현구가 임나를 지배했다고 주장하는 목라근자는 진구 49년(369)조에 임나 7국을 평정할 때 왜의 장군인 아라타와케(荒田別), 가가와케(鹿我別)와 함께 참여한 백제의 장군이라고 되어 있으며, 382년에는 가라에 가서 그 부흥을 도왔다고 한다.

목라근자가 백제의 장군이므로 임나 정벌은 왜가 아니라 백제가 한 일이라는 것이 김현구의 주장이며, 이후 임나의 경영에 관한 모든 진행 과정도 백제에 의한 것이라고 주장한다. 그러나 이 주장은 처음부터 성립할 수 없는 자의적 주장일 뿐이다. 그 이유도 너무나 단순하고 명백하다. 『일본서기』 진구 왕후기는 당시 아라타와케, 가가와케가 정벌 책임자였고 목라근자는 사사노궤와 함께 도우러 온 인물이라고 했다. 이를 가지고 백제에서 정벌했다고 볼 수는 없다. 김현구는 아라타와케, 가가와케, 사사노궤는 모두 가공인물이고 목라근자만 실존 인물이라고 주장한다. 그러나 한 사료를 가지고 일부는 거짓이고 일부만 자의적으로 사실이라고 받아들이는 것은 역사학적 사료비판 방식이 아니다.

이렇게 주장하려면 세 사람의 왜인이 가공인물이라는 합리적인 근거를 대야 한다. 김현구는 아라타와케가 이후로는 보이지 않는다고 주장하지만 『일본서기』 진구 왕후기 52년(372)조는 "봄 2월 아라타와케 등이 돌아왔다."고 분명히 기록하고 있다. 또한 『일본서기』 오진 15년(404)조는 "가미쓰케누노키미(上毛野君)의 시조 아라타와케(荒田別)라고 분명히 기록하고 있다. 한 집안의 시조인 인물을 없는 인물이라고 멋대로 지워버린 것이다. 앞에서도 살펴보았지만 김현구는 사료 조작에 아주 능한 인물이다. 이처럼 목라근자는 보조 장수에 지나지 않았고, 아라타와케가 정벌 책임자였다. 또한 정벌을 명한 것이 야마토 조정인데 그것이 어찌 백제에 의한 정벌이 될 수 있겠는가?

『일본서기』에도 정벌 후에 백제의 근초고대왕과 왕자 근구수가 군대를 이끌고 와서 아라타와케 일행과 만나 서로 기뻐했다고 나오기는 하지만, 대왕이 목라근자에게 정벌을 명했다는 이야기는 없다. 그럼에도 불구하고 이 정벌이 백제에 의한 것이라고 하려면 야마토 정권이 백제에 예속되어 대왕의 명에 따라 왜가 움직인 경우라야 한다. 실제로 양국의 관계는 그랬을 테지만, 『일본서기』에는 정반대로 근초고대왕이 왜의 신하에게 "천추만세에 끊임없이 서번(西蕃, 서쪽의 제후)이라 부르며 해마다 조공하겠다."고 맹세한 것으로 기록하고 있다. 김현구가 『일본서기』의 이런 기록들을 사실로 믿고 있다는 사실은 앞에서 이미 밝혔다. 『일본서기』의 조작된 시각으로 양국관계를 보면 백제는 야마토왜의 식민지가 된다.

스에마쓰는 광개토대왕의 임나가라 정벌 이후 5세기 전반에 왜와 백제와의 관계가 발전되었다고 주장했다. 그러면서 스에마쓰는 국(國)·군(郡)의 설정, 여자의 공진(貢進), 왕제(王弟)의 파견 등 3가지를 주요한 정치적 사항으로 언급했다. 정치적 관계 이외에 더욱 광범한 범위에서 백제의 문인, 공인(工人)들의 공헌(貢獻)과 도래(渡來)가 있었다고 주장했다. 백제에서 여자들이나 왕의 동생을 비롯한 왕족들을 야마토에 바쳤다는 것이고, 더불어 문인 등의 학자들과 공인들도 바쳤다는 것이다.

스에마쓰는 아직기(阿直岐), 왕인 등의 학자와 재봉(裁縫)녀 등 기술자의 도일(渡日)과 120현의 인부 및 17현 백성의 귀화 등을 언급하며 백제에서 이 모든 사람들을 야마토에 바쳤다고 주장했다. 공진, 공헌이라고 한 것은 백제가 속국으로서 왜에 조공했다는 뜻이고, 많은 현의 인부나 백성이 귀화했다는 것도 한반도에서 대대적으로 일본 열도로 집단이주한 것을 『일본서기』식으로 쓴 표현에 불과하다.

위의 표현을 그대로 믿어도 당시 야마토는 학자도 없고 공인도 없는 미개 상태다. 이런 나라에 대륙의 강국 고구려와 한 치의 양보도 없이 맞서 싸웠던 백제에서 여자들과 왕의 동생과 학자와 기술자들을 바쳤다는 것은 정상적인 사고를 가진 사람이라면 사실이라고 볼 수 없는 것이다.

여기서 중요한 것은 이 모든 일들이 백제와 왜와의 관계일 뿐 그 내용에 있어 임나의 창성과는 아무런 관계가 없다는 점이다. 만약 왜가 임나를 평정하여 다스렸다면 백제가 아니라 임나로부터 왕족이든 학자나 인부든 왜에 건너간 일이 다수 기록되었어야 마땅하다. 임나를 평정했다지만 그 후 임나에 관한 일이 기록되지 않았기 때문에 스에마쓰가 이런 일들을 주워 챙겨 임나의 창성으로 속인 것에 불과하다. 그러므로 임나 평정이라는 사실 자체도 없었던 일이 분명하다.

한편 위의 내용 가운데 '여자의 공진'이라는 것이 무엇을 뜻하는

지 살펴보자. 『일본서기』 유랴쿠 2년(458)조의 주석에 이런 기사가
있다.

> 『백제신찬』에서는 "기사년에 개로왕이 즉위하였다. 천황이 아레나
> 코(阿禮奴跪)를 보내 여자를 찾도록 하였다. 백제는 모니(慕尼)부인
> 의 딸 적계여랑(適稽女郎)을 단장하여 천황에게 바쳤다."고 하였다.

스에마쓰는 유랴쿠 천황이 백제 여자를 찾으니 백제 개로대왕이
모니부인의 딸 적계여랑을 단장시켜 천황에게 바쳤다는 것이다. 그
런데 김현구는 「백제와 일본 사이의 왕실외교」라는 글에서 백제에
서 일왕에게 갖다 바친 여성들은 적계여랑뿐만이 아니라고 주장했
다. 직지왕의 누이 신제도원, 그리고 지진원도 백제에서 천황(김현구
는 반드시 '천황'이라고 쓴다)을 위해 보내진 것이라고 한 술 더 뜨면서
이렇게 말했다.

> 직지가 귀국한 지 23년이 지난 428년에 해당하는 오진 39년조에
> 는 직지왕(405~420)이 누이 신제도원을 보내 일본 천황을 섬기게
> 한 것으로 되어 있다. 그리고 유랴쿠 2년(458) 7월조에 인용된 『백
> 제신찬』에는 기사년(429, 489)에 개로왕(455~475)이 즉위하자 일본
> 이 아레노궤를 보내 여랑을 요구하므로 백제가 적계여랑을 공진
> (貢進)한 것으로 되어 있다.
> 한편 유랴쿠 2년 7월조 본문에도 언제 파견되었는지는 알 수 없
> 으나 백제가 파견한 지진원이 장차 천황이 부르려는 것을 어기고

석천순과 음란한 짓을 하였으므로 천황이 그를 화형에 처한 것으로 되어 있다. 따라서 직지왕의 누이 신제도원을 파견한 뒤에도 적계여랑과 지진원 등이 파견되었음을 알 수 있다.

_ 김현구, 『고대 한일교섭사의 제문제』, 일지사, 2009, 166~167쪽.

김현구는 전지대왕(『일본서기』의 직지왕)이 누이 신제도원을 보내 "일본 천황을 섬기게" 했다고 썼지만 이는 『일본서기』조차 제멋대로 해석한 것으로, 사실과 다르다. 『일본서기』 오진 39년 봄 2월조의 원문과 번역문은 이렇다.

백제의 직지왕이 그 누이 신제도원을 보내 임무를 맡겼다. 신제도원은 7명의 부녀자를 거느리고 왔다(百濟直支王遣其妹新齊都媛以令任. 爰新齊都媛率七婦女而來歸焉).

원문 '영임(令任)'은 '임무를 맡겼다(명했다)'는 뜻이지 일왕을 섬기라는 뜻이 아니다. 『일본서기』 전체에서 신제도원에 관한 기사는 이것뿐이다. 이 기록이 사실을 반영한 것이라면 직지왕의 누이 신제도원은 야마토 조정에 가서 국사를 지도했을 것이다. 만약 신제도원이 일왕에게 바쳐진 여성이라면 스에마쓰가 백제왕의 누이라는 그녀를 언급하지 않고 신분도 분명하게 기록되지 않은 적계여랑만 언급했을 리가 없다. 김현구는 『일본서기』에도 없는 내용을 자의로 조작해서 "직지왕이 누이 신제도원을 보내 일본 천황을 섬기게 한 것으로 되어 있다."고 백제에서 일왕에게 공주를 상납했다고 서술한 것이다.

위 인용문의 또 다른 문제는 이것이 『삼국사기』의 백제 전지대왕(재위 405~420) 때의 일이 아니라는 점이다. 오진 39년은 서기로 환산하면 308년이다. 『삼국사기』에 따르면 서기 308년은 백제 비류왕 5년으로 사실과 부합하지 않는다. 그래서 『일본서기』의 연대 문제를 해결하는 마법의 지팡이인 주갑제를 써서 120년을 끌어올리면 428년인데, 『삼국사기』에 따르면 이때는 전지대왕(405~420) 때가 아니고 비유대왕 2년이다. 마법의 지팡이 주갑제도 무력해졌으니 이제 어떻게 해결해야 할까? 2주갑에서 8~23년을 더 빼서 전지대왕 때로 맞추어야 할까? 한마디로 헛소리란 이야기이다.

더구나 오진 25년(294)조에는 "백제의 직지왕이 세상을 떠났다. 그 아들 구이신이 왕이 되었다."고 한다. 오진 39년에 직지왕이 누이 신제도원을 보냈다고 썼는데, 그 14년 전인 오진 25년에는 직지왕이 이미 세상을 떠났다고 쓰고 있는 것이다. 세상을 떠난 직지왕의 혼령이 나타나 누이를 보냈다는 뜻일까? 서로 다른 시기도 아니고 같은 오진조의 내용이 앞뒤가 맞지 않고 뒤죽박죽이다. 정상적인 학자들이라면 이쯤에서 "『일본서기』는 도저히 믿을 수 없다."고 선언할 것이다.

다음에 유랴쿠 2년조 기사에 대해서 김현구는 백제가 적계여랑을 '공진(貢進)'했다고 썼다. 스에마쓰와 같은 용어를 사용한 것이다. 적계여랑을 공물로 바쳤다는 의미로서 일본이 상국이고 백제는 속국이라는 스에마쓰와 같은 생각임을 알 수 있다. 김현구는 또한 여자 지진원도 백제에서 보냈으나 음란했기 때문에 일왕이 화형에 처했다고 서술했다. 이 사건에 대해『일본서기』유랴쿠 5년조는 이렇게 서술했다.

지진원을 불에 태워 죽였다[적계여랑이다].

유랴쿠 2년조도 지진원을 불태워 죽인 이야기를 실으면서 그녀가 적계여랑이라는『백제신찬』의 내용을 싣고 있다. 즉『일본서기』는 '지진원＝적계여랑'이라는 것이다. 그러나 김현구는 지진원과 적계여랑을 두 사람으로 분류해 백제에서 야마토에 바친 여인들의 숫자를 늘렸다. 그러나 스에마쓰조차 적계여랑과 지진원을 한 여성으로 파악해서 적계여랑만 언급하고 지진원은 포함하지 않았다. 김현구가 모르고 한 것이라면 기초 사료 해득능력도 없다는 뜻이고, 알고 한 것이라면 스에마쓰 정도의 황국사관으로는 불만이라는 것이 아니겠는가?

다음으로 지진원의 신분을 살펴보자. 지진원은『일본서기』에 신분이 명확하게 기록되어 있지 않다. 다만 '모니부인의 딸'이라고만 기록되어 있다. 김현구는 위 인용문에서, "직지왕의 누이 신제도원을 파견한 뒤에도 적계여랑과 지진원 등이 파견되었음을 알 수 있다."라고 썼다. 직지왕의 누이 신제도원과 적계여랑, 지진원을 나란히 열거했을 때 누구든지 이들을 백제 왕녀라고 생각할 것이다. 그러나『일본서기』에 모니부인의 딸이라고만 기록되어 있는 지진원(적계여랑)을 왕족으로 단정할 수 없다. 그런데도 그는 그녀들을 왕녀라 하여 이렇게 말한다.

그들의 혼인 상대가 누구였는지는 기록이 없어 알 수가 없다. 그러나 선진국에서 건너간 왕녀의 신분이었던 그들의 혼인 상대가 누구였는가는 쉽게 짐작할 수 있다. 천황이 "지진원을 취하려 했는데 석천순과 관계를 맺었으므로 화형에 처하였다."는 내용으로도 그들의 혼인 상대가 짐작이 간다. 이렇게 해서 일본의 천황가에 백제 왕가의 피가 수혈되기 시작한 것이 아닌가 생각한다.

_ 김현구, 『임나일본부설은 허구인가』, 창비, 2010, 186쪽.

김현구의 이 구절 역시 '선진국에서 건너간 왕녀'라는 묘사에서 지진원을 백제 왕녀로 보고 있는 것이다. '선진국'이란 말을 하나 넣어 독자들을 현혹시키고 있지만 이 역시 의례적인 수사에 불과하다. 바로 그 다음에 선진국에서 보낸 왕녀를 야마토에서 불태워 죽였다는 내용이 이어지기 때문이다. '선진국' 백제는 자신들이 보낸 왕녀를 야마토에서 불태워 죽였어도 항의 한 번 못하는 불쌍한 존재다.

그런데 김현구 특유의 논리의 비약은 여기에서도 나타난다. 일왕이 지진원을 취하려 했으니 지진원이 백제의 왕녀라는 것이다. 왕이 취하는 여성은 왕족만이 아님은 물론이다. 그런데도 김현구는 유랴쿠가 지진원을 불렀다가 불태워 죽였다는 것을 "이렇게 해서 일본의 천황가에 백제 왕가의 피가 수혈되기 시작한 것이 아닌가 생각한다."라는 엉뚱한 결론으로 매듭짓는다.

김현구는 고대 야마토왜가 고대 백제인들이 세웠다는 사실은 확고하게 부인한다. 김현구는 고대일본 열도에는 원래부터 야마토국이 있었다고 전제한다. 그 야마토는 군사강국이어서 고구려, 백제, 신라가 모두 군사 지원을 구걸한다는 것이다. 그런데 야마토왜에서는 구걸하는 세 나라 중에서 백제를 선택해주었다. 그리고 백제에서 보낸 왕족들에게 일 왕가의 피를 섞어줌으로써 "일본의 천황가에 백제 왕가의 피가 수혈되기 시작"했다는 것이다. 여기에서도 김현구는 사료를 조작했다. 김현구의 글을 보자.

> 그런데 유랴쿠 5년조에는, 옛날에는 여(女)를 보냈는데 무례하여 나라의 명예를 실추시켰으므로 동생인 곤지, 즉 남자를 보내 천황을 섬기게 했다고 되어 있다. 따라서 직지왕이 누이 신제도원을 파견한 이래 461년 곤지를 파견할 때까지는 백제의 왕녀들이 왜에 파견되는 관행이 있었음을 알 수 있다. 신제도원, 적계여랑, 지진원 등이 그 왕녀들에 해당되는 것이다.
>
> ＿ 김현구, 『고대 한일교섭사의 제문제』, 일지사, 2009, 167~168쪽.

김현구는 백제에서 파견된 여성들을 백제 왕녀로 만들려고 사료조작을 서슴지 않는다. 김현구가 쓴 '무례'라는 용어는 『일본서기』 유랴쿠 5년조에 나온다.

> 백제 가수리군[개로왕이다]이 지진원[적계여랑이다]이 불에 타 죽었다는 소문을 듣고, 서로 모여서 상담해서 말하기를, "옛날에 여인을 채녀(采女)로써 바쳤는데 무례하여 아국의 명예를 실추시켰다. 지금 이후로는 공녀로서 합당하지 않다."라고 말하고 이에 그 동

생인 군군(軍君)[곤지군이다]에게, "너는 마땅히 일본으로 가서 천황을 섬겨라"라고 말했다.

_ 『일본서기』 유랴쿠 5년조

지진원의 신분은 '채녀(采女)'다. 채녀는 중국 고대 한나라의 궁녀 계급인데, 일본에서는 일왕이나 왕비를 모시는 신분이다. 물론 후궁도 될 수 있다. 『일본서기』의 어느 구절에도 지진원이 '백제 왕녀'라는 구절은 없다. 궁녀 신분인 채녀다. 그런데도 김현구는 지진원을 백제 왕녀로 만들어 백제에서 왕녀를 야마토에 상납했다고 만든 것이다. 스에마쓰보다 한 수 위라고 하지 않을 수 없다.

김현구는 또 전지대왕이 누이 신제도원을 파견한 이래 461년 곤지를 파견할 때까지는 '백제의 왕녀들이 왜에 파견되는 관행'이 있었음을 알 수 있다고 했다. 물론 그런 '관행' 따위는 김현구가 만든 것이지 『일본서기』에도 나오지 않는 것이다. 게다가 신제도원을 파견한 것이 428년이고 곤지가 파견된 것은 461년으로 33년이나 되는데 그 사이에 왕녀로 확인된 인물은 신제도원이 유일하다. 설사 1~2명의 왕녀가 갔다 하더라도 이것을 가지고 관행이라고 말하는 것은 논리적이지 못하다.

그래서 그런지 신제도원을 파견한 해(428년)도 여기서는 밝히지 않고 "백제의 왕녀들이 왜에 파견되는 관행이 있었음을 알 수 있다."고 우기고 있다. '관행'이란 국어사전에 '오래전부터 해오는 대로 함, 또는 관례에 따라서 함'이라는 뜻이라고 나온다. 1명이 간 것을 가지고 오래전부터 해오던 것이라고 할 수도 없고, 관례라고 할 수도 없다. 백제에서 왕녀를 정기적으로 야마토에 상납한 것으로 만들기 위해 만든 무리한 단정이다.

지진원을 왕녀로 조작해놓고는 그 지진원을 일왕이 마음대로 불태워 죽여도 백제는 찍소리 못하는 속국으로 만들기 위한 것이다. 그만큼 야마토왜는 초강력 국가라는 뜻이다.

한 가지 덧붙인다면 일왕이 백제에서 여자를 구했다거나 백제 이주민인 지진원을 원했다는 데에서 일왕이 백제인이었으리라는 추측이 가능하다. 앞에서 본 대로 한반도에서 온 이주민이 왜국 인구의 90%였다는 사실은 일왕도 백제계란 사실을 말해주는 것이다.

무엇보다 중요한 것은 무령대왕릉의 지석에서 무령대왕의 죽음을 황제의 죽음을 뜻하는 '붕(崩)'이라고 표현하고, 일본인 학자 우에다가 예를 든 것처럼 『남제서』에 나오는 백제 동성대왕이 신하들을 '불사후', '불중후', '면중후', '팔중후', '도한왕', '아착왕', '매로왕', '벽중왕' 등으로 봉했다는 기록이다. 백제 동성대왕이 신하들을 도한왕 등의 왕이나, 불사후 등의 후로 봉했다는 것은 실제로 백제가 신하들을 왕이나 제후로 임명하는 왕후제(王侯制)를 운영하고 있었음을 뜻한다. 앞에 본 칠지도의 경우 백제 왕세자가 일왕을 후(侯)라고 칭한 것 역시 이런 왕후제의 한 편린으로 이해해야 할 것이다.

따라서 백제와 야마토왜와의 관계는 황제국과 제후국의 그것이었음이 분명하다. 앞에서 살펴본 것처럼 『일본서기』 유랴쿠 14년(470)조는 오네노미(小根使主)가 누워서 사람에게, "천황의 성은 견고하지 않고 우리 아버지의 성은 견고하다."고 말했다고 전해주고 있

다.『일본서기』는 이런 유랴쿠가 마치 강력한 왕권을 갖고 있는 군
주처럼 묘사했으나 실제로는 일개 호족보다 못한 거처에 사는 처
량한 신세였던 것이다. 이런 유랴쿠에게 강국 백제에서 왕녀를 공
녀로 보냈다는 것은 그야말로 그렇게 주장하는 사람의 정신상태를
의심하게 한다.

다음으로 스에마쓰가 백제와 야마토의 관계 중의 하나로 설명한
'왕제의 파견'에 대해 살펴보자.『일본서기』유랴쿠 5년(461)의 주석
에『백제신찬』을 인용한 이런 구절이 있다.

『백제신찬』에 "신축년에 개로왕이 아우 곤지군(昆支君)을 대왜(大
倭)에 보내 천황을 모시게 하였다. 형 왕의 우호를 닦게 하기 위함
이다."라고 하였다.

개로대왕이 아우 곤지를 왜에 보내 천황을 모시게 했다는 것인
데 위에서 본 전지대왕이 누이 신제도원을 왜에 보냈다는 것과 같
은 맥락이다.『일본서기』에는 이와 같이 백제의 왕실에 관계되는
사실들이 계속 나타나고 있으나『삼국사기』에는 이런 일들이 일체
기록되어 있지 않다. 스에마쓰는 이 기사를 소개하고 광개토대왕
이후의 백제, 왜 관계의 연장, 발전이라고만 간단히 언급했다.

한편 곤지는『일본서기』에 개로대왕의 아우라고 하여 461년에
일본에 파견되었다고 했으나『삼국사기』에 의하면 같은 해인 개로
대왕 7년에는 아무 기록도 없다. 게다가『삼국사기』에 따르면 곤지
는 개로대왕의 동생이 아니라 작은아들이며, 큰아들로서 왕위를 이

은 문주대왕(475~477)의 아우라고 했는데, 477년 4월에 왕제(王弟) 곤지를 내신좌평에 삼았으나 7월에 죽었다고 설명하고 있다.

백제에 관한 일은 『삼국사기』를 기본으로 삼고, 다른 사료들을 보조적으로 활용해야 하는데, 김현구는 『일본서기』 기록만 가지고 백제사를 바라보려 한다. 그러니 당연히 큰 모순에 봉착하고 결국 은 "자신은 『삼국사기』·『삼국유사』는 모른다."는 자기 학문 부정을 할 수밖에 없었던 것이다. 그럼에도 불구하고 김현구는 "곤지를 대 왜에 보내 천황을 섬기게 했다."는 유랴쿠 5년조를 예수의 산상수 훈이나 부처의 보리수 아래 설법처럼 여기는지 한 논문에서 여러 차례 반복한다.

> 한편 유랴쿠 5년조에 의하면 왕녀들 대신으로 파견되기 시작한 곤지도 도일 목적이 천황을 섬기기 위한 것으로 되어 있다. 그런 데 의다랑이나 마나군, 사아군 등은 곤지 파견의 연장선상에서 도 일하고 있다. 따라서 의다랑이나 마나군, 사아군 등의 파견도 천 황을 섬기기 위한 것이었다고 할 수 있을 것이다. 남자 왕족들의 파견이 천황을 섬기기 위해서였다면 왕녀들의 파견 목표와 일치 하게 된다.
>
> _ 김현구, 『고대 한일교섭사의 제문제』, 일지사, 2009, 169쪽.

김현구는 곤지의 도일 목적이 "천황을 섬기기 위한 것"이라 표 현하고 의다랑 등의 파견도 "천황을 섬기기 위한 것이었다고 할 수 있을 것"이라고 거듭 강조하고 있다. 그러면서 백제 남자 왕족들의 파견 목적도 "왕녀들의 파견 목표와 일치"하게 된다고 주장했다. 백제 왕족들은 남녀를 불문하고 상국인 야마토 정권에 건너가 천황을 섬기는 신세다. 그러다가 천황의 심기를 거스르면 지진원처럼 불에 타 죽기도 하는 파리 목숨 같은 신세이다. 그래도 백제는 왕족들을 야마토에 보내야 한다. 그것이 야마토에서 고구려나 신라의 간청을 뿌리치고 백제를 간택해서 구원군을 보내준 것에 보답하는 길이기 때문이다. 이것이 바로 김현구가 한국인들에게 전하고 싶은 내용의 골자다. 그렇다면 그가 백제의 왕족들로서 천황을 섬기기 위해 파견되었다고 주장하는 의다랑이나 마나군(麻那君), 사아군(斯我君) 등에 대해서 살펴보자.

먼저 의다랑에 대해서는 『일본서기』 부레쓰 3년(501) 11월조에 "백제 의다랑이 죽었다. 다카다(高田) 언덕에 장사지냈다."는 짧막한 기록이 전부다. 그러나 위에 본 '백제 지진원'의 경우처럼 '백제 의다랑'이라고만 했기 때문에 왕족으로 볼 수 있는 근거는 없으며 그가 언제 무엇 때문에 일본에 왔는지도 일체 알 수 없다. 따라서 의다랑이 백제 왕족이라는 말이나 "천황을 섬기기 위해서" 도일했다는 설명 역시 김현구의 거짓말이다. 김현구의 주장은 1차 사료를 조금만 확인해보면 도대체 사실이 무엇인지 찾는 것이 더 어려울 정도로 거짓말이 많다. 그리고 그런 거짓말은 대부분 야마토를 상국으로 높이고 백제를 속국으로 만들 목적으로 자행하는 반복된 왜곡임이 거듭 확인된다.

다음의 마나군과 사아군에 대해서는 같은 부레쓰 6·7년에 연이어 나온다.

부레쓰 6년 10월조에, "백제가 마나군을 보내 조(調, 세금)를 바쳤다. 천황이 백제가 몇 년 동안 조공하지 않았다고 하여 사자를 억류하여 돌려보내지 않았다."고 전하고 있다. 이 기록으로는 그냥 사신으로서, 그의 신분은 짐작할 수 없다. 그러나 『일본서기』 부레쓰 7년 4월조는 마나군이 백제 왕족이 아니라는 사실을 분명히 적고 있다.

> 백제왕이 사아군을 보내 조공하였다. 별도로 표(表)를 올려 '지난번에 조공한 사신 마나는 백제국주(百濟國主)의 골족(骨族)이 아닙니다. 그래서 삼가 사아(斯我)를 보내 조정에 봉사하도록 하겠습니다.'라고 했다.
>
> _『일본서기』 부레쓰 7년 4월조

『일본서기』 부레쓰 7년조는 마나군이 골족, 즉 왕족이 아니라고 명기하고 있다. 사아군의 이름도 어디에서는 기(期) 자를 쓰고, 어디에서는 사(斯) 자를 써서 혼동되어 있지만 김현구가 왕족이라고 주장한 '의다랑, 마나군, 사아군' 중에 왕족이라고 볼 수 있는 인물은 사아군 한 명뿐이다. 의다랑과 마나군은 백제 왕족이 아니다. 다만 김현구가 백제에서 왕족들을 자주 야마토에 보내 '천황을 섬기게 했다'고 주장하기 위해 백제 왕족으로 둔갑시킨 것이다. 거짓말까지 해가면서 백제를 야마토의 속국으로 만드는 것이니 할 말을 잃게 된다.

김현구의 이런 거짓말은 이것이 처음이 아니며, 1990년대에 쓴

『임나일본부 연구』(1993)에서 이미 전개했던 것이다. 『임나일본부 연구』에서는 이렇게 썼다.

> 이와 같은 백제와 야마토 정권과의 관계가 5세기 중·후반에 크게 변해간다. 오진 39년(428) 이래 6차에 걸쳐 백제가 일방적으로 사람을 파견한 것으로 되어 있는데 다만 그중 유랴쿠 23년조를 제외한 다섯 차례 모두 한결같이 왕족인 것이다. 한편 그 파견은 보이지 않으나 야마토에서의 존재가 확인되는 왕족도 셋이나 있다.
> 　　　　　　　　　　 _ 김현구, 『임나일본부 연구』, 일조각, 1993, 113쪽.

김현구는 다섯 차례의 왕족 파견 및 나머지 세 왕족에 대해 각주를 달았다. 전자의 다섯 차례의 왕족 파견이란 '① 직지왕의 누이, ② 적계여랑, ③ 개로왕(실제는 문주왕)의 아우 곤지, ④ 마나군, ⑤ 사아군'이다. 나머지 세 왕족은 '① 지진원, ② 의다랑, ③ 닌토쿠 41년 3월조의 주군(酒君)'을 뜻한다고 주장했다. 마지막의 주군(酒君)은 『신찬성씨록』 우경제번(右京諸蕃)조에서 그 존재가 확인된다고 했다. 그러나 『일본서기』 기록을 그대로 믿는다 해도 지금까지의 검토 결과 김현구가 언급한 8명 중 확실한 왕족은 직지왕의 누이, 문주왕의 아우, 사아군의 3명에 닌토쿠 41년에 "백제왕의 족속"이라고 쓴 주군을 포함해도 4명뿐이다.

역사학은 사료 한 자 한 자를 세밀하게 따져가면서 비판하는 학문인데, 50% 이상이 거짓으로 점철되어 있으니 도저히 학문이라고 할 수 없다. 조금이라도 학자적 양심을 갖고 있다면 아무리 백제에서 수많은 왕족들을 야마토에 보내서 "천황을 섬기게 했다."고 주장하고 싶어도 자신이 믿는 『일본서기』에조차 그런 기사가 없다면 '내가 전제를 잘못 세웠구나'라고 생각하고 사료를 재검토해야 할 것이다. 그러나 김현구는 그런 정상적인 길을 가지 않고 사료 자체를 조작하는 수법을 즐겨 채택한다. 그래야 야마토왜가 백제의 속국이라는 자신의 전제를 계속 유지할 수 있기 때문이다.

임나일본부는 없었다

초판 1쇄 펴낸 날　2016. 4. 20.

지은이　　황순종
발행인　　양진호
발행처　　도서출판 |만권당▉

등　록　　2014년 6월 27일(제2014-000189호)
주　소　　(04045) 서울시 마포구 양화로 56 동양한강트레벨 718호
전　화　　(02) 338-5951~2
팩　스　　(02) 338-5953
이메일　　mangwonbooks@hanmail.net

ISBN　979-11-957049-2-7　(03910)

이 도서의 국립중앙도서관 출판예정도서목록(CIP)은 서지정보유통지원시스템
홈페이지(http://seoji.nl.go.kr)와 국가자료공동목록시스템(http://www.nl.go.
kr/kolisnet)에서 이용하실 수 있습니다.(CIP제어번호: CIP2016007381)

白月
國卿伽
別本